LOCCUMER PROTOKOLLE 24/08

Herausgeberin
Corinna Hauswedell

Frieden *und* Gerechtigkeit?

Dilemmata heutiger
Friedensethik und -politik
Zur Diskussion der
Denkschrift der EKD

Corinna Hauswedell (Hg.): Frieden und Gerechtigkeit? Dilemmata heutiger Friedensethik und -politik. Zur Diskussion der Denkschrift der EKD, Rehburg-Loccum 2009.

Dokumentation einer Tagung der Evangelischen Akademie Loccum vom 2. bis 4. Juni 2008. Gefördert von der Bundeszentrale für Politische Bildung.
Tagungsplanung und -leitung: Dr. Corinna Hauswedell
Redaktion: Dr. Corinna Hauswedell
Sekretariat: Karin Hahn
Layout: Anne Sator

Das Loccumer Protokoll enthält Originalbeiträge der Tagung. Soweit diese auf Tonbandmitschnitten beruhen, wurden sie von den Autorinnen und Autoren überarbeitet und zur Veröffentlichung freigegeben.
© Alle Rechte bei den Autoren

Printed in Germany
Druck: GGP media on demand, Pößneck
ISSN 0177-1132
ISBN: 978-3-8172-2408-1

Die Reihe **LOCCUMER PROTOKOLLE** wird herausgegeben von der Evangelischen Akademie Loccum. Bezug über den Buchhandel oder direkt über:
Evangelische Akademie Loccum
Protokollstelle
Postfach 2158
31545 Rehburg-Loccum
Telefon: 05766/81-119, Telefax: 05766/81-900
E-Mail: Protokoll.eal@evlka.de

Inhalt

Corinna Hauswedell	Vorwort	7
Martin Schindehütte	Den „Konziliaren Prozess" weiterdenken? Zielbestimmung und öffentliche Wahrnehmung der Denkschrift	13
Arnd Henze	Kommentar zum Referat von Bischof Martin Schindehütte	29

ANNÄHERUNGEN AN „FRIEDEN" UND „GERECHTIGKEIT" I

Wilfried Härle	Friede und Gerechtigkeit. Das Hirtenwort der Bischofskonferenz und die neue Friedensdenkschrift der EKD	41
Wilfried Härle und Heinz-Gerhard Justenhoven	„Gerechter Frieden". Ein theologisches Gespräch über das Bischofswort „Gerechter Frieden" und die Denkschrift der EKD	57

ANNÄHERUNGEN AN „FRIEDEN" UND „GERECHTIGKEIT" II

Workshop I:
Menschenrecht und Völkerrecht – Normenbildung im Umbruch

Hans-Joachim Heintze	Dreizehn Thesen zur Diskussion	83
Dominik Steiger	Gerechter Frieden, gerechter Krieg? Menschenrechte als Bedingung und Grenze	89

Inhalt

Workshop II:
Militärische Intervention und Schutzverpflichtung – Sicherheitskonzepte auf dem Prüfstand

Eva Senghaas-Knobloch	Drei Anmerkungen zur Position der Friedensdenkschrift des Rates der EKD	105
Christoph Schwegmann	Weißbuch und Friedensdenkschrift	111
Horst Scheffler	Aus Gottes Frieden leben – für gerechten Frieden sorgen Zur Friedensdenkschrift des Rates der Evangelischen Kirche in Deutschland	117
Horst Scheffler	Militärische Intervention und Schutzverpflichtung – Sicherheitskonzepte auf dem Prüfstand. Protokoll zu Workshop II	121

Workshop III:
Staatliches Gewaltmonopol und privatisierte Gewalt – Dilemmata der Legitimität

Herbert Wulf	Staatliches Gewaltmonopol und privatisierte Gewalt – Dilemmata der Legitimität	127
Dieter Senghaas	Abschreckung – und kein Ende?	141
Ulrich Frey	Eine friedens- und sicherheitspolitische Gesamtstrategie für Deutschland? Die Friedensdenkschrift der EKD, der Aktionsplan „Zivile Krisenprävention" und das Weißbuch der Bundesregierung	145
Ulrich Frey	Staatliches Gewaltmonopol und privatisierte Gewalt – Dilemmata der Legitimität. Protokoll des Workshop III	163

Inhalt

Workshop IV:
Kulturelle Differenz und Versöhnung – Die Herausforderung der Toleranz

Leif H. Seibert	Kulturelle Differenz und Versöhnung – Die Herausforderung der Toleranz Einführungsvortrag	169
Burkhard Luber	Kulturelle Differenz und Versöhnung – Die Herausforderung der Toleranz. Input für die Diskussion	177

DIE POLITISCHE RELEVANZ DER DENKSCHRIFT
Podiumsdiskussion

Einleitende Statements:	Hans-Christian Biallas	185
	Ulla Mikota	191
	Paul Schäfer	193
	Nikolaus Schneider	193
	Dieter Senghaas	203

Anhang

Nikolaus Schneider	Statement	209
Andreas Siemens	Andacht zu Epheser 2,17-19	213
Tagungsprogramm		217
Kurz-Biografien der Autorinnen und Autoren		221
Liste der Teilnehmerinnen und Teilnehmer		227
Ausgewählte Loccumer Protokolle		229

Corinna Hauswedell

Vorwort

Wir legen hiermit den Protokollband der Loccumer Tagung „Frieden *und* Gerechtigkeit? Dilemmata heutiger Friedensethik und -politik. Zur Diskussion der Denkschrift der EKD" vom 2. bis 4. Juni 2008 vor.

Es hat den Anschein, als hätten es kirchliche Denkschriften zu anderen Zeiten schon leichter gehabt, Menschen und Politik zu mobilisieren – auch im Rahmen von Diskussionen, welche die Akademien dazu veranstalteten. Zu erinnern ist z.b. an die Ost-Denkschrift von 1965 mit ihrer Ermutigung, jenseits der Gräben des Zweiten Weltkrieges und mitten im Kalten Krieg neue Brücken der Verständigung auf der Ost-West-Achse zu bauen. Oder an die EKD-Friedensdenkschrift von 1981 „Frieden wahren, fördern und erneuern", die in vieler Hinsicht die große Friedensbewegung der 1980er Jahre und den sicherheitspolitischen Diskurs zu inspirieren vermochte. Auch die Verlautbarungen der DDR-Kirchen im Namen von „Schwerter zu Pflugscharen" mit ihren radikalen Absagen an Geist, Logik und Praxis der Abschreckung hatten eine große politische Reichweite.

Man könnte sagen: das waren eben andere Zeiten. Und das stimmt. Fragen internationaler Friedenssicherung waren einmal Fragen des tiefgreifenden gesellschaftlichen Streites, bis das „Nein ohne jedes Ja" zu Krieg und vor allem zu atomarer Rüstung gesellschaftlich salon- und nahezu konsensfähig wurde. Aber waren es auch Zeiten größerer Umbrüche als heute, und galt der kritische Diskurs, die Einmischung auch seitens der Kirchen in die Weltpolitik mehr als heute?

Der enorme Wandel, der 1989/90 in den internationalen Beziehungen eingeleitet wurde, und den man immer noch für maßgeblicher halten kann als den Einbruch, den die Angriffe auf das World-Trade-Center am 11. September 2001 bedeuteten, ist nachhaltig. Nicht nur, weil die von vielen erhoffte Friedensdividende in so mannigfacher Weise ausblieb. Alte und neue Kriege und Gewaltkonflikte, eine neue Welle militärischer Rüstungen und einer „Interventionskultur" haben im vergangenen Jahrzehnt die großen machtpolitischen Asymmetrien unserer Welt

Corinna Hauswedell

bloß gelegt. Vor unseren Augen und doch zuweilen hinter unserem Rücken dreht sich die Achse globalsierter Interaktion von Ost-West nach Nord-Süd und wieder zurück und schont dabei – unbarmherzig – weder Menschen, noch Ressourcen und Natur. Bekannte Muster der Verfeindung zwischen Staaten und Gesellschaften treten in neuen Gewändern eines Kulturkampfes an, der auch auf eine Renaissance religiöser Fundamentalismen bauen kann. Die Spaltung der Welt in Arm und Reich ist konfrontativ, ob es uns passt oder nicht. Die jüngsten schweren Erschütterungen der internationalen Finanzmärkte haben die „Segnungen" und die Handlungsmuster kapitalistischer Produktionsweisen, einschließlich gepriesener „westlicher Werte", grundlegender auf den Prüfstand gestellt, als es die meisten von uns vor zehn Jahren für möglich gehalten haben.

Was bedeutet dies für ein paralleles Ringen um Frieden *und* Gerechtigkeit, wie es in der Denkschrift des Rates der EKD „Aus Gottes Frieden leben – Für gerechten Frieden sorgen", die im Oktober 2007 veröffentlicht wurde, entwickelt wird?

An welchen Brennplätzen der Welt müssten zunächst die Waffen schweigen, damit überhaupt Raum für eine gerechte Verteilung von Macht und Gütern entstehen kann?

Wo müsste es unter Umständen umgekehrt sein, müssten zunächst die Perspektiven menschlicher Entwicklung buchstabiert werden, damit sich der Griff zur Gewalt nicht mehr lohnt?

Wieweit trägt der große Fokus, den die neue Denkschrift der EKD auf die Gewährleistung des Rechts und infolgedessen auch auf Formen rechtserhaltender Gewalt legt? Welche Gewalt ist „geRechtfertigt" und auch im Sinne des Völkerrechts legitim?

Haben die Unterscheidungen, welche die Denkschrift bei der Analyse der Globalisierung zwischen „Gefährdungen" und „Bedrohungen" des Friedens trifft, ausreichende Tiefenschärfe?

Nennt die Denkschrift die verschiedenen Akteure der Globalisierung, ihre Subjekte, klar genug beim Namen?

Das christliche Ethos enthält eine radikale Botschaft in Sachen Krieg und Frieden. Nehmen unsere Kirchen, und damit ist nicht nur die EKD gemeint, diesen Auftrag unter den neuen Vorzeichen heute an?

Unser Tagungskonzept zielte darauf, die hinter diesen und ähnlichen Fragen aufscheinenden Dilemmata und Befangenheiten sichtbar zu machen. Kernaussagen der Denkschrift sollten den kritischen Kommentaren von Friedens- und Konfliktforscherinnen und -forschern, Friedenspraktikern, Politikern und Medienvertretern ausgesetzt und von diesen hinterfragt werden.

Dafür wurden vier diskursiv zu denkende, mit „und" verbundene Begriffspaare ausgewählt, deren Ambivalenzen und Spannungsfelder im Rahmen der Workshops während der Tagung entfaltet wurden und die auch den vorliegenden Protokollband strukturieren:
- Menschenrecht *und* Völkerrecht – Normenbildung im Umbruch
- Militärische Intervention *und* Schutzverantwortung – Sicherheitskonzepte auf dem Prüfstand
- Staatliches Gewaltmonopol *und* privatisierte Gewalt – Dilemmata der Legitimität
- Kulturelle Differenz *und* Versöhnung – Die Herausforderung der Toleranz

Nach einer Einführung in die Ratio der Denkschrift durch *Bischof Martin Schindehütte,* Hannover, unternahm es *Arnd Henze,* WDR, in der Rolle des *advocatus diaboli* die erkennbaren Defizite hinsichtlich öffentlicher Wirkung und Attraktivität dieser und ähnlicher aktueller kirchlicher Dokumente zu problematisieren: „Die Aussage in einer Denkschrift findet keine adäquate Resonanz in der Bereitschaft, solche Einsichten auch im konkreten friedenspolitischen Diskurs einzubringen." Diesen Mangel an „Reibungswärme" der Denkschrift führte Henze u.a. auf eine institutionalisierte Sehnsucht nach gesellschaftlichem Konsens zurück (vergl. auch das Vorwort zur Denkschrift von Bischof Wolfgang Huber), die an die Stelle von Streitlust bzw. notwendiger Dissidenz gegenüber der politischen Macht getreten sei, welche frühere Phasen friedensethischer Auseinandersetzungen geprägt hätten.

Christliche Friedensethik zwischen Wandlungsfähigkeit und Anpassung ohne an Schärfe, Bissigkeit und Radikalität zu verlieren – das war auch ein zentrales Thema des theologischen Gesprächs über die Denkschrift der EKD und das Hirtenwort der Katholischen Bischofskonferenz „Gerechter Frieden" aus dem Jahre 2000 zwischen *Wilfried Härle,* Heidelberg und *Heinz-Gerhard Justenhoven,* Hamburg, am ersten Abend der Tagung, das wir hier im Wortlaut dokumentieren. Wilfried Härle hat es als Vorsitzender der Kammer für Öffentlichkeit, die das Dokument der EKD erarbeitet hat, dankenswerter zusätzlich unternommen, seine Positionen in einem Beitrag auszuarbeiten.

Die weitere Struktur des Protokollbandes folgt dem Tagungsverlauf und enthält die Impulsbeiträge sowie die Zusammenfassungen der Diskussionen aus den genannten vier Workshops:

- Die völkerrechtlichen Perspektiven (Workshop I) aus der Sicht von *Hans-Joachim Heintze*, Bochum und *Dominik Steiger*, Potsdam
- Die sicherheitspolitischen Implikationen (Workshop II) mit Beiträgen von *Eva Senghaas-Knobloch*, Bremen (Mitautorin der Denkschrift), *Christoph Schwegmann*, Planungsstab des Bundesverteidigungsministeriums und *Horst Scheffler*, Militärdekan a.D.
- Das neue Spannungsfeld staatlicher und privatisierter Gewalt (Workshop III) vorgestellt von *Herbert Wulf*, Pinneberg, *Dieter Senghaas*, Bemen und *Ulrich Frey*, Bonn
- Die Probleme des interkulturellen und interreligiösen Dialoges (Workshop IV) mit Beiträgen von *Leif Seibert*, Bielefeld und *Burkhard Luber*, Nienburg

Den Abschluss der Tagung bildete eine Podiumsdiskussion über die politische Relevanz der Denkschrift, die noch einmal einige kritische Kernanfragen an das Dokument vertiefte: Ist die Denkschrift auf der Höhe der Zeit und insofern relevant? Ist sie „bissig", „prophetisch" bzw. „visionär" genug? Neben dem Präses der Evangelischen Kirche im Rheinland *Nikolaus Schneider* (in Vertretung für Bischof Wolfgang Huber), dessen schriftliches Statement im Anhang abgedruckt ist, nahmen an der Podiumsdiskussion *Hans-Christian Biallas*, CDU/MdL, Hannover, *Ulla Mikota*, Bundesministerium für wirtschaftliche Zusammenarbeit, *Paul Schäfer*, Linke/MdB sowie *Dieter Senghaas* teil, deren Eingangsstatements wir alle hier dokumentieren. Letzerer beschloss die Diskussion mit einigen Grenzgängen zwischen theologischen und aktuell-säkularen Herausforderungen friedensethischer Natur; Senghaas bescheinigte dem kirchlichen Dokument aus der Sicht der Friedens- und Konfliktforschung: „Die Grundpositionen, die in der EKD-Denkschrift artikuliert werden, sind nicht nur überzeugend, sondern auch zukunftsweisend (dies insbesondere auch im

Hinblick auf die Rolle, die dem internationalen Recht zugewiesen wird). Angesichts eines sozialen Wandels mit oft dramatischem Ausmaß und nicht prognostizierbaren Folgen werden immer wieder neue konkrete Lagebeurteilungen erforderlich werden. Dies ist jedoch gleichermaßen eine Herausforderung für die Wissenschaften, die Kirchen und natürlich insbesondere auch die Politik."

Wir danken allen Autorinnen und Autoren für ihre Beiträge zu diesem Band und für die Geduld, die leider zwischen der Abgabe der Manuskripte, die meist schon vor Ende 2008 angeschlossen waren, und dem Zeitpunkt der Veröffentlichung aufgebracht werden musste. Unser Dank geht auch an die Bundeszentrale für Politische Bildung für ihre Förderung der Tagung.

Loccum, April 2009

Martin Schindehütte

Den „Konziliaren Prozess" weiterdenken?

Zielbestimmung und öffentliche Wahrnehmung der Denkschrift

Mit dieser Tagung hier in Loccum und manch anderen Tagungen, die schon stattgefunden haben und noch stattfinden werden, tragen wir dazu bei, dass mit der Denkschrift „Aus Gottes Frieden leben – für gerechten Frieden sorgen" über ein zentrales Anliegen der Christenheit und der Menschheit auch weiterhin engagiert und qualifiziert diskutiert und an Schritten auf dem Weg zum Frieden gearbeitet wird.

Das Thema meines Einführungsvortrages enthält die These, das mit dieser Denkschrift der Konziliare Prozess für Gerechtigkeit, Frieden und Bewahrung der Schöpfung weitergedacht werden soll. Freilich ist das Thema mit einem Fragezeichen versehen. So muss man das als Tagungsleiterin auch machen, um eine gewisse Spannung zu erzeugen. Ich nehme die Spannung gleich wieder heraus. Meine feste Überzeugung ist es, das wir das Fragezeichen getrost streichen können. So ist es: Die Denkschrift gehört in den Konziliaren Prozess hinein. Sie will ihn weiterdenken. Sie will ihn voranbringen.

Nun mag mancher unter Ihnen sagen: Der Begriff „Konziliarer Prozess" ist doch Schnee von gestern. Darüber redet doch keiner mehr. Die Aktivitäten und Initiativen der 80er Jahre sind doch längst verpufft. Die kirchlichen Friedensnetze sind doch hoffnungslos überaltert. Demonstrationen für den Frieden – etwa die Ostermärsche – sind eher traurige Veranstaltungen – gemessen an ihren Hochzeiten. Die großen Hoffnungen, eine gewaltige gesellschaftliche Bewegung auszulösen, die den Militarismus hinwegfegt und den Gewaltmenschen die Waffen aus der Hand nimmt, haben sich doch nicht erfüllt. Das große friedenspolitische Zeugnis der Christen in dem einen weltweiten Konzil der Christenheit, das große kraftvolle Friedenszeugnis, dass die Welt nicht mehr überhören kann und sie zur Umkehr leitet, hat nicht stattgefunden und wird nicht stattfinden. Dietrich Bonhoeffer Vision von 1934 in seiner berühmten Rede in Fanö ist eben doch nur ein frommer Wunsch – allenfalls

Martin Schindehütte

eine ferne Vision. Die politische Lage, die sicherheitspolitische Weltarchitektur hat sich so tiefgreifend verändert, dass die Protagonisten des Konziliaren Prozesses sprachlos geworden sind. Sie verharren in alten Denkmustern

Diese Einschätzung teile ich nicht. Im Gegenteil, ich widerspreche ihr vehement. Die Denkschrift der EKD ist für mich ein Beleg – allerdings längst nicht der einzige – dass das Grundanliegen jenes Aufbruchs – markiert durch die Vollversammlung des ÖRK 1983 in Vancouver – lebendig ist und Kraft hat.

Allerdings haben sich die Gestalt und die Formen, in denen der Prozess sich fortentwickelt hat, sehr geändert. Es könnte also sein, dass wir die Entwicklung deshalb nicht erkennen, weil wir mit früheren Wahrnehmungsmustern danach suchen. Meine These ist: Der Konziliare Prozess hat sich institutionalisiert und säkularisiert.

Die Anliegen des Konziliaren Prozesses sind in die Strukturen der Institution Kirche eingewandert. Ein paar Belege für diese These möchte ich anführen:

1985 habe ich selbst in der Akademie Hofgeismar eine große Tagung organisiert mit dem bezeichnenden Titel „Wir sind auch Kirche!". Es gab damals die Debatte um die Sozialgestalten der Kirche und die Frage, in welcher Weise Initiativen und Gruppen zur Kirche gehören und wie auch diese Initiativen und Gruppen in der Kirche und für die Kirche das christliche Friedenszeugnis in den politischen Raum tragen dürfen. Das ist so heute kein Thema mehr. Es ist selbstverständlich, dass Kirche in eben dieser differenzierten Weise und auf unterschiedlichen Ebenen durch Einzelne, durch Initiativen und Gruppen, durch ihre eigenen Entwicklungs- und Friedenswerke und natürlich auch durch die Organe der verfassten Kirche redet und handelt. Die Denkschrift über die wir hier nachdenken, gehört in die letzte Kategorie. Aber es liegt völlig auf der Hand, dass sie ohne die breite Debatte der letzten 25 Jahre nach der letzten Denkschrift nicht hätte geschrieben werden können.

Eine zweite Bobachtung: Schaut man auf heute zentrale Leitungspersonen innerhalb der EKD und ihrer Gliedkirchen, so stellt man fest, dass nicht wenige der damaligen Akteure in den Initiativen heute kirchenleitende Funktionen inne haben. Ich nenne ohne jeden Anspruch auf Vollständigkeit nur einige Namen: Der Ratsvorsitzende Wolfgang Huber, Landesbischöfin Margot Käßmann, Bischof Axel Noack, der Direktor dieser Akademie Fritz Erich Anhelm, Präses Nikolaus Schneider, und nun ja – auch meine eigene Biographie mag dafür ein Beispiel sein. So können Sie die Institutionalisierung auch an Personen und ihren Biographien nachvollziehen.

Martin Schindehütte

Um nach der Kraft des Konziliaren Prozesses zu fragen ist es darum nicht mehr hinreichend allein auf Initiativen und Gruppen zu schauen. Es gilt die gesamte Arbeit der EKD in den Blick zu nehmen und in ihr zu entdecken, wie sehr die Themen des Konziliaren Prozesses die Arbeit durchdringen. Nicht nur die Friedensdenkschrift, über die wir in diesen Tagen arbeiten, kommt hier in den Blick. Sie ist Teil einer Gesamtstrategie, der viele andere Äußerungen und Aktivitäten im Raum der EKD zuzuordnen sind.

Hierher gehört die Frage nach gerechter Teilhabe und der umfassend und breit angelegte Diskussionsprozess der sogenannten Sozialdenkschrift. Hierin gehört die Armutsdenkschrift und die Diakoniedenkschrift. Eine Denkschrift zur Verantwortung unternehmerischen Handelns biegt nach den Beratungen in der letzten Ratssitzung in die Zielgerade ein. Texte zur Globalisierung und die Beteiligung am Agape-Prozess des ÖRK sind weitere Beiträge zur Frage der Gerechtigkeit.

Nicht zu vergessen ist in diesem Zusammenhang die Arbeit der Entwicklungswerke von Brot für die Welt und des Evangelischen Entwicklungsdienstes (eed) und anderer Werke, die sich der EKD zuordnen. Sie bemühen sich sehr konkret um eine Entwicklungszusammenarbeit, die reale Verhältnisse nachhaltig ändert. Sie können und wollen dabei gar nicht anders, als in der Sache selbst hoch politisch zu agieren und zugleich wesentliche Beiträge zur politischen Debatte über die konziliaren Themen zu leisten.

In gleicher Weise sind Themen der Bewahrung der Schöpfung in der Kirche virulent. Die Kampagne „Grüner Hahn" zur ökologisch verträglichen Bewirtschaftung von kirchlichen Gebäuden läuft unverdrossen. Öko-Audit ist in Kirche und Diakonie ziemlich verbreitet. Kirchengemeinden wollen ihre Länder nur noch an nachhaltig wirtschaftende Landwirte verpachten. Die Kammer für nachhaltige Entwicklung legt zur Zeit eine Orientierungshilfe zu Bioernergie und Ernährung vor. Die große Denkschrift zum Klimawandel ist weit fortgeschritten.

Die ACK arbeitet im Kontext der Dritten ökumenischen Versammlung von Sibiu im vergangenen September an der Gestaltung eines Schöpfungstages, der bis in die Gemeindeebene wirken soll.

Der Ratsvorsitzende schreibt mal eben zusammen mit dem schwedischen Erzbischof Weyrid und dem Erzbischof von Canterbury einen Aufruf für die Klimakonferenz auf Bali.

Martin Schindehütte

Diese lockere und unsystematische Reihung mag Ihnen vor Augen führen, was heute unterwegs ist, ohne dass es ständig und ausdrücklich unter dem Begriff Konziliarer Prozess subsumiert wird.

Hinzugetreten zu dieser Trias von Gerechtigkeit und Frieden des Konziliaren Prozesses ist in den letzten Jahren der interreligiöse Dialog. Es ist viel stärker in den Blick gekommen, welch friedensstiftende Kraft, aber auch welch friedensgefährdende Dynamik von den Religionen ausgehen kann. Die religiöse Aufladung politischer Ideologien und religiöse Rechtfertigung brutaler Gewalt beunruhigt und ist für die Religionen selbst und für uns als Christen eine ungeheure Herausforderung.

Für die EKD war es ein wichtiges Signal, dass sie bezogen auf den G8-Gipfel in Heiligendamm im Juni letzten Jahres Religionsvertreter aus allen G8-Staaten zur „religious laeders conference" eingeladen hat. Unter dem Thema „gerechte Teilhabe" (just participation) wurde der „call of cologne" verfasst, der besonders die Themen von Armut und Abrüstung aufgegriffen hat. Anfang Juli fliegt der Ratsvorsitzende nach Japan und nimmt an der nächsten religious laeders conference teil, die wiederum den Vertretern der G8-Staaten ins Gewissen reden will.

Der interreligiöse Dialog spielt auch in Deutschland eine immer größere Rolle. Der Dialog mit dem Koordinierungsrat der Muslime in Deutschland zur Handreichung „Klarheit und gute Nachbarschaft" ist ein beredtes Beispiel für die Schwierigkeiten aber auch Potentiale, die in diesem Dialog liegen.

Und schließlich will ich wenigstens erwähnen, dass die Arbeit des Kirchenamtes der EKD, insbesondere meiner eigenen Hauptabteilung „Ökumene und Auslandsarbeit" an den Themen des Konziliaren Prozesses konzeptionell und mit hohem Zeit- und Personalanteil arbeitet. In vielen unserer Auslandsgemeinden spielen ökumenische, interkulturelle und interreligiöse Dialoge eine große Rolle. Viel zu oft sind unsere Gemeinden mit unmittelbaren Auswirkungen gewaltförmiger Konflikte direkt und schmerzhaft konfrontiert. Ich denke an die Gemeinden in Bangkok, die traurige Erfahrungen im Katastrophen-Management macht, erst mit dem Tsunami, nun mit dem Wirbelsturm. Die Gemeinde in Harare ist mitten drin in dem schweren Konflikt um den Diktator Mugabe. Die Gemeinden in Südafrika sehen die alten Konflikte in neue Gestalt heraufziehen. Die Gemeinde in Istanbul weiß nur zu genau, wie es um die Religionsfreiheit in der Türkei bestellt ist. In Teheran werden durch die Gemeinde geduldig Brücken gebaut, um den Dialog mit den Muslimen nicht abreißen zulassen, die darauf warten, das die Zeit von Achmadinedschad endlich vorbei ist. In Beirut weis man, was Krieg und Bürgerkrieg bedeuten und wie groß das jeweilige Flüchtlingsdrama ist. Im Heiligen Land sind die Gemeinden engagiert, dem Friedensprozess im Nahen Osten zu dienen und die Beziehungen über die Grenzanlage aufrecht zu erhalten. Und in Peking und Changhai kämpfen die Gemeinden darum, in der aufgeheizten Lage von Tibet, Menschenrechten und Olympia im Land wirksam bleiben zu können. An der Arbeit der Missions- und Entwicklungswerke, also des eed, von Brot für die Welt, dem Evangelischen Missionswerk und der Missionsakademie mit ihrem friedensstiftenden Potential sind wir – und auch ich persönlich – unmittelbar beteiligt. Der interreligiöse Dialog mit den Muslimen hat an im Kirchenamt an Bedeutung gewonnen. Die Dialoge auf der Ebene der ACK, der KEK und des ÖRK werden hier begleitet und mit gestaltet.

Ich erwähne all diese Felder kirchlicher Arbeit in knappen Strichen, damit Sie erkennen, dass die neue Friedensdenkschrift eben nicht für sich steht, sondern Teil einer umfassenden Strategie ist. Sie soll in diesem fortdauernden Prozess eine orientierende, klärende, zusammenführende, ermutigende und neue Debatten anstoßende Kraft haben.

Zur gleichen Zeit aber soll die Denkschrift natürlich auch in die gesellschaftliche und politische Debatte wirken. Sie soll Gespräche auslösen mit der Kirche über den Begründungszusammenhang des christlichen Glaubens, aber natürlich ebenso über die in der Denkschrift beschriebenen politischen Perspektiven, die auch über die christliche Grundlegung hinaus für Menschen plausibel sein sollen, die die christliche Begründung nicht teilen. Der Glaube, der nach seiner inneren Vernunft fragt, und eine Vernunft, die nach ihrer inneren Orientierung fragt, sind zwar klar voneinander zu unterscheiden, aber ebenso klar auch auf einander zu beziehen. Sie befruchten einander und zwingen einander zu einer Argumentation, die gegenseitig verstanden werden kann.

Darum ist die „Säkularisierung" der Themen des Konziliaren Prozesses, also ihre Bearbeitung auch außerhalb kirchlicher Strukturen nicht etwa ein Unglück für die Kirchen. Im Gegenteil, sie ist Teil Ihres Erfolges. An nur zwei Beispielen will ich verdeutlichen, was ich damit meine.

Anfang der 90er Jahre gab es eine intensive innerkirchliche Debatte um die Bedeutung und Reichweite von Konzepten Ziviler Konfliktbearbeitung. Ein abgestuf-

Martin Schindehütte

tes Konzept friedenspädagogischer Arbeit, ziviler Freiwilligendienste und eines Friedensfachdienstes wurde erarbeitet und von der EKD Synode 1996 auf Borkum verabschiedet. Der ökumenische Dienst des Shalom-Diakonats wurde gegründet. Aktion Sühnezeichen und die Aktionsgemeinschaft Dienst für den Frieden wussten sich bestätigt und knüpften große Hoffnungen an diesen Beschluss. Selbstkritisch müssen wir heute sagen, dass die Wirkung dieser Debatte außerhalb der Kirche als viel intensiver konstatiert werden muss, als in den kirchlichen Strukturen selbst. Sicher – an dieser politischen Debatte waren und sind Akteure der Evangelischen Kirche beteiligt. Nicht zuletzt diese Akademie hier in Loccum mit der weitreichenden Wirkung ihrer friedenspolitischen Tagungen und dem großartigen Netzwerk, in dem Jörg Calließ große Impulse gesetzt hat. Sicher kann man auch Tilman Evers und seine Arbeit zur Schaffung einer bundesweiten Struktur für die Zivilen Friedensdienste nennen. Und natürlich viele andere mehr. Die letzte und die gegenwärtige Bundesregierung haben das Netzwerk von Formen ziviler Streitbeilegung und ihre Zusammenarbeit mit NGOs wachsend gefördert und sehen darin mittlerweile ein unverzichtbares Instrument der Friedenspolitik. Auch das ambitionierte Programm „weltwärts", dass bis zu 10000 junge Menschen in Freiwilligendienste ins Ausland schicken will, ist für mich Ausdruck eines Prozesses, der – ich wage die These – ohne den Konziliaren Prozess so nicht denkbar gewesen wäre. Nur – solche Prozesse kann man im gesellschaftlich-politischen Raum schlechterdings nicht konziliar nennen.

Jetzt will ich nur noch erwähnen, das andere Themen, wie etwa die Globalisierungsdebatte starke Orte außerhalb der Kirche gefunden haben. Bemerkenswert ist die Arbeit von attac. Hier gilt allerdings nun Umgekehrtes: Hier müssen wir als Kirche aufpassen, dass wir den Anschluss an Debatten und Bewegungen nicht verlieren, die ihre Ursprünge nicht zuerst in der Kirche hatten, die aber sehr wohl in die Mitte unseres eigenen kirchlichen Engagements gehören. Denn es gilt natürlich ebenso auch umgekehrt, dass wir als Kirche im Konziliaren Prozess aus der Gesellschaft und von den fundamentalen Herausforderungen für den Frieden her konzeptionelle Impulse für unser gesellschaftliches und politisches Handeln geben lassen, die wir um unseres eigenen Begründungszusammenhangs unbedingt zu bearbeiten haben.

Ich komme nun zu der Denkschrift selbst und markiere einige wichtige Aussagen, die nach meinem Eindruck für die Debatte von Bedeutung sind.

In der Denkschrift bekräftigt die EKD die von ihr schon zuvor vertretene These vom Vorrang der Gewaltfreiheit so klar wie bisher noch nie. In der Denkschrift heißt es:

„Das christliche Ethos ist grundlegend von der Bereitschaft zum Gewaltverzicht (Mt 5,38ff) und vorrangig von der Option für die Gewaltfreiheit bestimmt."

Die EKD vertritt auch in ihrer neuen Denkschrift keinen reinen, radikalen, unbedingten Pazifismus. Sie bekundet aber ihre Affinität und Nähe zum pazifistischen Ethos der Gewaltfreiheit. Und sie bekennt sich klar und eindeutig zur Praxis des Friedensstiftens.

- Das erste von vier Kapiteln stellt eine Skizze der friedenspolitischen Lage der Gegenwart unter dem Gesichtspunkt der aktuellen Friedensgefährdungen dar. Diese knappe Analyse wird in den Debatten dieser Tagung sicher noch eine wichtige Rolle spielen. Denn nur wenn die politische Lage im Grundsatz richtig erfasst ist, kann man die Tragfähigkeit der aufgezeigten Perspektiven ausloten.
- Das zweite Kapitel führt in den Kern eines Begründungszusammenhanges für ein Friedenshandeln aus christlicher Orientierung.
  - In Kapitel 2.1 „Den Frieden vergegenwärtigen und bezeugen" wird das Handeln der Kirche im Hinblick auf den Frieden im Geschehen des Gottesdienstes verankert. Denn Ausgangspunkt für alles, was die Kirche überhaupt tun kann, um für den Frieden zu bilden, ist das Gebet für den Frieden und die lebendige Verkündigung des Evangeliums. Jeder Gottesdienst kann und soll zum Frieden bilden.
  - In Kapitel 2.2 „Für den Frieden bilden und erziehen" ist von den weiteren spezifischen Bildungsinstitutionen der Kirche die Rede, die außer dem Gottesdienst Menschen auf ihren Lebensweg begleiten und sie befähigen, Versöhnung zu praktizieren, der Gewaltlosigkeit bei der Konfliktbearbeitung einen Vorrang einzuräumen und auf allen Ebenen dem Frieden nachzujagen.
  - Kapitel 2.3 thematisiert unter der Überschrift „Die Gewissen schützen und beraten" die seelsorgerliche Aufgabe der Kirche im Blick auf die Soldatinnen und Soldaten der Bundeswehr und auch im Blick auf diejenigen, die den Kriegsdienst mit der Waffe aus Gewissensgründen verweigern und nicht bereit sind, militärische Gewalt gegen andere Menschen anzuwenden.

- In Kapitel 2.4 „Für Frieden und Versöhnung arbeiten" werden solche Prozesse skizziert, die in kirchlicher Trägerschaft zum Frieden und zur Versöhnung innerhalb von und zwischen Völkern und Staaten beitragen. Dort ist beispielsweise die Rede von der sogenannten „Wahrheits- und Versöhnungskommission" in Südafrika, aber auch von der Erinnerungs- und Versöhnungsarbeit von Aktion Sühnezeichen Friedensdienste.
- Schließlich wird in Kapitel 2.5 „Vom gerechten Frieden her denken" der eigentliche Leitbegriff der Schrift, nämlich der Begriff des gerechten Friedens, eingeführt, und es werden die Grundzüge einer Theologie des gerechten Friedens skizziert. Wenn die Friedensethik vom gerechten Frieden her denkt, dann grenzt sie sich nicht nur von den die Tradition der Christenheit bestimmenden Konzepten wie dem Mythos vom Heiligen Krieg oder von der traditionellen Lehre des gerechten Krieges ab, sondern sie setzt sich zugleich in eine konstruktive Beziehung zum christlichen Pazifismus.
- Das Kapitel 2.5 der Denkschrift ist eine Schlüsselstelle innerhalb des gesamten Textes. Es verbindet den zweiten und den dritten Hauptteil der Denkschrift miteinander und bereitet die beiden folgenden Hauptteile sachlich vor, indem es deutlich macht, aus welchen Gründen und mit welchen Inhalten christliches Handeln sich in Recht und Politik umsetzen muss.

- Das dritte Kapitel „Gerechter Frieden durch Recht" zeigt auf, wie das Medium des Rechts im Sinne des Internationalen Völkerrechts auf der Basis der Charta der Vereinten Nationen geeignet und notwendig ist, um Friedensprozesse zu tragen und zu stützen. Das Recht muss gestärkt werden, damit nicht der Stärkere Recht behält.
- In Kapitel 4 „Politische Friedensaufgaben" ist unter anderem von Europas Friedensverantwortung die Rede, aber auch von der Rolle und dem Auftrag der Bundeswehr. Die Aufgabe, Waffenpotenziale abzubauen, Rüstungsexporte einzuschränken und wirksam zu Abrüstung und Rüstungskontrolle beizutragen, wird ebenso formuliert, wie die Notwendigkeit der zivilen Konfliktbearbeitung noch einmal eingeschärft wird.

Zusammenfassend kann man sagen, dass die Absicht der neuen Denkschrift ist, die Wurzeln des Friedenshandelns im christlichen Glauben selbst aufzuzeigen und diejenigen, die sich aus christlicher Überzeugung für den Frieden und die Überwindung von Gewalt einsetzen, in ihrem Tun zu ermutigen und zu stärken. Diese doppelte Absicht spiegelt sich auch im Titel der Denkschrift: „Aus Gottes Frieden leben – für gerechten Frieden sorgen".

Die Denkschrift steht in einem ökumenischen Kontext. Sie will und soll ein Beitrag sein zu dem Friedenszeugnis der Christenheit weltweit. Zwei Handlungsebenen will ich beispielhaft herausgreifen. Den Konziliaren Prozess in Europa und die Perspektiven eine Friedensarbeit des ÖRK.

Für die Friedensarbeit in Europa hat die charta oecumenica herausragende Bedeutung. Sie ist ein Dokument christlicher Selbstverpflichtung fast aller Kirchen in Europa, also ein Dokument der Gemeinsamkeit der drei großen Kirchenfamilien der Orthodoxen, Katholiken und Protestanten. Anders als vorhergesagt ist dieses im April 2001 in Straßburg unterzeichnete Dokument nicht einfach Papier geblieben. Es bildete die Grundstruktur der dritten Europäischen Ökumenischen Versammlung im September 2007 in Sibiu/Herrmannstadt in Rumänien. Für diese Europäische Versammlung hat es eine erstaunliche Fülle von vorbereitenden kirchlichen Veranstaltungen und Aktionen in Europa gegeben – in Deutschland allein waren es mehrere hundert. Ein gemeinsamer Konsultationsprozess der Kirchen von Rom über Wittenberg nach Sibiu wurde vorangestellt. Gerade für unsere orthodoxen Geschwister war dieser ökumenische Prozess auf ihrem Weg nach Europa von besonderer Bedeutung.

In der Charta verpflichten sich die Kirchen, in der Nachfolge Jesu Christi für Versöhnung und Frieden einzutreten (s. Charta Oecumenica III.8). Darin heißt es auch: *„Wir engagieren uns für eine Friedensordnung auf der Grundlage gewaltfreier Konfliktlösungen.'* Dies geschieht seit Jahrzehnten durch eine Vielzahl von Begegnungen, Friedens- und Versöhnungsinitiativen, Netzwerken, Projekten auf der Ebene von Gemeinden, Gruppen, Landeskirchen, Werken und der EKD.

In der Schlussbotschaft von Sibiu heißt es:

„Das Wort Gottes fordert uns auf, nicht das wertvolle Erbe jener zu verschwenden, die sich in den vergangenen sechzig Jahren für Frieden und Einheit in Europa eingesetzt haben. Der Friede ist ein grossartiges und wertvolles Geschenk. Ganze Länder sehnen sich nach Frieden, ganze Völker warten darauf, von Gewalt und Terror befreit zu werden. Nachdrücklich verpflichten wir uns zu erneuerten Bemühungen auf dieses Ziel zu. Wir lehnen Krieg als Instrument zur Konfliktlösung ab, fördern gewaltfreie Mittel zur Schlichtung von Konflikten und sind besorgt angesichts der militärischen Wiederaufrüstung. Gewalt und Terrorismus im Namen der Religion widersprechen der Religion."

Insbesondere die Konferenz europäischer Kirchen (KEK) ist das Instrument einer umfassenden gemeinsamen in Entwicklung in Europa und einer gemeinsamen Einflussnahme auch auf die friedenspolitischen Persepktiven den Europäischen Union.

Ein wichtiges Beispiel gemeinsamer Arbeit ist das Bemühen um eine Agentur für zivile Konfliktlösungen auf europäischer Ebene, die nun vor wenigen Wochen Wirklichkeit geworden ist. Lange wurde gemeinsam dafür gearbeitet. Ein wichtiger Baustein dazu war der Beschluss der Synode der EKD vom November 2006, den ich hier gerne zitieren möchte. Das Zitat belegt ganz gut, wie sehr die Denkschrift in einen umfassenden Prozess kirchlicher Friedensarbeit eingebunden ist. Der Text lautet:

I. Die Synode der Evangelischen Kirche in Deutschland (EKD) bekräftigt ihr Engagement für die Gestaltung eines gerechten, friedlichen und solidarischen Europas. Sie wird auch weiterhin in ihrer theologischen Arbeit wie in ihrem konkreten Engagement nach Kräften dazu beitragen.

Die europäischen Kirchen in der Kommission Kirche und Gesellschaft der Konferenz Europäischer Kirchen (KEK) haben am 3. Mai 2006 in Sigtuna/Schweden die Einrichtung geeigneter europäischer Instrumente gefordert, um die Forschung und aktive Einmischung in Konfliktprävention und die friedliche Lösung von Konflikten voranzutreiben. Diese sollen im Verbund mit nationalen Instituten der Konflikt-, Präventions- und Friedensforschung die zivile Krisenbewältigung koordinieren, fördern und sichtbarer machen, und so das in der EU dafür vorhandene Potential effizienter nutzen.

Dazu wollen die Kirchen ihre eigenen Erfahrungen mit Versöhnung und Heilung von Erinnerungen (healing of memories) in verschiedenen Regionen Europas vernetzen, als politisches Potential einbringen und beharrlich fortsetzen.

Sie wollen von Friedenskirchen und Kommunitäten, christlichen Netzwerken und Trägerorganisationen ziviler Friedensdienste, die über lange Zeit das christliche Friedenszeugnis konsequent leben, die Friedensdienste entwickelt haben und Experten in gewaltfreier Konfliktlösung sind, lernen und mit ihnen intensiv zusammen arbeiten.

Sie haben sich ebenfalls verabredet, die ökumenische Reflexion darüber, welches Verständnis von menschlicher Sicherheit und Verletzbarkeit aus dem Glauben an Jesus Christus erwächst, zu vertiefen und in die öffentliche Debatte einzubringen –

auch und gerade angesichts der Erfahrungen mit Terror und den Ängsten davor. Ebenso wurde deutlich, dass in einer Zeit, in der Religion immer wieder als Konfliktursache wahrgenommen wird, die Kirchen ihre Erfahrungen und Kompetenzen im Bereich Konfliktvorbeugung und Mediation über religiöse, kulturelle und ethnische Grenzen hinweg einbringen und ausbauen müssen.

II. 1. Die Synode stellt fest:
Aufgrund der Vielschichtigkeit heutiger Konflikte müssen alle Politikbereiche der Europäischen Union unter dem Aspekt überprüft werden, welche Bedeutung sie für ein integriertes Konzept der Krisenprävention und -bewältigung haben. Die Unabhängigkeit ziviler von militärischen Mitteln sowie zugleich eine Kohärenz der Instrumente zur Krisenbewältigung ist sicherzustellen.

Die Synode begrüßt, dass die EU Schritte unternommen hat, um die gemeinschaftliche Außenpolitik auf eine neue Grundlage zu stellen, darunter erstmals ein Peace Building Partnership zwischen der Kommission und zivilgesellschaftlichen Akteuren der Friedensarbeit. Die EU hat bisher jedoch nicht alle Möglichkeiten der zivilen Krisenvorsorge und -bearbeitung ausgeschöpft.

Die Synode unterstreicht die Ergebnisse von Sigtuna. Angesichts des Aufbaus einer ‚Europäischen Verteidigungsagentur' zur Koordinierung der militärischen Mittel fordert sie die Europäische Kommission auf:

– den Aufbau und die Institutionalisierung eines effektiven Instruments zur Koordinierung der zivilen Mittel zügig voranzutreiben. Damit kann die EU zu einem zentralen Akteur europäischer und weltweiter Sicherheitspolitik werden und mit zivilen Mitteln und im Sinne eines umfassenden Sicherheitsbegriffes ressortübergreifend nachhaltige Entwicklungen fördern.

– eine Pilotstudie zum Europäischen Zivilen Friedenskorps auf der Grundlage der dafür vorliegenden Machbarkeitsstudie vom November 2005 zu veranlassen.

Den weitesten Bogen christlichen Friedensengagements spannt dabei der ÖRK. Mit seiner im Jahr 2001 in Berlin eröffneten „Dekade zur Überwindung von Gewalt" (DOV) formuliert er für seine Mitgliedskirchen eine Aufgabe, die je nach Ort, Zeitpunkt und Kontext von jeder einzelnen Kirche und jeder einzelnen Gemeinde im Maße ihrer Möglichkeiten individuell zu bearbeiten und zu lösen ist. Die neue Friedensdenkschrift erinnert bewusst an Johann Amos Comenius (1592-1670) (S.39). Sein Lebensmotto „Alles fließe von selbst – Gewalt sei ferne den Dingen" enthält in nuce ein pädagogisches Programm, das in vielen Hinsichten bemerkenswerte Parallelen zur „Dekade zur Überwindung von Gewalt" aufweist. In der Denkschrift heißt es dazu:

Martin Schindehütte

„Die Dekade bietet christlichen Kirchen, Gruppen und Einzelpersonen ein strukturelles Dach und einen organisatorischen Raum, in dem diese agieren und konstruktive Beiträge zur Gewaltüberwindung leisten können. Die friedenspolitischen und friedenspädagogischen Aspekte der Dekade enthalten eine umfassende ‚Querschnittsaufgabe' für das kirchliche Handeln. Dies verlangt eine sorgfältige Koordinierung der zahlreichen vorhandenen Ansätze, Programme und Initiativen sowie Zusammenarbeit mit der Zivilgesellschaft."

Die Dekade ist eines der wenigen Programme, mit denen der ÖRK in den letzten Jahre einen umfassenden und nachhaltigen Prozess in seinen Mitgliedskirchen ausgelöst hat. Dieser sehr konkrete auf Erfahrungen aufruhende und nachhaltige Haltungsänderungen zielende Prozess kann durchaus als Ausfluss aus Erfahrungen des Konziliaren Prozesses verstanden werden. Diese Dekade ist die Basis, auf der vielfältige Programme des ÖRK und konkrete Interventionen im Konflikt- und Krisensituationen aufruhen. Nach wie vor arbeitet der ÖRK mit vielen Mitgliedskirchen, nicht immer glücklich, aber sehr engagiert an eine Friedenslösung im Nahen Osten. Sein Einfluss auf die Beilegung der Krise in Kenia war nicht gering. Viele andere Aktivitäten ließen sich nennen. Um der Dekade zur Überwindung von Gewalt ein Ziel und neuen Startpunkt zu geben, hat der Zentralausschuss des ÖRK im Februar diesen Jahres beschlossen, seine Mitgliedskirchen für das Jahr 2011 zu eine „peace convovation", zu einer weltweiten Friedensversammlung der Christen nach Kingston, Jamaica, einzuladen. Darauf sollen sich die vielfältigen Initiativen der Dekade nun konzentrieren. Nach den guten Erfahrungen in der Vorbereitung der Dritten Europäischen Ökumenischen Versammlung soll es nun auch dafür eine Projektstelle bei der EKD geben.

Mit dieser Projektstelle will die EKD jedenfalls bis 2011 – jenes „strukturelles Dach" und den „organisatorischen Raum" bieten, den die Denkschrift formuliert.

Damit allerdings nicht genug: Es war kein Zufall sondern eine gewollte Kohärenz, dass an dem Tage, an dem in Berlin die Denkschrift der Öffentlichkeit vorgestellt wurde, in Hannover ein umfassendes Hearing für eine neue Struktur der Friedensarbeit der EKD stattfand. Im Dezember 2007 und Januar 2008 hat der Rat der EKD dann die entsprechenden Beschlüsse gefasst, deren Umsetzung nun vorbereitet wird.

Ziel dieser Struktur ist es, die Friedensarbeit in der EKD unter veränderten politischen Bedingungen und bei knapperen finanziellen Ressourcen in ihren vielfälti-

Martin Schindehütte

gen Ausformungen und Trägern besser aufeinander zu beziehen. Dabei soll es zum einen Impulse für die Belebung der Friedensarbeit vor Ort geben, zum anderen zur Qualifizierung der friedensethischen und friedenspraktischen Diskurse in Politik und Gesellschaft beigetragen werden. Ganz ausdrücklich wird diese Struktur in den Kontext des Konziliaren Prozesses für Gerechtigkeit, Frieden und Bewahrung der Schöpfung gestellt.

Folgende Strukturelemente sollen diesem Ziel dienen:

Alle wesentlichen Träger kirchlicher Friedensarbeit werden Mitglieder der *Konferenz für Friedensarbeit*. Sie kommen in der Regel einmal jährlich zu einer zweitägigen Tagung zusammen.

- Die Konferenz hat folgende Aufgaben:
  - Sie soll die Arbeit der Mitglieder vernetzen und koordinieren
  - Sie soll Friedenspolitische Entwicklungen und Strategien identifizieren und diskutieren
  - Daraus können Impulse für die leitenden Gremien der EKD und der Gliedkirchen erwachsen
  - Die strategische Arbeit der Mitglieder kann aufeinander bezogen werden.
  - Die Arbeit der Friedensgruppen und Gemeinden soll gefördert und begleitet werden.
- Die Konferenz kann ständige Arbeitsgruppen zu grundlegenden oder temporäre Projektgruppen zu aktuellen Aufgabenstellungen bilden.
- Die Konferenz hat allerdings kein eigenes Mandat zu öffentlichen Stellungnahmen. Einzelne Mitglieder bleiben frei, allein und im eigenen Namen entsprechend ihrem Mandat öffentlich zu agieren.
- Der Konferenz werden angehören:
  - Je ein Vertreter/ eine Vertreterin der Gliedkirchen
  - die EAK (Vorsitzende/r und ein/e weitere Vertreter/in)
  - die AGDF (Vorsitzende/r und drei weitere Vertreter/innen der Mitglieder)
  - ein Vertreter/eine Vertreterin des eed
  - ein Vertreter/eine Vertreterin der FEST
  - ein Vertreter/eine Vertreterin der Evangelischen Akademien
  - ein Vertreter/eine Vertreterin der Evangelischen Seelsorge in der Bundeswehr

- ein Vertreter/eine Vertreterin des Comenius-Instituts
- ein Vertreter/eine Vertreterin des Ökumenischen Netzes in Deutschland
- ein Vertreter/eine Vertreterin des Evangelischen Missionswerks in Deutschland
- ein Vertreter/eine Vertreterin von „Brot für die Welt"
- der zuständige Referent /die zuständige Referentin des Kirchenamtes der EKD
- eine vom Rat der EKD beauftragte Person

- Die Konferenz kann bis zu drei Personen kooptieren. Eine von ihnen sollte in einer unmittelbaren Beziehung zum Ökumenischen Rat der Kirchen stehen.
- Zwischen den Sitzungen der Konferenz für Friedensarbeit nimmt ein *Arbeitsausschuss* deren Aufgaben und Funktionen wahr. Der Arbeitsausschuss bereitet die Sitzungen der Konferenz für Friedensarbeit vor.
- Der Arbeitsausschuss hat sieben Mitglieder. Sechs werden aus der Mitte der Friedenskonferenz gewählt. Drei Mitglieder davon sind Delegierte von Gliedkirchen der EKD, drei kommen aus den Einrichtungen und Verbänden. Das siebte Mitglied ist der/die vom Rat der EKD zu berufende Beauftragte/r für Friedensarbeit.
- Der/die Beauftragte des Rates der EKD hält die Verbindung zu den kirchenleitenden Gremien der EKD und trägt zur öffentlichen Wahrnehmung der Friedensarbeit in der EKD bei. Die/Der Beauftragte wird vom Rat der EKD berufen. Er/sie ist Vorsitzende/r der Konferenz für Friedensarbeit und des Arbeitsausschusses. Die Beauftragung für Friedensarbeit wird mit der Beauftragung für Kriegsdienstverweigerung/Zivildienst und den Beirat der Militärseelsorge verbunden sein. Die Aufgabe des Militärbischofs ist davon jedoch klar zu unterscheiden. Der/die Beauftragte soll eine Person mit friedensethischer und friedenstheologischer Kompetenz sein, die in kirchenleitender Verantwortung steht. Die Aufgabe wird neben- oder ehrenamtlich wahrgenommen.
- Eine *Arbeitsstelle für Friedensarbeit* nimmt als Dienstleisterin konzeptionelle und geschäftsführende Aufgaben für die AGDF, die EAK, die Konferenz für Friedensarbeit, den Arbeitsausschuss und den Ratsbeauftragten /die Ratsbeauftragte wahr. In diese Arbeitsstelle werden die Personen und Kompetenzen der bisherigen Büros von AGDF und EAK eingebracht. Die Geschäftsführer/innen nehmen in Zuordnung zu den jeweiligen Vorständen die geschäftsführenden Auf-

gaben von AGDF und EAK wahr. Sie nehmen jedoch auch Aufgaben für die Konferenz, den Arbeitsausschuss und den/die Ratsbeauftragte/n wahr. Zugleich wird der Arbeitsstelle ein Referent für Freiwilligendienste zugeordnet, der die vorhandenen Freiwilligendienste mit den Möglichkeiten des Programms „weltwärts" verknüpft.

Diese beschlossene Struktur hat noch viele offene Fragen im Einzelnen. Es wird aber deutlich, dass seitens der EKD an konkreten Handlungstrukturen gearbeitet wird, in denen – soweit das der EKD möglich ist und sie dafür ein Mandat hat - die inhaltlichen Perspektiven dessen, was die Denkschrift zusammenfasst, einen organisatorischen und politischen Handlungsraum haben.

Ich hoffe, deutlich gemacht zu haben, dass die vorliegende Denkschrift nicht ein für sich stehendes Unikat, sondern Teil eines umfassenden und langfristig angelegten Prozesses ist. Sie soll nach innen wirken, also Impulse und Orientierung für die kirchliche Friedensarbeit geben. Sie soll vor allem aber über den kirchlichen Raum hinauswirken und - wie das ganze Friedensengagement der Kirchen - einen Beitrag leisten dafür, dass wir den Frieden als Überlebensbedingung der Menschheit mit allen gesellschaftlichen, kulturellen und politischen Kräften guten Willens gemeinsam gestalten. Die Denkschrift will den Konziliaren Prozess nicht nur weiter denken. Sie will dazu beitragen, dass kompetent und begründet für den Frieden gehandelt wird. Der Konziliare Prozess ist nicht nur ein Denkprozess, er will zum Handeln ermutigen und befähigen.

In diesem Zusammenhang gilt auch: Denkschriften hatten nie die Absicht, etwas Abschließendes zu sein. Im Gegenteil, sie wollen aufschließen und Prozesse des Denkens und des Handelns induzieren.

Arnd Henze

Kommentar
zum Referat von Bischof Martin Schindehütte

Ich habe, als ich im Theologiestudium auch Judaistik studiert habe, von einem Professor den wirklich großartigen Satz gelernt: ob dir jemand wert ist, zeigt sich daran, ob er dir auch eines Streites wert ist. Insofern hoffe ich, dass es als Ausdruck von Wertschätzung empfunden wird, wenn ich mich lustvoll und mit Spaß mit dem Vortrag von Martin Schindehütte auseinandersetze – aber auch mit dem, was ich erahne, was viele von Ihnen aus der Arbeit und der Lektüre der Denkschrift mit diesem Dokument verbinden. Ich hoffe, dass ich damit auch früh den Stachel in eine sonst möglicherweise zu harmonische Diskussion setzen und den nächsten Tagen ein bisschen Pfeffer geben kann. Und ich fürchte, dass mich Corinna Hauswedell genau deshalb eingeladen hat.

Ich bin gebeten worden, im Anschluss an Martin Schindehütte etwas über die Wahrnehmung, über die Wirkung, über die Relevanz dieser Denkschrift zu sagen – über den Kreis derer hinaus, die sich damit ohnehin beschäftigen. Das kann ich relativ kurz machen. Ich habe selber die Denkschrift erst vor zwei Wochen als Vorbereitung auf die Tagung bekommen und zum ersten Mal gelesen – als jemand, dessen eigene Biographie in der Friedensbewegung der 80er Jahre fest verwurzelt ist, der sich mit der Thematik eigentlich immer befasst hat, der immer noch sehr stark in der Kirche engagiert ist, der Theologie studiert hat, der jetzt mit Außenpolitik, also auch mit den Themen von Friedensbewahrung, Friedensgefährdung zu tun hat. Ich hatte sie vorher nicht vermisst, dann aber mit Neugier gelesen, ob ich da etwas finde, was mich weiter bringt. Und ich habe mir als Testfrage gestellt, würde ich diese Denkschrift gerne meinen Kollegen auf den Schreibtisch legen und sagen: lest das auch mal, das ist interessant? Das wäre die professionelle Richtung. Und die zweite Richtung: Würde ich die Denkschrift meinem Publikum beim Dellbrücker Forum empfehlen (und das sind im Durchschnitt 250 Menschen, die etwa zur Hälfte aus dem kirchlichen Raum und aus dem Stadtteil und zur anderen Hälfte aus dem

Arnd Henze

säkularem Raum kommen)? Würde ich denen also sagen: Leute, zur Weiterführung lest mal die Denkschrift? Würde ich das guten Gewissens machen? Und meine ehrliche Antwort ist: Nein. Ich würde es nicht tun. Denn ich glaube, dass sich Kirche in diesem Dokument nicht auf eine Weise präsentiert, dass man Lust kriegt, sie als Mitstreiter, als Gesprächspartner in der aktuellen Debatte wahrzunehmen.

Ich will das versuchen zu begründen und habe einen Verdacht, warum die Friedensdenkschrift so geworden ist, wie sie geworden ist: Bischof Huber schreibt in der Einleitung: „In Denkschriften sollen nach Möglichkeit ein auf christlicher Verantwortung beruhender, sorgfältig geprüfter und stellvertretend für die ganze Gesellschaft formulierter Konsens zum Ausdruck kommen." Einspruch Euer Ehren. Nein. Das ist historisch falsch. Und ich halte es auch von der Zielsetzung für eine Denkschrift für absolut falsch. Die Ostdenkschrift der EKD hat nicht einen gesellschaftlichen Konsens formuliert. Im Gegenteil. Sie hat ihre historische Relevanz bekommen, gerade weil sie Wiederspruch provozierte und weit über den Konsens ihrer Zeit hinaus gedacht hat. Die Friedensdenkschrift ‚Frieden wahren, fördern und erneuern' war kein Konsenspapier. Viele von Ihnen im Raum, mich und Martin Schindehütte wahrscheinlich eingeschlossen, haben diese Denkschrift kritisiert. Die Friedensbewegung hat in breiter Form auf den Kirchentagen 1981 und 1983 dem „Noch" der Denkschrift zur Nuklearabschreckung das „Nein ohne jedes Ja" entgegengesetzt. In dieser Hinsicht war die damalige Denkschrift wertvoll, dass man sich an ihr abarbeiten konnte. Und ich behaupte: an der neuen Denkschrift kann man sich nicht abarbeiten. Weil sie genau den Arbeitsauftrag eingelöst hat, nämlich einen Konsens zu formulieren. Um den Preis, etwas anderes aufzugeben, was z.B. die Ostdenkschrift eingelöst hat: Nämlich das prophetische Erbe der Kirche in die Waagschale zu werfen, etwas zu formulieren, was im gesellschaftlichen, im öffentlichen, im politischen Raum über das hinaus geht, was von Verteidigungsminister Jung bis zur Linkspartei Beifall finden kann. Sie finden Jungs Stellungnahme in Ihrer Mappe: Er geht so weit zu behaupten, die Denkschrift sei identisch mit dem Weißbuch. Lesen Sie es durch: nicht ein einziger Widerspruch, nicht ein einziger Punkt, an dem sich der Minister an der Denkschrift reibt. Und bei den Grünen antworten Winni Nachtwei und Jürgen Trittin auf die Frage, welche Wirkung die Denkschrift haben könnte: „Sie bestätigt uns". Und die Linkspartei sagt das auch, sie hätte es an einigen Punkten nur gern ein wenig schärfer formuliert.

Arnd Henze

Dabei habe ich gar nichts gegen Konsens! Aber ein Konsensdokument macht dann Sinn, wenn man nach breitem gesellschaftlichen Diskurs versucht, zusammen zu kommen und sich auf Gemeinsamkeiten zu verständigen. Ein Konsens steht am Ende eines Streites, nicht am Anfang. Und das ist der Webfehler: Eine solche Debatte haben wir seit Jahren weder im politischen noch im kirchlichen Raum – genauer: seit dem Ende des Ost-Westkonfliktes fehlt die Debatte über die neuen Friedensherausforderungen, die über den Ost-Westkonflikt hinaus gehen. Und deshalb wäre es ein wertvolles Ziel einer solchen Denkschrift gewesen, diese Debatte mit klar konturierten und wo nötig provozierenden Fragen anzustoßen. Eine Denkschrift, die das Denken anstößt, statt eine nie stattgefundene Debatte durch konsensfähige Antworten abzuschließen und zu harmonisieren.

Lassen Sie mich nach dieser Vorbemerkung zur Denkschrift selber kommen. Ich lese sie sprachlich. Und ich frage mich: Wer ist das Subjekt dieser Denkschrift? Der Satz, der mehrfach zitiert wird, lautet: „Wer aus Gottes Frieden lebt, setzt sich für den Frieden in der Welt ein." Es steht da nicht normativ: er oder sie „soll" sich für den Frieden der Welt einsetzen, sondern im Indikativ „setzt sich für den Frieden der Welt ein". Wenn das stimmen würde, wäre das rein empirisch ein Armutszeugnis. Dann gäbe es nämlich nicht viele Menschen, die aus Gottes Frieden leben. Die Realität in unseren Gemeinden, in den Gremien, in der Ökumene ist doch, dass das Friedenthema in das Marginale, in das Randständige geschoben wurde und von außen nicht mehr erkennbar ist, dass es ein zentrales Thema kirchlicher Identität ist. Das sollte auch eine Denkschrift in aller Bescheidenheit zugeben, dass es nicht einmal im Ansatz eine Praxis gibt, aus der heraus man den Kirchen das Ringen um den Frieden als eine konstitutive, ihr Wesen bestimmende Herausforderung ansehen würde. Also wenn der zitierte Satz stimmen würde, wäre das ein sehr deprimierender Indikativ.

Als Ersatz verweist Martin Schindehütte auf die Institutionalisierung des Konziliaren Prozesses. Er hat die Prozesse beschrieben und er hat es an Personen festgemacht: Wolfgang Huber, Margot Käßmann und sich eingenommen. Lieber Herr Schindehütte, wenn Sie mir den Ball auf den Elfmeterpunkt legen, geben Sie mir die Gelegenheit zu verwandeln:

Ich bin ja begeistert von Ihrer Faszination für Konferenzen, Tagungen, Dokumente, Arbeitsausschüsse – die wiederum neue Dokumente, die sich gegenseitig zitieren, produzieren. Aber mal ganz ehrlich: vor 20 Jahren, als Sie sich noch nicht

Arnd Henze

selber als sozusagen Fleisch gewordene Institutionalisierung des konziliaren Prozesses beschrieben hätten, hätten Sie sich dann auch schon so für die innerkirchliche Tagungsmaschinerie begeistern können? Hätten Sie nicht selber gesagt, Leute, was macht ihr da eigentlich? Hätten Sie nicht auch über das Biotop gelästert, das nur noch so selbstreferenzielle Formeln produziert, wie Sie sie uns gerade ausführlich zitiert haben? Aber wo ist die Strahlkraft in einem breiten gesellschaftlichen Prozess? Ich gönne Ihnen ja Ihre Begeisterung – und ich merke sie auch bei anderen im Raum. Aber es belegt, dass der Wechsel aus dem Basisengagement in die Leitungsebene zwar die Institutionalisierung erleichtert – aber nicht gerade Mut macht, sich von außerhalb des Biotops in die Debatte einzuschalten. Und so ist der von Martin Schindehütte genannte Aufstieg von „Basisaktivisten" in Leitungsämter ein höchst ambivalenter Prozess. Soziale Bewegungen entstehen auch aus dem Widerspruch gegen Autoritäten. Wenn aber die Autoritäten schon kommen und sagen: „Bei uns ist alles in besten Händen – wir waren ja auch mal Aktivisten" – dann entsteht wenig Reibungswärme.

Machen wir uns auch nichts vor: das Friedensthema ist für Bischöfe nur eines unter vielen Themen – und nur so dringlich, wie es von der Kirchenbasis her eingefordert wird. Und da sind wir wieder beim Problem.

Ich will Ihnen ein Beispiel geben: in den letzten Monaten wurde auf politischer Ebene intensiv über eine Ächtung von Streubomben verhandelt. Deutschland hat da eine – vorsichtig gesagt – wenig rühmliche Rolle gespielt.

In einer sehr entscheidenden Phase der Verhandlungen habe ich bei einer Podiumsveranstaltung einen unserer führenden Bischöfe gefragt, wo in einer solchen Phase die Friedensethik der Kirche einen unüberhörbaren und drängenden Beitrag zur Ächtung dieser furchtbaren Waffen leiste. Die Antwort hatte zwei Teile: Friedensethik solle sich nicht in Alltagspolitik einmischen – aber natürlich lehne die Evangelische Kirche Streubomben ab. Letzteres steht so auch in der Denkschrift. Aber was nützen uns richtige Erkenntnisse in einer Denkschrift, wenn sie sich in einer entscheidenden Phase der Debatte nicht materialisieren in einem lauten deutlichen Streiten für eben diese Einsichten? Und diese Frage stellt sich natürlich nicht nur an die Kirchenleitungen, sondern an die ganze Breite der Kirche. Hier wird deutlich: die Aussage in einer Denkschrift findet keine adäquate Resonanz in der Bereitschaft, solche Einsichten auch im konkreten friedenspolitischen Diskurs einzubringen.

Arnd Henze

Wenn aber das Subjekt protestantischen Friedenshandelns eben nicht die große Schar derer ist, die aus Gottes Frieden zu Friedenshandelnden wird – dann bleibt, wenn Sie die Denkschrift lesen, das große „Es". Ich habe selten ein Dokument gelesen, in dem so viele Sätze das „ES" als Subjekt tragen: „ES ist darauf zu achten," „ES ist erforderlich", „ES ist unverzichtbar" … Sie finden relativ selten Subjekte, in denen sich Menschen aus Fleisch und Blut angesprochen fühlen könnten.

Und so wie die konkreten Subjekte des Handelns fehlen auch Prädikate. Die Denkschrift pflegt einen Sprachstil ohne Verben. Aber Denken und Handeln sind etwas dynamisches. Auch ein analytisches Dokument, wenn es den Geist des Friedenshandelns atmen soll, braucht eine lebendige Sprache, die mit starken dynamischen Verben arbeitet. Ich argumentiere hier als Redakteur, der auch gegenüber Autoren und Manuskripten an diesem Punkt besonders sensibel ist. Ich gebe jedes Manuskript zurück, das nicht die Balance wahrt zwischen einer analytischen und begrifflichen Klarheit auf der einen und einer lebendigen dynamischen Anschaulichkeit auf der anderen Seite. Für letztere sorgen vor allem die Verben.

Bleiben Objekte der Denkschrift. Ich kann als Objekt der Denkschrift kein Thema erkennen, wo ich wirklich spüre: hier schlägt das Herz der Autorinnen und Autoren, hier sind sie wirklich leidenschaftlich bei ihrer Sache. Stattdessen lese ich ein Kompendium von 197 meist sehr richtigen, klugen abgewogenen Punkten. Wenn aber alle 197 Punkte gleich wichtig sind, sind sie auch alle gleich unwichtig. Es fehlt der Fokus!. Wenn ich dem Aufbau folge, stehen am Anfang die Herausforderungen der Friedensgefährdung. Ja, alles ist irgendwie angesprochen, alles kommt irgendwie vor. Aber nirgends sind die fundamentalen Gefährdungen spürbar, auf die wir seit dem Ende des Ost-Westkonfliktes keine Antworten haben. Wir sind ja nicht nur abstrakten Friedensgefährdungen ausgesetzt, sondern massiven Formen von Unfrieden und von Gewalt. Stattdessen finde ich Sätze wie diesen, der aus dem Absatz über globale sozioökonomische Probleme stammt: „Einige Schwellenländer weisen zwar hohe Wachstumsraten auf, aber in vielen Regionen greifen Verteilungsungerechtigkeit, Armut, Verelendung, Überschuldung, Misswirtschaft, Gewalt, Korruption, Menschenrechtsverletzungen, Krankheiten, Bildungsdefizite, Umweltzerstörung, unzureichende Maßnahmen der Entwicklungshilfe, unfähige Staatsstrukturen und Politiker ineinander und setzen den Teufelskreis der Fehl- und Unterentwicklung fort." 14 Attribute! 14 Attribute, die ungewichtet neben einander gestellt sind. Ich finde es richtig, dass Denkschriften die Komplexität von Problemen herausarbeiten und sich einfachen monokausalen Erklärungen verweigern. Aber das kann niemanden von der Aufgabe entbinden zu gewichten. Und wer sagt denn, dass wir zu den 14 Attributen nicht noch zehn weitere gefunden hätten, wenn noch mehr kluge Menschen in der Kommission gesessen hätten. Wer sich als Leser durch den zitierten Satz gequält hat, ist doch am Ende ratloser als vorher: eine Komplexität, die nur noch additiv auftritt lähmt und macht handlungsunfähig.

Mein Zwischenfazit: Die Sprache dieses Dokumentes kommt ohne lebendige Subjekte und Prädikate aus und bedient sich einer mehr additiven als fokussierenden Benennung der Probleme und Handlungsansätze.

Wenn wir von Friedensbedrohungen, von Gewalt und Krieg und von gescheiterten Hoffnungen sprechen, dann sind konkrete Erfahrungen damit verbunden. Wer mich kennt, weiß, dass ich der Letzte bin, der einer Betroffenheitslyrik huldigen würde. Aber dass sich der Leser in einer Friedensdenkschrift auch mit diesen Erfahrungen und tiefgreifenden Erschütterungen wieder findet, dass er die Dringlichkeit und die existentiellen Infragestellungen vertrauter Überzeugungen angesprochen fühlt – das halte ich in der Tat für unverzichtbar. Ich gehe mal einige Punkte durch: Wir erleben seit dem Ende des Ost-Westkonflikts an vielen Orten eine völlige Entfesselung der Gewalt. Bis zu Genozid und schwersten Verbrechen gegen die Menschlichkeit. Dazu gehört die Erfahrungen von Ruanda, Srebenica, Darfur und die Einsicht, dass dieses durchaus an anderen Orten wieder passieren kann. Das darf nicht sozusagen nur in einem Halbsatz mal erwähnt werden. Wie das Stichwort Ruanda.

Wir erleben eine Entfesselung des Kriegsbegriffs. Der „War on Terror" hat der Begrifflichkeit von Krieg jegliche analytische Schärfe genommen – es lässt sich nicht mehr fassen, was diesen Krieg ausmacht, ihn begrenzt und wann dieser permanente Kriegszustand wieder aufgehoben werden könnte.

Wir erleben eine Entfesselung von Armutskonflikten. Das, was wir im Moment mit den Hungeraufständen in Haiti, in Ägypten und in anderen Ländern erleben, ist nach Einschätzung aller Experten erst der Anfang. Natürlich sind in Denkschrift die Armutskonflikte benannt. Aber das hier eine der größten Friedensgefährdungen für die nächsten Jahre auf die Welt zukommt, wird aus dieser Denkschrift jedenfalls nicht sinnlich vorstellbar.

Und noch etwas. Die ganze Nukleardebatte steckt noch in den achtziger Jahren fest. Die entscheidende Herausforderung ist doch nicht mehr das Erbe des Kalten Krieges, sondern dass wir am Beginn eines neuen nuklearen Wettrüstens in einer der krisenanfälligsten und einer der konflikträchtigsten Regionen in der Welt stehen. Nämlich im Nahen und Mittleren Osten. Und wenn es gelänge, wenn die Denkschrift einen Beitrag geleistet hätte, auch die Diskussion um das iranische Atomprogramm in diesen Kontext und in seiner Dringlichkeit eingeordnet worden wäre. Wie sieht eine Nichtverbreitungspolitik aus, die alle in die Pflicht nimmt, einem neuen Nuklearwettrüsten in Krisenregionen entgegen zu treten. Das wäre für mich ein analytisch interessanter Ansatz. Deutlich über das hinausgehend, was ich in der Denkschrift finde.

Und schließlich, ganz wichtig, die Auseinandersetzung des Westens mit der islamischen Welt – unter anderem durch den Irakkrieg, aber auch durch andere Prozesse. Es besteht ja tatsächlich die Gefahr, dass es – nicht als Naturgesetz, sondern als Folge politischer Fehlentwicklungen – tatsächlich zu einer konfrontativen Spaltung der Welt kommen könnte. Das wäre eine der Herausforderungen, die ich gerne angesprochen gesehen hätte.

Der friedensethische Teil. Die Hinführung auf den gerechten Frieden. Ich kenne viele Dokumente aus den achtziger Jahren, die haben immer schon vom „Just Peace" geredet. Ich finde da wenig Neues. Robert Leicht war es, der es eine Mogelpackung genannt hat. Ich vermisse vor allen Dingen eine Reflektion unserer Erfahrungen des Zusammenpralls unserer ethischen Erfahrungen. Wir haben es doch auf dem Balkan erlebt, dass plötzlich der kategorische Imperativ ‚Nie wieder Krieg' mit dem kategorischen Imperativ ‚Nie wieder Völkermord, nie wieder Auschwitz' aufeinander prallten – nicht nur in Aussagen von Joschka Fischer. Sie erinnern sich. Auch ohne dass man die problematische Analogie zur Nazizeit ziehen müsste, geraten hier doch tatsächlich zwei ethische Imperative miteinander in Widerstreit.

Auch in Ruanda und aktuell in Darfur. Das hätte ich schon gerne reflektiert gesehen. Und die Fragen, die sich daraus ergeben, an die Pazifisten genau so wie an diejenigen, die auf militärische Lösungen setzen und das Scheitern von militärischen Lösungen natürlich mit bedenken müssen. Ich sage es gern persönlich. Ich habe re-

Arnd Henze

lativ früh den Aufruf „Ohne Rüstung leben" unterschrieben. Ich habe Mitte der 90er Jahre diesen Aufruf widerrufen, weil ich diese einfache Formel ‚ohne Rüstung leben' nach zwei Erfahrungen einfach so nicht mehr mittragen konnte. Das eine war dieses fürchterliche Massaker im Rahmen des Völkermords in Ruanda, als in einer Kirche Hunderte von Menschen umgebracht wurden. Wir haben ein ähnliches Verbrechen kürzlich in Kenia erlebt. Und ich hätte mir gewünscht, dass da Blauhelme mit einem legitimen Mandat gewesen wären, das zu verhindern. Und wenn ich meine eigene Position zu Blauhelmen ehrlich erinnere, dann gehöre ich selber zu denen, die jahrelang als Pazifist gesagt haben: Wenn UNO-Blauhelmemissionen – dann aber bitte nur mit blauem Barett und sozusagen als Verkehrspolizisten. Ich spreche von mir, ich zeige hier nicht mit dem Finger auf andere. Und dann erzählen mir Kollegen in Afrika die andere Seite der Medaille: wie wehrlose UN-Soldaten von Kindersoldaten in Sierra Leone überfallen wurden, ihrer Uniformen beraubt wurden – und 12-jährige Pseudo-Offiziere danach in diesen schmucken Uniformen ihr Bild vom Macho-Krieger aufgemotzt haben – Wehrlosigkeit als ungewolltes Doping für die Allmachtsphantasien mit Drogen zugedröhnter Kinder. Haben wir damals in der Debatte um UN-Missionen Gutes gewollt und das Gegenteil erreicht? Haben manche friedensethische Positionen der Realität nicht stand gehalten? Diese Reflektion hätte ich gerne in der Denkschrift aufgenommen gehabt, weil sie tatsächlich mit den Biographien von vielen zu tun haben zu denen ich mich zähle. Was bedeutet es für den Pazifismus, solche Erfahrungen weder auszublenden noch den Primat der Gewaltfreiheit aufzugeben.

Das Kapitel mit den politischen Schlussfolgerungen: Ich teile sie alle. Die Stärkung des Rechts und des Völkerrechts, die Stärkung von multilateralen Institutionen, die Konzentration auf die Konfliktprävention und die zivile Konfliktbewältigung, die sehr nachdenkliche Reflektion der „Responsibility to Protect" usw. Aber die Frage ist, wie implementiert man das in einer Welt, die längst an vielen Orten vollendete Tatsachen geschaffen hat und wo die Stärkung des Rechtes sich ja gegen bestehende Gewalt- und Herrschaftsstrukturen durchsetzen muss. Und wo die widerständigen Kräfte ja deutlich benennbar sind – in der Denkschrift aber leider nicht benannt werden.

Ich komme zurück auf die Frage nach dem „Wer", dem Subjekt des Friedenshandelns.. Wäre die Frage nach dem „Wer" in der Denkschrift ins Zentrum gerückt, dann hätte es einer ehrlichen Reflektion bedurft, warum die Kirche in der friedensethischen Diskussion heute eben nicht mehr der große ernst zu nehmende Akteur ist – anders als es Martin Schindehütte versucht hat, aus den vielen Prozessen, an denen er beteiligt ist, darzustellen. Dabei hat ja auch Martin Schindehütte, eingeräumt, dass es einige Bereiche gibt, wo wir eher den Anschluss verpasst haben als dass wir da im Moment eine Vorreiterrolle haben. Aber dann kommt doch eine kirchliche Denkschrift nicht um die Frage herum, warum wir daran gescheitert sind, unser friedensethisches Profil und unser Gewicht in der Debatte aus den 80er Jahren in eine völlig veränderte Weltlage in den 90er Jahren und ins 21. Jahrhundert zu übertragen und unser Engagement zukunftsfähig zu machen. Aus dieser Reflektion könnten Anstöße erwachsen für eine breitere politische Debatte, die dieses Land und diese Welt dringend brauchen. Und in einem weiteren Schritt könnte daraus auch wieder eine ökumenische Kampagnenfähigkeit entstehen, wie sie im Eintreten für eine Ächtung der Streubomben zum Beispiel dringend gebraucht würde. Oder für eine wieder restriktivere Rüstungsexportkontrolle. Ich denke, die Stärke der Denkschrift hätte eher darin liegen können, radikale und mutige Fragen zu stellen – statt eine Debatte in einem wohligen Konsens zum Abschluss zu bringen, die eigentlich noch gar nicht angefangen hat. Ich nenne mal ein Beispiel, von dem ich denke, dass die Kirche mit ihrer ureigenen Kompetenz eine ähnliche Debatte anstoßen könnte wie mit der Ostdenkschrift. Ich meine die Frage, wie wir zukünftig mit den Kräften des politischen Islams umgehen wollen. Da sehe ich weder in der akademischen, noch in der politischen Debatte, noch in der Alltagswahrnehmung der Menschen die Ernsthaftigkeit und den Mut, sich wirklich in die Fragen einzuarbeiten und sie offen, ideologiekritisch und in friedenspolitischer Perspektive breit zu erörtern. Ich denke, dass ein weites dorniges Feld zu beackern ist. Was also heißt Klarheit und gute Nachbarschaft im internationalen Maßstab? Sage keiner, er habe auf diese Fragen schon kohärente politikfähige Antworten. Und übrigens: wenn wir von den sozioökonomischen Krisen reden, dann sollte uns schon klar sein, dass die Organisationen des politischen Islams mit hoher Wahrscheinlichkeit von den Armutskrisen in der Welt profitieren werden. Denn wenn es in diesen Ländern eine Infrastruktur gibt, die auf die Armut sehr praktisch antwortet und sich zugleich als Alternative zu den verhassten Eliten profilieren kann - dann sind es die Institutionen und Strukturen des politischen Islams. Wie also gehen wir mit solchen Akteuren um, die eher stärker werden als schwächer? Ich gebe keine Antwort an der Stelle. Aber ich beschreibe ein Feld, wo ich mir in einer Friedensdenkschrift einen originären Beitrag der Kirchen wünschen könnte.

Ich könnte auch andere Themen erwähnen, überlasse das aber der Diskussion. Es soll aber einen Ausblick geben, wo ich mir das friedensethische Handeln der Kirchen produktiv vorstellen könnte. Da bekommt dann auch der interreligiöse Dialog seine Zuspitzung, auf den Martin Schindehütte hingewiesen hat. Wir haben ja noch eine Stunde zum Diskutieren. Ich bin sicher, wir haben Stoff zu diskutieren.

Annäherungen an „Frieden" und „Gerechtigkeit" I

Wilfried Härle

Friede und Gerechtigkeit

Das Hirtenwort der Bischofskonferenz[1] und die neue Friedensdenkschrift der EKD[2]

Die EKD erlebt zur Zeit friedensethisch ruhige Zeiten. Das ist keine Selbstverständlichkeit. Es besagt auch nicht, dass innerhalb der EKD ein umfassender friedenspolitischer Konsens bestünde. Wohl aber besagt es, dass die derzeit bestehenden Dissense und Kontroversen in der Friedensfrage weder das Verhältnis zur katholischen Schwesterkirche noch die Einheit und den inneren Zusammenhalt in der EKD in irgendeiner Weise belasten, bedrohen oder auch nur in Frage stellen würden. Das war nicht immer so.

Vor etwas mehr als 50 Jahren war das ganz anders. Da brach in Deutschland eine Friedensdiskussion von größter Intensität und Heftigkeit aus. Auslöser und Hintergrund waren einerseits die Entscheidungen über die (Wieder-)Bewaffnung der Bundesrepublik Deutschland und der DDR, andererseits die Kontroversen über die Drohung durch Atomwaffen und deren möglichem Einsatz. Diese Auseinandersetzungen wurden mit solcher Heftigkeit geführt, dass die Einheit der Evangelischen Kirche als gefährdet erschien. Angesichts dieser Gefahr war es von großer Bedeutung, dass die Spandauer Synode der EKD von 1958 formulieren konnte: „Wir bleiben unter dem Evangelium zusammen ...".[3] Aber auf welcher Basis blieb man in der Friedensfrage unter dem Evangelium beisammen?

Dazu haben die Heidelberger Thesen[4] vom 28. April 1959, die freilich nie offiziell von der EKD rezipiert wurden, wichtige Beiträge geleistet und Anstöße gegeben. Als bedeutsam und weiterführend erwiesen sich in der Folgezeit vor allem *zwei* Gedanken:

Zunächst These VI, die sog. Komplementaritätsthese: „Wir müssen versuchen, die verschiedenen, im Dilemma der Atomwaffen getroffenen Gewissensentscheidungen als komplementäres Handeln zu verstehen".[5] Mit der aus der Quantenphysik entlehnten Vorstellung von der Komplementarität wollen die Thesen die

Spandauer Formel vom Zusammenbleiben unter dem Evangelium begründen, vertiefen und erweitern. Komplementär sind die beiden (ablehnenden und bejahenden) Haltungen dadurch, dass sie einander nicht nur dulden, sondern verstehen und gegenseitig als je unterschiedliche Konsequenz aus dem gemeinsamen „Ziel der Vermeidung des Atomkrieges und der Herstellung des Weltfriedens"[6] achten. Aber darüber geht der Text noch einen kleinen, jedoch gewichtigen Schritt hinaus, indem er an zwei Stellen zumindest die Möglichkeit formuliert, „dass der eine seinen Weg nur verfolgen kann, weil jemand da ist, der den anderen Weg geht"[7]. Diesen Komplementaritätsgedanken haben die „Schritte auf dem Weg des Friedens" im Jahr 1994 ausdrücklich aufgenommen und nun nicht nur auf die Stellung zu atomaren Waffen, sondern grundsätzlicher und umfassender auf die prinzipielle Entscheidung über den Einsatz militärischer Gewalt sowie auf die Entscheidung zwischen Wehrdienst und Kriegsdienstverweigerung angewandt.[8]

Ich habe den Eindruck, dass die so verstandene Komplementarität immer stärker anerkannt wird, und dass sie dort, wo sie anerkannt wird, einen beachtlichen Beitrag zur Versachlichung der Diskussion zwischen Soldaten und Kriegsdienstverweigerern, Befürwortern und Gegnern der ethischen Legitimität des Einsatzes von militärischer Gewalt leistet.

Ich nenne an zweiter Stelle die These VIII, die folgenden Wortlaut hat: „Die Kirche muss die Beteiligung an dem Versuch, durch das Dasein von Atomwaffen einen Frieden in Freiheit zu sichern, als eine heute noch mögliche christliche Handlungsweise anerkennen".[9]

Was sich hinter dieser These verbirgt, ist die ernsthafte Reflexion und Auseinandersetzung über das Verhältnis von Drohung mit und Einsatz von militärischen Mitteln. Dabei wird gemeinsam vorausgesetzt, dass die Drohung nicht dem Einsatz dient, sondern (wie alle Sanktionsandrohungen) das Ziel verfolgt, das Angedrohte *nicht* eintreten zu lassen. Aufgrund dieser Logik konnten schon damals (und in der Folgezeit) die Befürworter einer Drohung mit dem Einsatz atomarer Waffen darauf verweisen, dass diese Drohung unter den Bedingungen des Ost-West-Gegensatzes den Weltfrieden erhalten habe und den Einsatz des Angedrohten nicht habe Wirklichkeit werden lassen.[10]

Aber man musste und muss sich natürlich die Frage stellen: Wie lange gilt dieses „heute noch"? Muss seine Geltungsdauer nicht immer wieder überprüft werden? Gilt es auch noch nach dem Ende des Ost-West-Gegensatzes? Und kann es noch in einer Situation gelten, in der der Kreis der Atommächte und der Staaten, die nach dem Besitz von Atomwaffen streben, immer größer wird? Mit diesen Fragen befasst sich die vorliegende Denkschrift, aber sie tut dies nicht isoliert, sondern im Zusammenhang einer Gesamtbetrachtung, von der noch die Rede sein muss.

Die Heidelberger Thesen von 1959 haben es (in Verbindung mit dem Spandauer Synodenbeschluss von 1958) geschafft, so etwas wie eine gemeinsame, wenn auch höchst spannungsvolle Basis in der Friedensfrage zu formulieren, die es den Beteiligten erlaubte, für die folgenden zwei Jahrzehnte „unter dem Evangelium zusammenzubleiben".

Ende der Siebziger-, Anfang der Achtzigerjahre brach dann jedoch erneut eine heftige Friedensdiskussion auf, deren politischer Entstehungszusammenhang unter dem Stichwort „Nachrüstungsdebatte" in das geschichtliche Gedächtnis eingegangen ist. Auslöser war damals einerseits der Einmarsch der Sowjetunion in Afghanistan (Jahreswende 1979/80) und die Aufstellung von SS-20-Raketen mit großer Reichweite durch die Sowjetunion, andererseits der so genannte NATO-Doppelbeschluss vom 12. Dezember 1979 über die Stationierung neuer Mittelstreckenraketen und Marschflugkörper für den Fall, dass die Sowjetunion ihre SS-20-Raketen nicht abrüsten sollte. Das Stichwort, das die damalige politische Situation und die darauf bezogenen Befürchtungen der Menschen m. E. am genauesten benannte, war das Stichwort „Rüstungsspirale". Und die entscheidende – auch innerhalb der evangelischen Kirche ganz kontrovers diskutierte – Frage lautete: Wie kann diese Rüstungsspirale zum Stehen oder gar zu einer Umkehrung gebracht werden? Und wieder standen einander unversöhnlich gegenüber diejenigen, die von der durch die NATO angedrohten Nachrüstung nur eine weitere Eskalation der Rüstungsspirale mit der katastrophalen Konsequenz eines „atomaren Befreiungsschlages" durch die Sowjetunion befürchten konnten, während die anderen davon ausgingen, dass nur die „glaubwürdige" Androhung eigener Nachrüstung die gegnerische Seite zum Einlenken bewegen werde.

In dieser Situation verabschiedete der Rat der EKD im Jahr 1981 die von der Kammer für Öffentliche Verantwortung erarbeitete Denkschrift „Frieden wahren, fördern und erneuern". Dieser umfangreiche Text ist eine gründliche, facettenreiche Bestandsaufnahme sowohl im Rückblick auf die Friedensdiskussionen seit den

Wilfried Härle

Heidelberger Thesen als auch im Blick auf die damals aktuellen Kontroversen, die sich insbesondere in Gestalt von vier innerkirchlichen Initiativen[11] artikulierten und formierten. Stärker als frühere Texte zur Friedensfrage bemüht sich diese Denkschrift um eine christliche Orientierung im Sinne einer biblisch-theologischen Grundlegung.[12] Aber nicht darin liegt ihr wesentlicher Impuls für die folgende Friedensdiskussion, sondern in einem Gedanken, der sich an die biblisch-theologische Grundlegung anschließt: Frieden zu schaffen und zu erhalten sei eine *politische* Aufgabe, und darum gelte es, „den Vorrang einer umfassenden politischen Sicherung des Friedens vor der militärischen Rüstung wiederzugewinnen".[13] Wenn man auch nicht sagen kann, dass das in dieser Denkschrift vorausgesetzte oder besser: angestrebte Konzept einer Friedenspolitik hier schon deutliche Umrisse gewinnt, so enthält der Text doch eine Vielzahl von Anregungen, Hinweisen und Vorschlägen, die sich auf ganz unterschiedliche politische, wirtschaftliche, kulturelle, aber auch kirchliche Handlungsfelder beziehen.

Der Fortgang der politischen Ereignisse in den Achtzigerjahren zeigt dann, dass wohl doch diejenigen Recht hatten, die nicht vom Nachgeben, sondern vom Nach*rüsten* eine militärische Deeskalation erhofften. Dass diese dann sogar in Form des Zusammenbruchs der Sowjetunion und der Beendigung des Ost-West-Gegensatzes eintrat, hatte Anfang der Achtzigerjahre niemand zu hoffen gewagt. Erstmals wurde nun atomare Abrüstung im großen Stil möglich. Ja, in der Anfangseuphorie schien ein dauerhafter Weltfriede in greifbare Nähe gerückt zu sein. Zugleich aber zeigte sich nun immer stärker, was schon vorher befürchtet worden war: die Führbarkeit regionaler, konventioneller Kriege, das Aufbrechen von ethnischen Konflikten, deren Eskalationen bis zu Bürgerkriegen, Verfolgungs- und Ausrottungssituationen etc.

In dieser Situation veröffentlichte der Rat der EKD 1994 den Text „Schritte auf dem Weg des Friedens" als „Orientierungspunkte für Friedensethik und Friedenspolitik".[14] Auch wenn das in diesem Text nicht programmatisch so vertreten wird, kann man ihn doch durchgehend als eine Weiterentwicklung und Konkretisierung der Denkschrift von 1981 mit ihrer Hauptthese vom „Vorrang einer umfassenden politischen Sicherung des Friedens vor der militärischen Rüstung" lesen. Das zeigt sich vor allem an drei Punkten:

Erstens: Der „Ausbau von Wegen der zivilen Konfliktbearbeitung"[15] gewinnt verstärkte Bedeutung, ohne dass das Kernproblem solcher ziviler Friedensdienste angesprochen oder gar gelöst würde, wie nämlich unter den Bedingungen eskalierender, gewaltförmiger Konflikte zivile Konfliktbearbeitung überhaupt noch eine Chance auf Realisierung bekommen könne. Es scheint doch bisher so, als würden die zivilen Friedensdienste ihre eigentliche Leistungskraft und Bedeutung eher in der Konfliktnachsorge, also im Aufarbeiten von (kriegerischen) Konflikten entfalten als in der Prävention. Die präventive, konfliktvermeidende Friedenssicherung mit politischen, sozialen, wirtschaftlichen und kulturellen Mitteln bleibt freilich – gerade aus christlicher Sicht – weiterhin ein Desiderat.

Zweitens: Mit auffallender Deutlichkeit wird in den „Schritte(n) auf dem Weg des Friedens" der Lehre vom gerechten Krieg der Abschied gegeben, gleichzeitig jedoch die Möglichkeit „humanitärer Interventionen"[16] unter Anwendung militärischer Gewalt als ultima ratio durchaus bejaht[17], wobei interessanterweise die Kriterien für die Legitimität einer Intervention mit militärischen Zwangsmitteln genau die aus der Tradition bekannten Kriterien des ius ad bellum (iustum) sind[18]. Hinter dieser widersprüchlich wirkenden Konzeption verbirgt sich eine Einsicht oder Vermutung, die inzwischen vielfältige Bestätigung gefunden hat: Was neben der staatlichen Selbstverteidigung als legitimer Einsatz von militärischer Gewalt unter gegenwärtigen Bedingungen völkerrechtlich und ethisch akzeptiert werden könne, habe nicht (mehr) den Charakter eines Krieges (und sei es eines „gerechten Krieges"), sondern sei „Ausübung internationaler Polizeigewalt zur Rechtsdurchsetzung".[19] Auf die Konsequenzen, die sich aus einem solchen Paradigmenwechsel für das Selbstverständnis der Bundeswehr, für ihre Bewaffnung und Ausrüstung, für die Begründung der Wehrpflicht und den Einsatz der Bundeswehr „out of area" ergeben könnten, kann ich im Rahmen dieses Textes nicht einmal andeutungsweise eingehen. Man muss jedoch kein Prophet sein, um die Vermutung zu äußern, dass uns diese Fragen in den nächsten Jahren noch intensiv beschäftigen werden.

Drittens: Die bedeutendste Weiterentwicklung und Konkretisierung, die die „Schritte auf dem Weg des Friedens" m. E. vollziehen, lässt sich wieder sehr gut an einer Formel verdeutlichen, die die „Orientierungspunkte" von 1994 wie ein roter Faden durchzieht: „Herrschaft des Rechts"[20]. Die darin implizierte These von der Friedensordnung als Rechtsordnung[21] setzt jedoch etwas voraus, was durch die „Schritte" eher beiläufig als ausführlich behandelt wurde: den Zusammenhang von Recht und Gewalt(androhung). So heißt es in diesem Text:

> „Eine rechtlich verfasste internationale Ordnung kann nur Friedensordnung sein, … wenn das Recht in ihr als verbindlich anerkannt wird. Rechtsbefolgung wird also ein entscheidendes Element einer internationalen Friedensordnung zu sein haben. … Als Rechtsordnung ist Friede wie jede Rechtsordnung auch Zwangsordnung. … Im Konfliktfall muss Recht auch durchgesetzt werden".[22]

Was damit angesprochen wird, ist die Erkenntnis, dass mit der Bejahung der „Herrschaft des Rechts" im internationalen Bereich *unvermeidlich* die Bejahung der militärischen Sanktionsandrohung als Mittel der Rechtsdurchsetzung verbunden ist. Das zeigt, dass die Rede vom Frieden als einer *politischen* Aufgabe und deren Konkretisierung durch eine internationale *Rechts*ordnung der Frage nach der Legitimität von Gewaltanwendung im Sinne militärischer Maßnahmen nicht entgeht und nicht entgehen *kann*.

Dieser Zusammenhang wird noch deutlicher aufgewiesen im letzten friedensethischen Text der EKD, der „Zwischenbilanz", die im Jahr 2001 unter dem Titel „Friedensethik in der Bewährung" von der Kammer für Öffentliche Verantwortung erarbeitet und vom Rat der EKD veröffentlicht wurde. Zwar wird auch hier der „Vorrang nicht-militärischer Instrumente bei der Friedenssicherung"[23] und der „Ausbau von Wegen der zivilen Konfliktbearbeitung"[24] betont, aber die Lehre vom gerechten Krieg erhält in diesem Text einerseits insofern eine gewisse Rehabilitierung, als ihre Argumente und Kriterien wiederholt gewürdigt werden als „Prüffragen … für die Anwendung militärischer Gewalt",[25] und andererseits insofern, als die Rede von der Anwendung militärischer Zwangsmittel als ultima ratio ausdrücklich bejaht wird.[26]

Das kann umso mehr überraschen, als die Zwischenbilanz sich (ebenso wie die neue Friedensdenkschrift aus dem Jahr 2007[27]) ausdrücklich den „Leitbegriff des gerechten Friedens"[28] in Übereinstimmung mit dem Hirtenwort der Deutschen Bischofskonferenz zu eigen macht, der als scheinbar neues[29], spezifisch christliches Konzept im Rahmen des konziliaren Prozesses ab Mitte der Achtzigerjahre breite Verwendung und Resonanz fand[30]. Es erscheint aber nur auf den ersten Blick als widersprüchlich, wenn in der „Zwischenbilanz" beides neben- und miteinander auftaucht; denn gerade die Rede vom *gerechten* Frieden handelt sich (wie die Rede von der Herrschaft des Rechts) das Problem des Einsatzes militärischer Gewalt bzw. Zwangsmittel unvermeidlich dort ein, wo ein Friede *nicht* als gerecht, sondern als aufgezwungen, menschenrechtswidrig, ungerecht etc. bezeichnet werden muss.

Schon hier wird deutlich, dass „gerechter Friede" einerseits als *friedensethisches Leitbild* eine scharfe Antithese zum „gerechten Krieg" darstellt, den nur eine aus christlicher Sicht indiskutable *bellizistische* Konzeption sich als Leitbild zu eigen machen könnte, dass aber andererseits das Konzept des gerechten Friedens offensichtlich auch eine Alternative bildet zu dem Leitbild eines Friedens um jeden Preis. Das zeigt aber, dass auch die Rede vom gerechten Frieden dem Grundproblem aller Friedensethik nicht zu entrinnen vermag, ob und unter welchen Bedingungen die *Drohung mit dem Einsatz militärischer Gewalt* und die Anwendung solcher Gewalt ethisch legitimiert werden können.[31]

Die EKD-Texte von 1994 und 2001 haben übrigens einen wichtigen Beitrag zur Präzisierung der Rede von der Gewaltanwendung als „ultima ratio" geleistet, indem sie darauf hinweisen, dass das Wort „ultima" bzw. „letztes" „nicht zeitlich für ein zuletzt eingesetztes, sondern im Rahmen nüchterner friedenspolitischer Abwägung qualitativ für ein nach dem Maß der ausgeübten Gewalt ‚äußerstes' Mittel steht"[32]. *Meiner Überzeugung* nach heißt das: Der Einsatz militärischer Gewalt ist nur dort ethisch zu rechtfertigen, wo man zu der begründeten Einsicht gelangt, dass er ethisch *geboten* ist. So hoch muss m. E. die Latte gelegt werden.

Ist damit die Lehre vom gerechten Krieg gewissermaßen durch die Hintertüre in leicht modifizierter Form wieder zurückgekehrt? Richtig ist, dass sich die kriegsverhindernde und Gewalt eindämmende *Intention* der Kriterien der Lehre vom gerechten Krieg als friedensethisch unverzichtbar erwiesen hat. Aber unzutreffend ist die Annahme, der Wechsel vom Paradigma des gerechten Krieges zum Paradigma des gerechten Friedens sei letztlich friedensethisch irrelevant. Die Rede vom „gerechten Krieg" (und zwar in *beiden* Bestandteilen dieser Formel) ist zumindest sehr missverständlich und darum für die Verständigung ungeeignet.[33] Der Begriff „Krieg", der herkömmlich einen organisierten, mit Waffen ausgetragenen Kampf zwischen Staaten oder zwischen Gruppen innerhalb von Staaten bezeichnet, passt oft nicht auf die militärischen Einsätze und Interventionen, die als Sanktionsmaßnahmen, als Nothilfe für bedrohte Gruppen oder als internationale Polizeieinsätze durchgeführt werden. Und das Adjektiv „gerecht" suggeriert die Vorstellung etwas Gutem, Wünschenswerten, Erstrebenswerten, vielleicht sogar Heiligen, das man mit dem Gebrauch von Waffen gerade nicht verbinden kann. Deshalb ist weniger missverständlich, wenn man nicht vom „gerechten Krieg" spricht, sondern danach fragt, ob sich der Einsatz von militärischer Gewalt, d. h. von Waffengewalt, ethisch rechtfertigen lässt.

Deshalb ist auch der Wechsel des Paradigmas vom gerechten Krieg zum gerechten Frieden *mehr* als eine sprachliche Umetikettierung. Mit dem Leitbegriff „gerechter Friede" wird ein erstrebenswertes *Ziel* benannt – mit der Rede vom „gerechten Krieg" hingegen nur ein möglichst zu vermeidendes, allenfalls zulässiges *Ereignis*. Die Leitperspektive „gerechter Friede" hat darum grundsätzlich handlungsorientierenden Charakter, wobei das Adjektiv „gerecht" ebenso im Vollsinn seiner Bedeutung aufgenommen wird wie das Wort „Friede". Dabei war sich die Kammer für Öffentliche Verantwortung dessen bewusst, dass der Idealfall einer gleichzeitigen und gleichmäßigen Beförderung von Frieden und Gerechtigkeit – vorsichtig ausgedrückt – *nicht immer* gegeben bzw. möglich ist. Nach intensiven internen Gesprächen und Auseinandersetzungen kam die Kammer zu dem Ergebnis, dass es auch nicht möglich ist, für solche Konfliktsituationen eine *generelle* Vorzugsregel (sei es für den Frieden, sei es für die Gerechtigkeit) zu formulieren. Dies kann nur situativ entschieden und verantwortet werden.

Die Ergebnisse dieser knapp skizzierten friedensethischen Entwicklungsgeschichte werden in der neuen Friedensdenkschrift vorausgesetzt, aufgenommen, gebündelt und so für die gegenwärtige Diskussion zusammengefasst und fruchtbar gemacht. Welche Akzentuierungen sind dabei charakteristisch?

Die letzte umfangreiche friedensethische Stellungnahme der EKD mit dem Titel „Friedensethik in der Bewährung. Eine Zwischenbilanz"[34] wurde im Rat der EKD am 7./8. September 2001 beraten, also wenige Tage vor dem meistgenannten Datum der letzten sieben Jahre „nine eleven". Der damalige Ratsvorsitzende konnte zwar noch in seiner Vorbemerkung vom 25. September 2001 auf die Terroranschläge und die dadurch schlagartig veränderte friedensethische Diskussionslage verweisen, aber eine inhaltliche Stellungnahme zum Terrorismus konnte (und wollte) diese Vorbemerkung keinesfalls leisten.

Gegenüber den im 20. Jahrhundert bekannten Bedrohungen des Friedens stellt der internationale Terrorismus doch noch einmal eine qualitative Veränderung dar, auf die wir uns erst allmählich einzustellen lernen. Das brauchte und braucht Zeit; denn von dieser neuen Bedrohung sind ja nicht nur Sicherheits-, Rüstungs- und Verteidigungsfragen betroffen, sondern ebenso Fragen der Politik, der Wirtschaft, des

Wilfried Härle

Rechts und der Religion. Dabei tritt der Terrorismus und die von ihm ausgehende Bedrohung ja nicht an die Stelle bisheriger innerstaatlicher und zwischenstaatlicher Konflikte und Auseinandersetzungen, sondern kommt zu ihnen hinzu, verbindet und vermischt sich teilweise mit ihnen und schafft dadurch eine neue, komplexe, unübersichtliche und zugleich bedrohliche Lage. Dafür stehen exemplarisch der Iraq-Krieg, die politische und militärische Situation in Afghanistan sowie die Konflikte in verschiedenen Teilen Afrikas.

Die neue Friedensdenkschrift versucht der mit dieser Situation gegebenen friedensethischen Herausforderung im Rahmen der personellen und zeitlichen Möglichkeiten, die der Kammer für Öffentliche Verantwortung zur Verfügung stehen, so weit wie möglich gerecht zu werden. Das erklärt auch den Umfang dieses Textes. Um so bemerkenswerter ist es, dass die vorliegende Denkschrift, die in einem gründlichen, zähen Ringen erarbeitet wurde, in der Kammer und ebenso im Rat der EKD einstimmig angenommen wurde.

Das Besondere dieser Friedendenkschrift besteht nicht so sehr im Eröffnen eines neuen Zugangs oder Interpretationsansatzes zur Friedensthematik, sondern im *Zusammenführen* von Ansätzen, die über lange Zeit hin als miteinander unvereinbar oder zumindest als äußerst spannungsvoll galten. Das geschieht unter der Leitperspektive des gerechten Friedens, die das Herzstück der Denkschrift darstellt, das insbesondere in Abschnitt 2.5 (S. 50-56) entfaltet wird. Dabei spielt die *Definition* des gerechten Friedens als „gesellschaftlicher Prozess abnehmender Gewalt und zunehmender Gerechtigkeit" (S. 54) eine entscheidende Rolle. Sie wird operationalisiert anhand von vier „Dimensionen des gerechten Friedens" (Vermeidung von Gewaltanwendung, Förderung von Freiheit und kultureller Vielfalt sowie Abbau von Not), die für den Fortgang der ganzen Denkschrift strukturbildend sind. In diesem Zusammenhang macht sich die Denkschrift die anti-bellizistische Devise zu eigen: „Wenn du den Frieden willst, bereite den Frieden (und nicht den Krieg) vor". Die Tragweite dieser Devise zeigt sich in der durchgängigen These vom *Vorrang* der zivilen gegenüber der militärischen Mittel zur Friedensschaffung und -erhaltung, die nur dann ernst genommen wird, wenn aus ihr auch *finanzielle* Konsequenzen im Blick auf die Förderung ziviler Friedensdienste und Entwicklungshilfe gezogen werden.

Der in friedensethischen Debatten häufig auftauchende Antagonismus zwischen dem Insistieren auf zivilen Friedensdiensten als einzig wirksamen und ethisch

Wilfried Härle

vertretbaren Aktivitäten zur Schaffung und Erhaltung von Frieden und der Betonung der Notwendigkeit militärischer Mittel zum Schutz der Menschen, und zur Abwehr von Gewalt ist in der vorliegenden Denkschrift in einer Weise überwunden worden, die Beachtung verdient. Insbesondere in den Ziff. 172-174 (S. 109-111) wird sowohl die Priorität des zivilen Friedensdienstes als auch die unverzichtbare Bedeutung der militärischen Sicherung gerade für die zivilen Maßnahmen konsequent herausgearbeitet. Damit wird das Problem in den Blick genommen, dem sich die zivilen Friedensdienste immer wieder gegenübergestellt sehen: dass mit der Zuspitzung und Verschärfung von Konflikten die zivile Friedensarbeit, die als gewaltfreier Einsatz stets den Vorzug verdient, immer riskanter und ‚unmöglicher' wird. In diesen Zusammenhang gehört auch die von der Denkschrift aufgenommene und vertretene Forderung eines – noch zu entwickelnden – ius *post* bellum, damit nicht immer wieder, nach dem Krieg vor dem (nächsten) Krieg' ist. Andererseits muss man aber auch sehen (und kann man das an den Auslandseinsätzen der Bundeswehr in Afghanistan ablesen), dass die *Formel* von der Zusammengehörigkeit beider Komponenten und das bloße *Vorhandensein* eines solchen Miteinanders in der Praxis vor Ort keineswegs alle Probleme löst, sondern einen risikoreichen Balanceakt erfordert. Aber der spezifisch friedensfördernde Beitrag wird allemal von den *zivilen* Friedensdiensten geleistet, die unter dem Schutz militärischer Sicherung arbeiten. *Sie* müssen darum in Zukunft gestärkt werden.

Im Anfangsteil meines Vortrags war von der Heidelberger Formel die Rede, derzufolge die Kirche „die Beteiligung an dem Versuch, durch das Dasein von Atomwaffen einen Frieden in Freiheit zu sichern, als eine heute noch mögliche christliche Handlungsweise anerkennen" müsse.[35] Die Kammer für Öffentliche Verantwortung hat sich intensiv mit dem in den Worten „heute noch möglich(e)" implizit enthaltenen ‚friedensethischen Verfallsdatum' beschäftigt und sah sich in der Lage, dazu einstimmig zu sagen: „Aus der Sicht evangelischer Friedensethik kann die Drohung mit Nuklearwaffen *heute nicht mehr* als Mittel legitimer Selbstverteidigung betrachtet werden". Der Text fährt jedoch fort: „Allerdings bleibt umstritten, welche politischen und strategischen Folgerungen daraus zu ziehen sind".[36] Und im Anschluss daran werden zwei unterschiedliche – auch in der Kammer vertretene – Argumentationslinien skizziert, deren Wortlaut jeweils von Vertretern dieser Positionen stammt. Die *eine* Argumentation besagt (in meinen Worten): Schon die Bereithaltung von Nuklearwaffen wird als Drohung wahrgenommen, deshalb ist aus dem „heute nicht mehr drohen" die Folgerung vollständiger nuklearer Abrüstung zu ziehen.[37] Die *andere* Argumentation besagt: Da Atomwaffen nicht „wegerfunden" werden können, sondern eine potenzielle Bedrohung bleiben, ist es sinnvoll, zwischen dem abschreckenden Vorhandensein von Atomwaffen und der Drohung mit ihrem Einsatz zu unterscheiden. Das gemeinsam gesprochene „heute nicht mehr" bezieht sich also – dem Wortlaut gemäß – nur auf die *Drohung* mit Nuklearwaffen. Und der entscheidende Grund für diese (gemeinsame) Aussage liegt darin, dass genau diese Drohung – unter heutigen Bedingungen[38] – die Proliferation von Nuklearwaffen nicht verhindert, sondern befördert (hat). Stellt man diesen Argumentationshintergrund in Rechnung, wird man die These von der heute nicht mehr legitimen *Drohung* so verstehen müssen, dass der Verzicht auf eine Drohung von Seiten der Staaten, die über Nuklearwaffen verfügen, nicht nur *faktisch praktiziert*, sondern auch *offiziell erklärt* werden müsste. Dass es sich auch hier um einen Fall von *Komplementarität* handelt, wird sichtbar, wenn man erkennt, dass die beiden unterschiedlichen ‚Folgerungen' de facto schon zwei unterschiedliche *Ausgangs*positionen darstellen, die in der friedensethischen Diskussion seit Jahrzehnten einander gegenüberstehen und miteinander ringen: das ‚Ja' und das ‚Nein' zur Bereithaltung von Atomwaffen. Dieser Gegensatz wird durch die Friedensdenkschrift nicht überwunden oder aufgehoben, aber er schließt eine wesentliche Gemeinsamkeit ein, die aus beiden Perspektiven mit Überzeugung bejaht werden kann: „Drohung mit Nuklearwaffen *heute nicht mehr*". Und das ist viel.

In der Denkschrift taucht an *zwei* Stellen das Thema „Religion und Friede" auf: einmal – relativ kurz – unter der Überschrift „Kulturelle und religiöse Gefährdungsfaktoren" (Ziff. 30-31) und das andere Mal – relativ ausführlich – unter der Überschrift „Den Frieden vergegenwärtigen und bezeugen" (Ziff. 41-49)[39]. Charakteristisch für alle diese Äußerungen ist das Bemühen, alle kritischen Aussagen, die so verstanden werden könnten, als seien sie exklusiv gegen den gewaltbereiten Islamismus gerichtet, auch und vorrangig als *selbstkritische* Aussagen zu formulieren, die sich an unsere eigene Adresse richten.

Im Blick auf die religiöse Legitimation von Kriegen oder terroristischen Aktivitäten, ist dies freilich heute (nach der vorläufigen Befriedung von Nordirland) vor allem ein Problem des Islam und seines Verhältnisses zum Terrorismus. Die Denkschrift sagt dazu: „Ein wichtiger Beitrag der Religionen zum Frieden besteht darin, dass sie nicht nur auf jede Form einer religiösen Legitimation von Kriegen oder terroristischen Aktivitäten verzichten, sondern diesen auch offen entgegentreten. Wenn die offiziellen Repräsentanten der Religionen dort, wo kriegerische oder terroristische Gewalt mit religiösen Argumenten legitimiert, propagiert oder ausgeübt wird, beharrlich und öffentlich solchen Taten und ihren religiösen Begründungen widersprechen, wird das seine Wirkung auf die Gewaltbereitschaft der Akteure und auf das Bild von der Friedensfähigkeit der Religionen in der Öffentlichkeit nicht verfehlen".[40] Mit diesen Überlegungen wird die *Alternative* zwischen einer Sicht der Religion(en) als friedensbedrohender und friedensgefährdender Größe(n) und ihrem Verständnis Frieden stiftender bzw. erhaltender Größen[41] zumindest in eine *komplementäre Betrachtung* überführt, die das Vorhandensein beider Möglichkeiten nicht bestreitet, sie aber in eine *Handlungsentscheidung* überführt.

Als unsere Denkschrift erarbeitet wurde, existierte noch nicht die „Kabuler Resolution zur Ächtung des Selbstmordattentates als Verbrechen gegen die Menschlichkeit und den Islam" vom 12. Mai 2007, die von islamischen Gelehrten verfasst und unter der Schirmherrschaft des früheren afghanischen Staatspräsidenten und jetzigen Senatspräsidenten Sebghatullah Al-Mojaddidi unter Beteiligung hochrangiger afghanischer Imame beschlossen wurde. Diese ausführliche Resolution gipfelt in dem Satz: „Das Selbstmordattentat stellt ein Verbrechen gegen den Islam und die Menschlichkeit dar.[42] Wenn das so ist, dann ist es eine schlimme religiöse Irreführung, ja ein Verbrechen, wenn (vorwiegend junge) Menschen mit dem Versprechen des alsbaldigen Eingangs ins Paradies zu Selbstmordattentaten verleitet werden. Die Kabuler Resolution stellt deshalb einen wichtigen Schritt in die Richtung dar, die von der neuen Friedensdenkschrift anvisiert wird.

Die Einleitung und der Schluss der Denkschrift beginnen mit folgenden Sätzen: „Friede ist keine Selbstverständlichkeit, sondern eine Errungenschaft"[43] und: „Wer den Frieden will, muss den Frieden vorbereiten"[44]. Damit wird der *Ton* angegeben, auf den diese Friedensdenkschrift insgesamt gestimmt ist. Es ist kein euphorischer, aber auch kein resignativer Ton, sondern einer, der nüchternen Realismus mit geduldiger Tatkraft zu verbinden sucht. Das ist eine – ebenfalls vom Modell der Komplementarität geprägte – Haltung, die dem christlichen Glauben in seinem Verhältnis zu den Gegebenheiten dieser Welt grundsätzlich angemessen ist. Das ist aber auch eine Haltung, die versucht, aus geschichtlichen Erfahrungen und aus gegenwärtigen Realitäten zu lernen.

Nüchterner Realismus ist weniger enttäuschungsanfällig als euphorisches Engagement. Das gilt vermutlich für alle gesellschaftlichen Bereiche, jedenfalls aber für den Einsatz für gerechten Frieden. Wer es mit dieser Leitperspektive gut meint und ernst meint, ist darum gut beraten, in *nicht zu hohen*, sondern in *eher gedämpften Tönen* vom gerechten Frieden zu reden und gerade darum mit Geduld und Beharrlichkeit für ihn einzutreten. Die neue Denkschrift versucht zu zeigen, wo Quellen für dieses Eintreten zu suchen und zu finden sind und welche vielfältigen Betätigungsmöglichkeiten sich auf diesem weiten Feld für die Kirchen, für die Christen und darüber hinaus für alle Menschen guten Willens auftun.

Anmerkungen

1 Gerechter Friede, hg. vom Sekretariat der Deutschen Bischofskonferenz, Bonn 2000.
2 Aus Gottes Frieden leben – für gerechten Frieden sorgen. Eine Denkschrift des Rates der EKD, Gütersloh 2007.
3 Wichtige Passagen des Spandauer Beschlusses, einschließlich des oben zitierten Satzes, sind eingegangen in die Heidelberger Thesen von 1959 und wieder abgedruckt im Anhang der EKD-Denkschrift „Frieden wahren, fördern und erneuern", Gütersloh 1981, S. 81. Wo der Abdruck von der ursprünglichen Quelle (G. Howe, [Hg.] Atomzeitalter – Krieg und Frieden, Witten/Berlin [1959] 31962, S. 226-236) abweicht, habe ich den Text stillschweigend korrigiert.
4 Die Kommission, die die Heidelberger Thesen verfasst hat, wurde im Frühjahr 1957 auf Initiative von Militärbischof H. Kunst bei der FEST in Heidelberg einberufen. Hauptverfasser dieser Thesen waren C. F. von Weizsäcker, H. Gollwitzer, E. Schlink, H. Kunst, G. Picht und G. Howe (so Howe, Atomzeitalter, S. 9). Ebd. werden auch die weiteren Mitglieder der Kommission genannt.
5 Heidelberger Thesen (s. o. Anm. 3), S. 81.
6 A.a.O., S. 82.
7 Ebd. Ähnlich heißt es in These XI: „Faktisch stützt heute jede der beiden Haltungen, die wir angedeutet haben, die andere. Die atomare Bewaffnung hält auf eine äußerst fragwürdige Weise immerhin den Raum offen, innerhalb dessen solche Leute wie die Verweigerer der Rüstung die staatsbürgerliche Freiheit genießen, ungestraft ihrer Überzeugung nach zu leben" (a.a.O., S. 87).

8   Schritte auf dem Weg des Friedens (EKD-Texte 48), Hannover (1994) 20013, S. 23 f.
9   Heidelberger Thesen S. 83. Ähnlich argumentiert das Hirtenwort der Bischofskonferenz (s. o. Anm. 1), S. 5f.
10 Die Atombombenabwürfe von Hiroshima und Nagasaki fallen außerhalb dieses zeitlichen und sachlichen Rahmens und erfordern eine eigene Beurteilung.
11 Frieden wahren, fördern und erneuern (s. o. Anm. 3), S. 39-42. Es handelte sich um die Initiativen: „Ohne Rüstung leben", „Frieden schaffen ohne Waffen", „Sicherung des Friedens" und „Schritte zur Abrüstung".
12 A.a.O., S. 43-48.
13 A.a.O., S. 52. Dazu passt auch der im Jahr 1985 vom Kirchenamt der EKD herausgegebene Band mit Expertenbeiträgen unter dem Titel „Frieden politisch fördern: Richtungsimpulse", Gütersloh 1985.
14 Schritte auf dem Weg des Friedens (s. o. Anm. 6)
15 A.a.O,. S. 31-34. Das ist seitdem und auch in der neuen Friedensdenkschrift der EKD ein nachdrücklich betonter Aspekt, um nicht zu sagen: ein Hauptthema jeder Äußerung der EKD zur Friedensthematik.
16 Die Problematik dieses euphemistischen Ausdrucks wurde erst später, nämlich in „Friedensethik in der Bewährung" (a.a.O., S.75) erkannt und von da an vermieden. Das Gemeinte sollte eher mit dem Ausdruck „militärischen Interventionen aus humanitären Gründen" oder „… mit humanitären Zielen" bezeichnet werden.
17 A.a.O., S. 18 f. und 27 f.
18 A.a.O., S. 28.
19 A.a.O., S. 21.
20 A.a.O., S. 23, 24, 25, 28 und 30. Diese Formel taucht bereits in dem Bericht der IV. Sektion der ersten Vollversammlung des ÖRK 1948 in Amsterdam auf. Abgedruckt bei W. Härle, Zum Beispiel Golfkrieg, Hannover 19912, S. 67.
21 A.a.O., S. 27.
22 A.a.O., S. 27 f.
23 A.a.O., S. 69 f.
24 A.a.O., S. 71.
25 A.a.O., S. 69 und 80. G. Planer-Friedrich irrt, wenn er in seinem Artikel „Schlechte Realität. Die traditionelle kirchliche Lehre vom gerechten Krieg ist überholt" (Zeitzeichen 4/2003, H. 1, S. 15) behauptet, der Rat der EKD empfehle in der „Zwischenbilanz" von 2001 „einen veränderten Umgang mit der Lehre vom gerechten Krieg. Ihre Kriterien müssten jetzt auf die ‚zivile Konfliktverarbeitung' [richtig: Konfliktbearbeitung] angewandt werden". Das Gegenteil ist richtig, wie in der „Zwischenbilanz" S. 69 nachgelesen werden kann: „Die Lehre vom ‚gerechten Krieg' schärft demgegenüber diese Prüffragen gerade ein: Was ist ein Rechtfertigungsgrund für die Anwendung militärischer Gewalt? Wer

darf sie anwenden? Welche Ziele und Mittel sind legitim? Sind die Ziele überhaupt erreichbar? Wird bei der Gewaltanwendung eine Verhältnismäßigkeit gewahrt?"
26 Siehe besonders a.a.O., S. 73 f.
27 Aus dem Frieden leben – für den Frieden eintreten.
28 A.a.O., S. 67 und 91. Vgl. dazu meinen Aufsatz „Zielperspektive: Gerechter Friede", in: Für Ruhe in der Seele sorgen. Evangelische Militärpfarrer im Auslandseinsatz der Bundeswehr, Leipzig 2003, S. 17-24.
29 In Wirklichkeit kommt der Begriff schon bei Augustinus vor, in: De civitate dei, Buch XIX, Kap. 12. Deutsche Übersetzung von W. Thimme, München 1978, S. 550. Und schon da bildet er keinen Gegensatz zu Begriff und Lehre vom gerechten Krieg.
30 Nicht zuletzt mittels des am 27. September 2000 veröffentlichen Hirtenwortes der Deutschen Bischofskonferenz: „Gerechter Friede".
31 Es gehört für mich zu den Irritationen bei der Rezeption der neuen Friedensdenkschrift der EKD, dass aus ihr einerseits der „Abschied von der Lehre vom gerechten Krieg", andererseits „die Verwandlung der Lehre vom gerechten Krieg zu Prüfkriterien für den Einsatz militärischer Gewalt im Rahmen einer Lehre vom gerechten Frieden" mit Überraschung entnommen wird. Beides hat bereits in den Friedenstexten von 1994 und 2001 stattgefunden und wird nun (2007) erneut bekräftigt. Offensichtlich ist es in den früheren Jahren weithin der Aufmerksamkeit entgangen.
32 A.a.O., S. 18 und 73 f.
33 Dies habe ich detaillierter begründet in der Schrift: Zum Beispiel Golfkrieg, S. 37-40.
34 S. o. Anm. 16 und u. Anm. 35.
35 These VIII der Heidelberger Thesen (s. oben Anm. 9).
36 Aus dem Frieden leben – für den Frieden eintreten, Ziff 155.
37 „Friedensethisch geboten ist daher nach dieser Argumentationslinie die vollständige nukleare Abrüstung" (a.a.O. Ziff. 156).
38 Dass auch in dem jetzigen Text ein „heute" vorkommt, durch das ein konkreter Zeitbezug hergestellt wird, ist keineswegs zufällig oder bloß der literarischen Bezugnahme auf die Heidelberger Thesen geschuldet. Ein erster Textentwurf, in dem dieses „heute" fehlte und damit der Anschein entstand, damit würde eine für alle Zukunft geltende friedensethische Aussage gemacht, erwies sich in der Kammer nicht als einmütig zustimmungsfähig.
39 Streng genommen gehört natürlich der ganze zweite Hauptteil der Denkschrift, der unter der Überschrift steht: „Der Friedensbeitrag der Christen und der Kirche" (Ziff. 36-84), hierher.
40 A.a.O. Ziff. 46.
41 Siehe dazu neuerdings Markus A. Weingardt, Religion macht Frieden
42 Zitiert nach einem Separatdruck der KAS vom Mai 2007.
43 A.a.O. Ziff. 1.
44 A.a.O. Ziff. 187.

Wilfried Härle und Heinz-Gerhard Justenhoven

„Gerechter Frieden"

**Ein theologisches Gespräch über das Bischofswort „Gerechter Frieden" (2000) und die Denkschrift der EKD „Aus Gottes Frieden leben, für gerechten Frieden sorgen" zwischen Wilfried Härle und Heinz-Gerhard Justenhoven
Moderation: Corinna Hauswedell**

Corinna Hauswedell
Meine sehr verehrten Damen und Herren, wir haben heute Abend vor, die Gedanken und Themen, die heute Nachmittag in einer ersten Runde angerissen wurden, ein bisschen zu erweitern. Zu erweitern, indem wir der schweren und angeblich zur Unzeit erschienenen Denkschrift ein weiteres Dokument in der Debatte hinzufügen. Nämlich ein Dokument, welches die Gnade der früheren Geburt hat: Das Bischofswort „Gerechter Frieden", erschienen am 27. September 2000, also auch vor einem Teil jener Ereignisse, die unsere Jetztzeit sehr prägen, namentlich der 11. September 2001 und die Folgen.

Bevor wir in das Gespräch einsteigen, möchte ich Ihnen unsere beiden Gesprächsteilnehmer vorstellen: zunächst Professor Dr. Wilfried Härle. Herr Härle hat nach seinem Studium der evangelischen Theologie in Heidelberg und Erlangen, in Bochum promoviert und in Kiel habilitiert. Und unterrichtet nach mehreren Stationen akademischer Arbeit jetzt seit 1995 in Heidelberg, auf dem Lehrstuhl für systematische Theologie und Ethik. Herr Härle ist Mitglied der Enquete-Kommission des Deutschen Bundestages, „Ethik und Recht der modernen Medizin", und Vorsitzender der Kammer für öffentliche Verantwortung der EKD, die unter anderem in jüngster Zeit genau das Dokument zu verantworten hatte, über das wir heute diskutieren wollen: „Aus Gottes Frieden leben, für gerechten Frieden sorgen."

Und Herr Dr. Heinz-Gerhard Justenhoven. Er ist ebenfalls studierter Theologe sowie Philosoph, zunächst an der philosophisch-theologischen Hochschule in St. Georgen, dort auch Promotion in Katholischer Theologie. Während des Studiums

Wilfried Härle und Heinz-Gerhard Justenhoven

war er auch Stipendiat an der Universität von Milwaukee. Herr Justenhoven hat sich im Jahre 2006 habilitiert im Fach Moraltheologie, und ist seit 1995 auch als Lehrbeauftragter an der Helmut-Schmidt-Universität der Bundeswehr in Hamburg tätig. Er ist Mitglied im Beirat der Bundesakademie für Sicherheitspolitik gewesen und im Beirat Deutsche Stiftung Friedensforschung. Herr Justenhoven ist jetzt seit nunmehr zwölf Jahren Direktor des Instituts für Theologie und Frieden in Hamburg.

Ich freue mich sehr, zwei so kompetente und auch in den institutionellen Kontexten ihrer Kirchen profunde Kenner unserer Thematik heute Abend zu einem Gespräch bei uns zu haben. Es soll in unserem Gespräch darum gehen, die beiden Dokumente, das Bischofswort „Gerechter Frieden" einerseits und die Denkschrift der EKD andererseits aufeinander zu beziehen. D. h. zu gucken, wo liegen unterschiedliche Akzente, sowohl in der theologischen Begründung, als aber auch in den gewünschten, vermuteten und schon ablesbaren, und da hat es das Bischofswort leichter, ablesbaren politischen Wirkungen. Ich möchte anfangen mit einer vielleicht etwas ketzerischen Frage. Und ich bin auch nicht die Erste, die sie stellt. Ist die Rede vom „Gerechten Frieden" nicht eher ein zeitbedingter Euphemismus? Oder eine „Mogelpackung", wie Robert Leicht es auf einer Veranstaltung auf der Berliner Akademie schon einmal vor einige Wochen sagte. Eine Mogelpackung, die vielleicht verdecken soll, wie schwierig der Abschied vom „Gerechten Krieg" in Wirklichkeit ist. Welche tatsächlichen Veränderungen in den theologischen, beziehungsweise friedenspolitischen Diskussionen der letzten Zeit reflektieren sich Ihrer Meinung nach in der Fokussierung auf den Begriff des „Gerechten Friedens"? Ich möchte zunächst, diese Frage an Sie, Herr Justenhoven, richten.

Heinz-Gerhard Justenhoven

Also ob es eine Mogelpackung ist, weiß ich nicht. Aber es ist natürlich völlig klar, dass die Theorie vom gerechten Krieg eine lange Nachwirkung gehabt hat. Mit dem Terminus „gerechter Friede" sollte die inhaltliche Neuausrichtung seit dem Beginn des 20. Jahrhunderts dokumentiert werden. Ich denke, dass es unbestreitbar ist, und hier glaube ich, spreche ich für unsere beiden Kirchen, dass Frieden und Gerechtigkeit aufeinander bezogen sind. Und insofern wird schon im Titel der Versuch gemacht, einerseits auf den Frieden zu fokussieren, auf der anderen Seite auch deutlich zu machen, dass es eben um Frieden und Gerechtigkeit geht. Also darum würde ich jetzt nicht von einer Mogelpackung sprechen. Ich will auf einen Punkt kommen, der mir immens wichtig ist und der heute schon mal zur Sprache gekommen ist: Auf das Thema Frieden durch Recht. Hier liegt der inhaltliche Neuansatz der sich in einem längeren Prozess, – jetzt spreche ich einmal für die Friedensethik der katholischen Kirche, entwickelt hat. Man kann ihn an Papst Leo XIII. und seiner ersten Friedensenzyklika von 1896 festmachen. Und man könnte sogar mit großem Erstaunen feststellen, dass das II. Vatikanische Konzil 1965 in „Gaudium et Spes", dem Text, der sich zum Frieden äußert, merklich wie Kant argumentiert. Das heißt, dass in einem längeren Prozess die katholische Theologie die neuzeitliche Philosophie zur Friedensethik rezipiert; Herr Senghaas hat das ja eben schon angedeutet. Inwieweit wirkt die „Theorie vom gerechten Krieg" nach? Mir scheint, dass sich das nicht auf einen einfachen Begriff bringen lässt. Wir haben in einem Forschungsprojekt unseres Instituts Entwicklungsstadien von der frühmittelalterlichen *bellum iustum* Lehre über die mittelalterliche bis hin zu neuzeitlichen Weiterentwicklungen untersucht, und es zeigen sich doch substantielle Veränderungen. Vorstellungen von Theologie, Ethik, Politik bestimmen die jeweiligen Vorstellungen darüber, welches Maß an Gewalt erlaubt sein kann oder überwindbar bzw. zu verbieten ist. In all diesen Vorstellungen bleiben die großen Theologen wie ein Thomas von Aquin oder Francisco de Vitoria Kinder ihrer Zeit. Darüber hinaus sieht es so aus, als habe sich die friedensethische Debatte ab dem 17. Jahrhundert aus der Theologie, aus der Ethik ins Völkerrecht verlagert. Es gibt kaum noch große Theologen oder große Ethiker, die sich mit dem Thema der Friedensethik beschäftigen.

Ab da findet die Debatte über die Ethik im Krieg eigentlich nur noch im Völkerrecht statt. Was dann theologisch aufgenommen wird, das bedarf zumindest soweit es die Texte meiner Kirche angeht, einer eigenen Untersuchung. Nehmen wir einmal die ganze Debatte um den ersten Weltkrieg und die Kriegstheologie heraus, das ist ein ganz eigenes Problem, das ist, glaube ich, nicht wirklich systematisch reflektierte Theologie. Den Neuansatz in der katholischen Tradition, nur für die kann ich das wirklich überblicken, das andere kennt Herr Härle sicherlich wesentlich besser, kann man ungefähr festmachen an dem Moment, an dem Pius XII. realisiert, welches immense Zerstörungspotential der Zweite Weltkrieg bedeutet. In Ansätzen finden Sie das schon bei Benedikt XV. während des Ersten Weltkriegs, als er den berühmten Satz schreibt, an die Stelle der Macht der Gewalt solle die Macht des Rechts treten. Das ist der Ansatz eines Umbruchs. Er beginnt mit Pius XII. und dann wird der Neuansatz systematisch zum ersten Mal bei Johannes XXIII. ausformuliert in der Friedensenzyklika „Pacem in Terris", in diesem ersten Versuch, einmal systematisch-konstruktiv zu entfalten, was das Friedensproblem unserer Zeit ist und wie politisch-ethische Lösungen aussehen können. Und im Grunde stehen wir heute in dieser Tradition und versuchen in dieser Systematik, zu der ich gerne nachher noch etwas sagen würde, weiterzudenken.

Wilfried Härle
Die Rede Leichts von einer „Mogelpackung" ist etwas, was mich erst einmal ärgert. Das hat nämlich einen diffamierenden und denunziatorischen Effekt. Demgegenüber ist zunächst einmal zu sagen: Ein Begriff kann überhaupt keine Mogelpackung sein. Wohl aber kann sich beim näheren Nachdenken zeigen, dass ein Begriff eine andere Bedeutung und Implikationen hat, die man beim ersten Hören vielleicht noch nicht wahrgenommen hatte. Und genau das ist bei der schon auf Augustin zurückgehenden Formulierung „gerechter Friede" der Fall. Das ist übrigens keine neue Einsicht, sondern findet sich bereits angedeutet und ausgeführt in den vorangegangenen Stellungnahmen der EKD zur Friedensthematik „Schritte auf dem Weg des Friedens" von 1993 und „Friedensethik in der Bewährung" von 2001. In diesen Texten hat sich schrittweise das Leitbild gerechter Friede selber aufgedrängt und durchgesetzt, interessanterweise in großer Nähe zu dem, was in der katholischen Kirche friedensethisch passiert ist und diskutiert wurde. Und in diesem Prozess hat sich zugleich gezeigt, dass diese Rede, die erst einmal so eingängig ist – sie geht so runter; und man hat das Gefühl: Das ist ja toll; nicht nur Friede, sondern auch noch gleich Gerechtigkeit; da kann man ja nun überhaupt nichts mehr dagegen haben – dass aber die Rede vom gerechten Frieden zugleich ein *Qualifikator* von Frieden ist und nicht nur in Opposition steht zum gerechten *Krieg*, sondern auch in Opposition zu einem Frieden *um jeden Preis*. Das haben Viele längere Zeit nicht gemerkt und haben das Konzept „gerechter Friede" nur wahrgenommen als Gegenentwurf zum „gerechten Krieg".

Und in den Texten der EKD hat sich gezeigt, ja, das stimmt auch, und das ist von großer Bedeutung. (Ich will gleich sagen, warum es meiner Meinung nach von großer Bedeutung ist.) Aber das ist nur die halbe Wahrheit, und zwar insofern, als

Wilfried Härle und Heinz-Gerhard Justenhoven

das Problem, auf das die Lehre vom gerechten Krieg ursprünglich eine Antwort geben wollte, nämlich unter welchen Bedingungen ist der Einsatz von militärischen Mitteln trotzdem legitim oder sogar notwendig, auch in dem Konzept „gerechter Friede" wieder auftaucht. Dabei zeigt sich, dass – Hermann Barth ist, glaube ich, als erstem diese Formulierung gelungen – die Kriterien für den gerechten Krieg wiederkehren als Prüffragen oder Prüfkriterien für den Einsatz militärischer Gewalt.

Im Rückblick auf die Geschichte der Evangelischen Kirche in Deutschland stellt es sich so dar, dass im Zusammenhang mit der Wiederbewaffnungsdebatte in den 50er Jahren ein unglaublich tiefer Riss durch die Kirche ging. Auf der Weißenseer Synode war die EKD kurz vor der Spaltung. Und dann gelang diese zunächst nur gut klingende Formulierung: „Wir bleiben unter dem Evangelium zusammen". Aber was das friedensethisch hieß, ist überhaupt nicht gesagt worden, konnte wohl auch damals noch nicht gesagt werden. Und dann passiert 1958, also vor genau 50 Jahren, das hätten wir eigentlich ein bisschen mehr feiern müssen, der Glücksfall der Heidelberger Thesen, die nie von der EKD offiziell rezipiert wurden und trotzdem eine große Wirkungsgeschichte gehabt haben. In ihr gibt es fatale Sätze, wie z. B.: „Friede ist möglich, weil er nötig ist". Das setzt voraus, dass das, was nötig ist auch geschieht. Aber es gibt hervorragende Ansätze. Nämlich vor allem, das was Carl-Friedrich von Weizsäcker aus der Quantenmechanik als Komplementaritätsgedanke eingebracht hat. Das hat im Blick auf die Frage der Drohung mit atomaren Waffen, das hat im Blick auf die Frage Militärdienst und Kriegsdienstverweigerung dazu geholfen, Dinge zusammen zu führen, die man nicht in *einer* Formel zusammenfassen kann. Aber von daher lässt sich sagen, wie wir es dann etwa 1993 formuliert haben, die Kriegsdienstverweigerer stehen für eine Hoffnung und für eine Einstellung, die die Soldaten brauchen, die es geben muss für die Soldaten, damit ihr Engagement für den Frieden nicht einseitig und verkehrt wird. Und umgekehrt stehen, wenn sie ihren Auftrag richtig verstehen, die Soldaten für eine Einsicht, die den Kriegsdienstverweigerern zugute kommt, z. B: Sie verteidigen die Freiheit, in der auch Kriegsdienstverweigerung möglich ist. Fazit: Beide Gruppen brauchen einander.

Dieser Ansatz von Komplementarität hat sich hier weiter durchgesetzt. Und in diesem Sinne sage ich zunächst: Die Alternative zwischen den beiden Formeln „gerechter Krieg" oder „gerechter Friede" ist enorm wichtig. Und zwar aus folgendem

Grund: Gerechter Krieg konnte nie, kann nie, wird nie ein friedensethisches *Leitbild* sein können. Selbst der gerechteste Krieg ist nichts, was man *anstreben* kann. Kann man nur sagen, auch er ist nach Möglichkeit zu vermeiden. Und deswegen haben viele Menschen ganz zu recht eine emotionale Sperre gegenüber der Zusammenstellung von „gerecht" und „Krieg"; und sagen, das geht überhaupt nicht. Das ist überhaupt keine gute sprachliche Formulierung. Aber das *Sach*anliegen, das in der Formel vom gerechten Krieg lag, das kehrt auch im Rahmen der Konzeption des gerechten Friedens wieder. Das ist nicht verschwunden. Das war etwas, was dem Rat der EKD an diesem Text unmittelbar eingeleuchtet hat. Was aber schon in Vorgängertexten steht. Nämlich zu sagen: Dieses Sachanliegen kehrt wieder in Form dieser Prüfkriterien des *ius ad bellum* und des *ius in bello*. Wobei ein Element aus der Denkschrift heute noch nicht erwähnt worden ist: das neu zu formulierende *ius post bellum*. Dass in dieser Denkschrift zum ersten Mal der Gedanke des *ius post bellum* vorkommt, halte ich langfristig betrachtet für äußerst wichtig. Welches Recht ist nach einem Krieg zu beachten? Wie kann das, was auch Kant schon in der Schrift zum ewigen Frieden anspricht, so zur Geltung kommen, damit nicht nach dem (letzten) Krieg vor dem (nächsten) Krieg ist? Und mir hat im Laufe der Zeit auch immer mehr eingeleuchtet, dass *dort* der genuine Ort und Ansatz ist für die vielen zivilen Friedensdienste, die aufarbeiten wollen und helfen wollen, damit Konflikte nicht wiederkehren oder der alte Hass erneut ausbricht.

Und jetzt will ich im Hinblick auf die Kriteriologie keine inhaltlichen Ausführungen machen, sondern nur noch einmal betonen: Im Blick auf die Frage nach dem Einsatz militärischer Gewalt und nach den ethischen und politischen Kriterien hierfür, ist gerechter Friede *keine Alternative* zum gerechten Krieg, sondern es ist eine Form der Aufnahme ihres Anliegens. Als *Leitbild* können wir hingegen nur den gerechten Frieden wollen. Und deswegen stehe ich hundertprozentig zu dieser Konzeption in ihren beiden Elementen. Ich habe deshalb auch vorgeschlagen, unseren Text zu nennen: „Leitbild gerechter Friede". Aber das war in der Kammer nicht mehrheitsfähig, vielleicht auch deshalb, weil es so nahe am Friedenstext der katholischen Bischofskonferenz gewesen wäre.

Corinna Hauswedell

Ich würde den Ball gerne mal zurückspielen zu Ihnen, Herr Justenhoven. Als Nichttheologin, Friedens- und Konfliktforscherin, in der Vorbereitung auf dieses Gespräch habe ich mir überlegt, was liegt unter Umständen auch an Diskussionszeit zwischen Ihrem Dokument und dem Dokument der EKD. Im Hinblick auf die Präzisierung von Kriterien für militärisches Eingreifen, beziehungsweise auf die Erfahrungen, die wir in den letzten Jahren mit Formen humanitärer Intervention gemacht haben, ist da etwas reflektiert worden, in der EKD-Denkschrift, was im Bischofswort unter Umständen noch nicht drin war oder reicht Ihr Begründungszusammenhang, Herr Justenhoven, den Sie am Anfang im Bischofswort gemacht haben, wenn man so will, über diesen Sprung hinaus? Und ist nicht das, was, auch ohne das Wort Mogelpackung zu verwenden, geschieht, nämlich der Versuch, eine semantische Norm neu zu besetzen? Und zwar in beiden Dokumenten. Eine semantische Norm, den Frieden zu denken, zu formulieren, vor dem Hintergrund ganz realer Veränderungen. Veränderungen, die es notwendig machen, zu überlegen, ob die Kriterien, die seinerzeit für den gerechten Krieg Gültigkeit besaßen, wenn man so will, im Umkehrschluss an den gerechten Frieden heute angelegt werden können. Und liegt darin nicht auch eine Provokation, ein Problem, dass das vielleicht sogar in der Denkschrift ein Stückchen präziser, wenn man sich die Texte anguckt, bezogen auf die militärischen Eingreifkriterien formuliert worden ist. Das ist so explizit noch nicht im „Gerechten Frieden" zu lesen.

Heinz-Gerhard Justenhoven

Also ich glaube, dass die Denkschrift der EKD besser ist. Und zwar, weil sie wirklich konsequenter zuende reflektiert, weil das Leitbild „gerechter Friede" weiter getrieben wird. Und es wird eben – und das wäre meine Kritik an der Debatte, die wir eben gehört haben – es wird eben auf einen ganz zentralen Punkt, auf einen konstruktiven Punkt gebracht: Es geht um die Herrschaft des Rechts. Und das scheint mir ein ganz entscheidender Punkt zu sein, der in „Gerechter Friede" noch etwas verborgen ist. Die Denkschrift dagegen ist wirklich konsequent unter dieser Fragestellung durchbuchstabiert worden und das ist in meinen Augen ihre ganz große Stärke. Insofern würde ich der Debatte, die wir Eingangs gehört haben, der sehr kritischen Debatte, zuerst einmal wiedersprechen wollen. Wir haben in diesem Punkt

Wilfried Härle und Heinz-Gerhard Justenhoven

eine Art hermeneutischen Schlüssel. Das ist ein Zugang zur Lösung vieler Grundprobleme der Welt, wie wir sie heute erleben, und was wir tun können, um uns in einer positiven Weise für Frieden wirklich einzusetzen. Wir haben ja gesehen, dass zwischen dem Jahr 2000 und dem Folgejahr völlig neue Fragen aufgetaucht sind. Wir leben also heute in einer Welt, in der neue Konfliktkonstellationen auftauchen. Zwar können wir die Konflikte jetzt präziser beschreiben, aber wir können uns ja nicht dabei aufhalten, sondern müssen darüber hinaus gehen. Und darüber sind wir uns in beiden Kirchen einig, dass es die Aufgabe von Christen ist, hier ein Stück – eben fiel das Wort „prophetisch" – weiterzuschauen: Es gibt etwas, etwas wesentliches, das die Menschheit in den letzten 2000 Jahren entwickelt hat: Nämlich die Konflikte, die nicht wegzudiskutieren sind, die eine Realität sind und mit denen wir umgehen müssen, diese Konflikte – nicht nur im Inneren von Gesellschaften – unter die Herrschaft des Rechts zu stellen, sind wir in den letzten 100 Jahren einen ganz entscheidenden Schritt weitergekommen: Weg von dem Glauben an die Unüberwindlichkeit der Anarchie der Staatenwelt. Für Thomas von Aquin war der Krieg ein Datum. Die Frage war nicht, ob man den Krieg überwinden kann, sondern nur, wie der Mensch als Christ in dieser Situation noch bestehen kann, in der Krieg herrscht. Krieg ist für Thomas ein Datum, wie Regen, der vom Himmel fällt. Wir sind aber heute fest davon überzeugt, – und da sind wir Kinder der Nachaufklärung, – dass dieser Zustand nicht hinnehmbar ist und dass wir ihn überwinden können. Folglich stellt sich die Frage, was zu tun ist. Daran festzuhalten und darüber nachzudenken, so glaube ich wirklich, ist ein prophetisches Zeugnis und es lohnt wirklich, dies zu tun.

Wilfried Härle
Darf ich jetzt darauf reagieren? Das finde ich sehr schön. Ich lasse mir jetzt auch die Blumen einfach mal gefallen, die Sie uns eben überreicht haben. Aber ich füge an: Wir haben auch von Ihnen gelernt. Und ich spreche dann auch gleich eine Hoffnung aus im Blick auf die Frage, wo es jetzt auf Ihrer Seite weitergehen könnte und was uns dann vielleicht wieder ein Stück voranzieht. Wir haben als Kammer für Öffentliche Verantwortung und als EKD im ganzen einen Prozess mitgemacht. 1981 hieß die lösende Botschaft: Wir müssen weg vom Zählen von Raketen und erkennen, Friede ist keine militärische, sondern eine *politische* Aufgabe. Das ist die Bot-

Wilfried Härle und Heinz-Gerhard Justenhoven

schaft des Textes. 1993 fragt man: Was heißt denn „politisch"? Antwort: Es heißt „Herrschaft des Rechts". (Das ist übrigens auch eine Formel von Amsterdam 1948, die hier aufgenommen wird. Nicht nur, „Krieg soll nach Gottes Willen nicht sein", sondern auch die „Herrschaft des Rechts" findet sich schon in Amsterdam) Diese „Herrschaft des Rechts" ist in 1993 bei uns noch verbunden mit einer strikten *Absage* an die Rede und den Gedanken vom „gerechten Krieg". 2001 taucht dann die schlichte aber wichtige Einsicht auf: Recht, das nicht sanktionsbewehrt ist, ist kein Recht. Und so kehrt wie in einem großen Bogen in veränderter Form die Frage nach Sanktionen, nach Gewaltandrohung und -anwendung wieder.

Zwischen den beiden Denkschriften der katholischen Bischofskonferenz und des Rates der EKD sehe ich etwa 99 Prozent Übereinstimmung, ein Prozent Unterschied. Dieses eine Prozent verteilt sich für mich auf fünf Differenzen, von denen ich zwei als *gewichtig* bezeichnen würde. Die eine Differenz ist: Die Bischofskonferenz steht im Grunde noch auf der Formulierung von Heidelberg 1958, indem sie die Drohung mit Nuklearwaffen für noch möglich erklärt, allerdings nur begrenzt und mit dem Zusatz, man müsse nach Alternativen suchen. Demgegenüber vertritt die EKD nun die Auffassung: Eine solche Drohung ist heute nicht mehr zu vertreten. Das ist das gemeinsame Ergebnis eines intensiven Ringens und Prozesses, angesichts zweier Optionen, die eine lautet: Man kann Nuklearwaffen nicht wegerfinden, und die andere sagt, jedes Vorhandensein von Atomwaffen wird als Drohung erlebt. Dass wir trotz dieser beiden Optionen den gemeinsamen Schritt gehen konnten zu sagen: Die Drohung mit Nuklearwaffen ist heute friedensethisch nicht mehr zu vertreten, das war und ist schon beachtlich. Und meine neugierige Frage an Herrn Justenhoven ist. Halten Sie es für denkbar, dass da die katholische Kirche in ihrer nächsten Denkschrift nachzieht? Also ich frage Sie nach Ihren prophetischen Fähigkeiten. Und der zweite Punkt, wo wir bewusst abgewichen sind von Ihrem Text, das sind die Formulierungen, in denen der Text der Bischofskonferenz (auf Seite 83 bis 85) sagt: Schwerwiegende systematische Menschenrechtsverletzungen sind oder können hinreichende Gründe sein für den Einsatz militärischer Mittel. Und hier sind wir bewusst einen großen Schritt zurückgetreten und haben gesagt, wenn wir das wörtlich nehmen, dann kommen wir aus dem Intervenieren überhaupt nicht mehr heraus. Und wir haben versucht, zu sagen, erst dort, wo keine staatliche Ordnung, wo keine Rechtsordnung mehr *angestrebt* wird, wo

Wilfried Härle und Heinz-Gerhard Justenhoven

ganze Bevölkerungsgruppen *wehrlos*, hingemordet werden, erst da ist möglicherweise ein Rechtfertigungsgrund für das Eingreifen mit militärischer Gewalt gegeben. Wir haben die Latte also deutlich höher gelegt als Sie. Und das haben wir in innerer Auseinandersetzung mit Ihrem Text getan. Und mich würde interessieren, ob Ihr Lob sich auch darauf bezieht, auf das engere Formulieren der Kriterien. Das ist ja eine höchst relevante Frage auch im Blick auf Afghanistan. Was verteidigen wir da eigentlich am Hindukusch?

Heinz-Gerhard Justenhoven

Wie sich meine Kirche in Bezug auf die Drohung mit den Atomwaffen bewegt, vermag ich nicht abzusehen. Ich glaube, dass sich aber auch die Debattenlage verändert und zwar die Frage, wie man mit Ländern wie dem Iran umgeht, bei denen es offenkundig darum geht, als relevante regionale Macht wahrgenommen zu werden; es handelt sich meines Erachtens um eine Anerkennungsfrage.

Zu den Kriterien würde ich gerne noch etwas sagen. Ich denke es lohnt sich, einmal zurück zu schauen, woher die Kriterien kommen. Klassischerweise werden sie ja zumindest von Thomas von Aquin zitiert. Wenn ich es richtig sehe, ist die Grundidee bei Thomas, dass Krieg ein Akt der Rechtsdurchsetzung ist. Also muss man den Begriff „Krieg" durch den Begriff des „bellum" ersetzen, den er benutzt: *bellum* als Akt der Rechtdurchsetzung. Thomas geht es natürlich darum, dass eben nicht jeder machen kann was er will, sondern nur in einem möglichst eng begrenzten Rahmen, nur der Richter darf zur Gewalt greifen. Wer ist der Richter? Das ist auf dem Hintergrund der mittelalterlichen Fehde die entscheidende Frage, um Krieg zu begrenzen. Thomas denkt den Krieg/bellum offensichtlich als einen Akt, in dem der Fürst als Richter dem Soldaten den Arm und damit das Schwert führt, um damit Recht gegen den Übeltäter durchzusetzen. Dann und nur dann ist Gewalt ethisch verantwortbar. Ich bin mir nicht sicher, ob wir diese Systematik für unsere Fragen schon so durchreflektiert haben, dass man sie übernehmen kann. Ich mache das mal an folgendem Punkt fest: Auf der Seite 68 in der Denkschrift steht als erstes Kriterium der Sache nach die „causa iusta", der Erlaubnisgrund, als zweites die „auctoritas", die Autorisierung. Und in eben dieser umgekehrten Systematik hat die Regierung von George Bush argumentiert, als sie 2001 versucht hat, die Autorisierung von der UN für einen Krieg gegen Saddam Hussein zu erhalten. Sie hat die „causa" gegen Hussein beschrieben, so definiert, dass es einen Grund gebe und wollte dann dafür nur noch die Autorisierung der UN, denn über die Sache sei eigentlich nicht mehr zu debattieren. Wenn ich aber in der Systematik des Thomas denke, dann muss ich von dem Richter, von der legitimen Autorität, her denken. Dann müsste die Frage, ob ein Grund für eine Gewaltanwendung vorliegt, der zuständige Richter entscheiden, also bei aller Problematik der UN-Sicherheitsrat, und nicht der amerikanische Präsident oder irgendjemand anderes. Und da liegt meine Kritik: Wenn von der „causa" her argumentiert wird, werden wir immer eine Debatte darüber haben, ob es einen Grund gibt oder nicht. Und was bedeutet die Autorisierung dann noch, wenn über den Grund für einen Krieg schon entschieden ist? Hier sehe ich ein Grundproblem. Ich glaube daher, dass es richtig ist, sich mit den Kriterien auseinander zu setzen.

Wilfried Härle
Und an der Stelle ist Luther in seiner kleinen Schrift zur Wurzener Fehde einen ganz entscheidenden Schritt vorangegangen. Er hat gesagt: Jedenfalls über etwas Negatives müssen wir uns einigen: Niemals kann der Betroffene selbst Richter sein. Das ist der juristische Grundsatz, niemals in eigener Sache Richter sein zu können. Und wenn der Fürst seinem Soldaten das Schwert gibt, ist das für Luther der klassische Fall, in eigener Sache Richter zu sein. Nämlich einen Büttel zu suchen, der die eigenen Rechtsansprüche durchsetzt. Und dazu sagt Luther, Friedrich der Weise habe noch seine Militärs gefragt: Wenn ich Magdeburg militärisch einnehmen will, wie viele Soldaten wird das das Leben kosten? Sein oberster Feldhauptmann sagt, ein oder zwei. Darauf Friedrich: Das ist mir zu viel. Luthers Kommentar: *Das* war ein Fürst. Was ist statt dessen zu tun? Geh zum Reichsgericht. Dort muss es entschieden werden. Also Entscheidung durch das Recht. Aber niemals in eigener Sache. Und das wäre eine Verständigung über eine solche Negation.

Heinz-Gerhard Justenhoven
Ja da sind wir uns einig. Nur ein Problem haben Sie jetzt wegdefiniert: Auch das Reichsgericht muss Recht durchsetzen. Aber der Punkt, um den es mir geht, ist, dass wir zuerst eine Verständigung darüber brauchen, wer das Recht hat, die Entscheidung zu fällen. Nun haben wir heute die Situation, dass der Sicherheitsrat von Groß-

machtinteressen dominiert ist; wir erleben, was passiert, wenn es gelingt, die anderen Sicherheitsratsmitglieder zu einer Entscheidung zu bewegen, dass diese im Regelfall keine unparteiliche Entscheidung ist, gleichwohl ist es im gegebenen Fall ein UN-Mandat.

Das scheint mir eines der Kernprobleme der Gegenwart zu sein. Wir unterstellen in unseren kirchlichen Texten, dass die Frage, wer unparteilich entscheidet, klar wäre. Und ich glaube, dass genau da ein entscheidendes Problem liegt.

Corinna Hauswedell
Ich würde gerne noch einmal dazwischen gehen. Im Grunde genommen haben wir ja jetzt von dem „gerechten Frieden" her den Fokus auf „Friede durch Recht" gelegt. Was sind die rechtlichen Kriterien nicht nur für Militäreinsätze? Inwieweit ist der gegenüber dem Bischofswort deutlich stärkere Fokus in der Denkschrift auf den Fragen „Friede durch Recht" nicht auch eine Brücke zur Macht? Oder ist er nicht, wenn man so will, auch eine Brücke, mit der sich kirchliche Dokumente und kirchliche Analyse einschalten in machtpolitische Auseinandersetzungen, die, unter anderem beschrieben am Irakkrieg und anderen Beispielen, im Augenblick international genau so sind, wie Sie sie gesagt haben: Kriegerische Auseinandersetzungen, wo es eben das gemeinsame international abgesicherte Recht, in diesem Fall eben auch die Sanktionsgewalt und –mechanismen der UN, zu einem bestimmten Zeitpunkt nicht gab. Also inwieweit ist das, was eigentlich sich positiv herauskristallisiert als Kern der Denkschrift, das würde ich schon sagen, auch als realpolitische Brücke, zugleich eben auch eine Art Zugeständnis an die machtpolitische Realität? Und man bringt sich damit sozusagen in Gefahr und macht sich als Kirche auch gemein, mit dem, was Machtpolitik bewirkt? Ich frage das deshalb, weil es, insbesondere beim Bischofswort ist mir das aufgefallen, eine ganze Reihe von Widersprüchen gibt, wo sehr explizit einerseits gesagt wird, es sei nicht Sache der Kirche, insbesondere wenn es um den Einsatz von Militär geht, sich einzumischen. An anderer Stelle aber die heutige Realität zum Zeugen dafür genommen wird, dass man darum nicht herum kommt. Also dies Dilemma sich im Grunde auch sehr offen durch das Bischofswort hindurch zieht.

Ich vermute, dass diese Frage des „Friedens durch Recht" zumindest ein Versuch ist, in der Denkschrift das sehr zuzuspitzen auf genau ein solches Instrumentarium, von dem ich sagen würde, es kann eben angesichts der Rechtlosigkeit in vielen Gewaltsituationen unserer heutigen Welt, bedeuten sich „einzukaufen" in die realpolitischen Machtverhältnisse. Sehen Sie diese Gefahr?

Wilfried Härle
Die sehe ich schon. Aber wir haben da eine Lerngeschichte hinter uns. Weil wir einmal offensichtlich auf die Nase gefallen sind. Wir haben in dem 1993er Text "Schritte auf dem Weg des Friedens" geschrieben: "Die legitime Autorität zur Genehmigung", nach der Herr Justenhoven fragt, „ist der Sicherheitsrat der UNO und niemand anders". Und dann passiert Kosovo. Und die Nato greift ein. Und viele sagen: Und das war genau richtig. So. Jetzt 2001 sind wir, wie man das heute nennt, zurückgerudert und haben gesagt, es *sollte* der Sicherheitsrat sein. Da der aber so blockiert ist, müssen wir mit der Möglichkeit rechnen, dass (und da, Herr Justenhoven ist jetzt doch die *justa causa* vielleicht das gewichtigere Moment) es wirklich eine *justa causa* gibt, also z. B. wenn ein Völkermord irgendwo passiert und die Weltgemeinschaft zu der Überzeugung kommt, hier muss eingegriffen werden, aber ein Sicherheitsratsmitglied mit Vetorecht sich querlegt, ist dann nicht die *justa causa* doch gewichtiger als die *legima auctoritas* und *potestas*. Und die Arbeitsgruppe unter Frau Senghaas-Knobloch hat vorgeschlagen, wenigstens eine öffentliche Begründungspflicht für die Vetomächte einzuführen. Ich glaube, wir haben es auch im Text so stehen. Die Alternative dazu wäre, das Vetorecht aufzuheben. Das ist natürlich politisch überhaupt nicht durchsetzbar. Insofern, gerade wenn wir wie in der Diskussion von heute Nachmittag noch die Forderung hören: Macht nicht nur Kriterien zur Schärfung der Gewissen, sondern wagt Euch an bestimmten Punkten auch vor und rechnet mit solchen Ausnahmemöglichkeiten. Und dann kriegt man leicht schmutzige Hände und ist mit involviert. Das war bei unseren Aussagen zum Balkankrieg der Fall. Und dann tragen wir dafür auch mit Verantwortung.

Corinna Hauswedell
Lassen Sie mich zwei kurze Zitate aus dem Bischofswort nennen, zunächst Ziffer 138: „Es liegt nicht im Kompetenzbereich der Kirche, über militärische Aspekte im engeren Sinne zu urteilen." Nicht nur Empfehlung, sondern zu urteilen. Das ist hier eine Passage. Und dann gibt es eine andere Passage, Ziffer 164 ist das: „Mitten in

Wilfried Härle und Heinz-Gerhard Justenhoven

einer Welt voll Krieg und Gewalt kann die Kirche nicht als Sakrament des Friedens wirken, wenn sie sich anpasst." Das ist natürlich sehr allgemein. Aber ich möchte mit dieser Gegenüberstellung trotzdem sagen, das ist auf den Punkt das Dilemma. Und ich verbinde es auch mit der Nachfrage, inwieweit der gedankliche Rahmen der Denkschrift, der beginnt mit: „aus Gottes Frieden leben", mit dem Anspruch des Bischofsworts, des „Sakrament des Friedens", die Kirche selbst solle „Sakrament des Friedens" sein, zu verbinden ist. Oder ob das eben zwei Paar Schuhe sind. Zugespitzt gefragt: Begründet das Bischofswort hier einen bestimmten Grad von Religionshaltigkeit von Frieden in einer anderen Weise, als das in der EKD-Denkschrift der Fall ist? Leitet sich daraus unter Umständen eine größere Radikalität ab oder eben eher nicht? Was ist das „Sakrament des Friedens"?

Heinz-Gerhard Justenhoven

Dazu muss man verschiedene Dinge sagen. Zum ersten, wenn Sie den Text „Gerechter Friede" sehr genau lesen – und es gibt ja eine öffentliche Debatte über diesen Text, in der man die nachfolgende These nachlesen kann – dann werden Sie sehen, dass im bibeltheologischen Teil ein Verständnis von Kirche als Gegengesellschaft, als Stadt auf dem Berg, ausformuliert wird. Dies ist mit dem zweiten Teil von Kirche als einer Gemeinschaft, die sich auf Weltgestaltung einlassen will, nicht unmittelbar vereinbar. Und nun gilt es, die beiden Perspektiven zusammen zu bringen, denn der Text liegt nun einmal so vor. Der erste Teil ist im übrigen ein wunderschöner Text; ich jedenfalls finde diesen ersten Teil unglaublich schön, auch wenn ich die Grundperspektive aus den genannten Gründe nicht teile.

Zur Frage nach der Kirche als „Sakrament des Friedens": Nun will ich einmal versuchen, die Brücke von dem Thema „Friede in Christus" zu „Frieden durch Recht" zu schlagen, weil ich glaube, dass man mit der ausschließenden Gegenüberstellung von theologischem und politischem Friedensbegriff nicht weiter kommt. Also inwiefern kann Kirche Sakrament des Friedens sein? Lassen Sie mich vorab festhalten, dass das nicht ein katholisches Proprium ist, sondern von allen Christen geteilt werden kann: Wenn wir glauben, dass in Jesus Christus Gott auf den Menschen zu gekommen ist und dem Mensch die Hand gereicht hat und gesagt hat: Ich bin für euch, für dich, für jeden einzelnen wirklich ganz da und helfe dir und euch, damit das Verhältnis zu mir, aber eben auch das Verhältnis der Menschen untereinander in einer neuen Weise gestaltet werden kann, damit Gewalt und Hass überwunden werden können, dann hat das Auswirkungen auf die Gestaltung von Gemeinschaft. Will sagen, das, was wir glauben und das, was wir im Alltag leben, steht in einer unmittelbaren Korrelation. Paulus spricht von dem neuen Menschen: Christus, der neue Adam. Also, der Mensch verändert sich durch Glauben. Nun hat schon die frühe Kirche erlebt, dass es Streit gibt, wie es in den Paulus-Briefen nachzulesen ist. Keine menschliche Gemeinschaft kommt um das Problem herum, mit Konflikten umzugehen. Die Frage ist dann, wie wir es tun. Insofern müsste man einmal darüber nachdenken, anstatt einer Friedensethik eine Konfliktethik zu entwerfen. Das wäre vielleicht ein Stück weit ehrlicher. Das Intelligenteste, das im westlichen Kulturkreis, der weit bis nach Mesopotamien hineinreicht, – denn die ältesten Rechtsdokumente, die wir kennen, kommen aus diesem Bereich,- das Intelligenteste, was Menschen eingefallen ist, ist sich Rechtsregeln zu schaffen: Sich zu vereinbaren, wie man mit Konfliktsituationen umgeht. Jetzt könnte man immer noch einmal einwenden, dass eine Gesellschaft von Heiligen kein Recht bräuchte, weil dort keine Konflikte auftauchten. Können wir als Christen, wenn wir wirklich Christus nachfolgen, konfliktfrei leben? Ich bezweifele das! Wir leben aber in dieser Welt und jeder weiß, dass Konflikte eine Realität sind, dass wir mit anderen Menschen Konflikte haben. Recht scheint, nach allem was wir erlebt haben, nicht zuletzt auch unter Christen und in Kirchen, die zivilste Art zu sein, mit diesen Konflikten umzugehen. Innerhalb unserer Staaten haben wir eine Entwicklung erreicht, mit Rechtsordnungen eine gewisse Annäherung an Gerechtigkeit zu realisieren, die pazifizierend wirkt. In Kenia haben wir kürzlich erlebt, wo Gesellschaften hinkommen, wenn dieser gesellschaftliche Konsens zusammenbricht. Dieses Rechtsverständnis hat nun bestimmte Implikationen. Zu denen gehören nicht nur vereinbarte Regeln, eine gewisse Regelungsdichte, eine Orientierung an Gerechtigkeit, sondern damit auch der begründete Eindruck, alle Mitglieder der Gesellschaft mitgenommen zu haben. Rechtsordnungen funktionieren nicht mehr, wenn substantielle Teile der Gesellschaft ausgeschlossen werden. Und dann eben muss Rechtssicherheit herrschen. Und das scheint mir ein ganz wichtiger Punkt in der Debatte über das internationale Recht zu sein. Innerhalb des Staates vertrauen wir nicht darauf, dass sich die Nachbarschaft zu einer Miliz zusammenschließt, wenn einem Mitglied Unrecht geschieht, um dafür zu sorgen, dass Recht durchgesetzt wird. Sondern die Gesellschaften haben unabhängige öffentliche Institutionen geschaffen, Justiz und Polizei, um Rechtssicherheit zu gewährleisten.

Zwischen den Staaten erleben wir, wenn man den Bogen sehr weit spannen will, seit dem 16. Jahrhundert eine Entwicklung eines modernen Völkerrechts, das in den letzten 100 Jahren eine erstaunliche Regelungsdichte gefunden hat. Und ich fand das sehr schön, dass in „Gerechter Friede" Europa als Modell dafür genannt wird, dass es gelingen kann, dass Staaten ihren Antagonismus nicht nur überwinden, sondern sich in einer Weise integrieren, dass Krieg, die gewalttätige Konfliktaustragung institutionell überwunden werden kann. Dass an die Stelle des Konfliktaustrages durch Gewalt, Konfliktaustrag durch Recht so verankert wird, dass es dahinter kein zurück mehr gibt. Auf diesem Weg ist das internationale Recht die aller ersten vorsichtigen Schritten gegangen. Die UNO-Charta ist ein qualitativer Sprung, aber eben nur ein erster. Und ich fände die Debatte darüber ganz interessant, was ich auf der Seite 65 in der Nr. 98 der Denkschrift mit großer Freude gelesen habe: Recht ist auf Durchsetzbarkeit angelegt. Das würde ich gerne einmal diskutieren, was das für das internationale Recht bedeutet.

Wilfried Härle

Etwas davon ist ja vorhin angedeutet worden. In den Kriterien, in denen in veränderter Gestalt nun das Grundanliegen dessen, was gerechter Krieg so missverständlich hieß, auftaucht. Und ich gebe Ihnen völlig Recht, dass diese Rechtsregeln eine der großen zivilisatorischen und kulturellen Errungenschaften sind, die uns um Gottes und der Menschen willen nicht wieder verloren gehen dürfen. Trotzdem muss man dann dazu sagen, das Recht kann eben auch im besten Fall nur einen Ausgleich schaffen. Die wirkliche Durchbrechung des Bösen mit der zweiten Meile oder der linken Wange oder dem, was Feindesliebe heißt, schafft das Recht nicht. Was die Quäker nach dem Zweiten Weltkrieg gegenüber den Deutschen geleistet haben, das kann man nicht mehr mit dem Recht einfordern. Das ist genau das, was ein Fenster öffnet zu einer noch einmal ganz anderen Welt. Das ist eine ganz andere Dimension, die man, wenn man sie einklagt, völlig kaputt macht. Und da sind wir uns im Ansatz einig, dass in diesem Horizont das diskutiert werden muss und dann auch all das, was hier genannt wird, das Schmerzliche, ausgehalten werden muss. Jedenfalls als eine jetzt noch gegebene Situation. Aber das Festhalten am

Recht und seiner Durchsetzung als einer lebensdienlichen Ordnung, das verbindet uns sehr stark miteinander.

Heinz-Gerhard Justenhoven
Die Frage also, machen wir uns die Hände schmutzig? Nun wage ich einmal die Gegenthese. Ich glaube, dass derjenige, der sich auf die möglichen Konsequenzen internationaler Rechtsdurchsetzung von vorneherein nicht einlässt, sich eigentlich die Hände schmutzig macht, weil er die Konsequenzen möglicher Rechtsunsicherheit trägt. Wenn ich Weltverantwortung meine, das heißt in meinen Augen nichts anderes, als dass wir unter der Perspektive des Evangeliums versuchen sollen, unsere Angelegenheiten in dem uns möglichen Maß zu ordnen. Jetzt mache ich mal eine Klammer auf. Auch ein Thomas von Aquin hat das sicher gedacht. Und zugleich war für ihn undenkbar, dass Krieg überwindbar sein soll; das war für einen mittelalterlichen Menschen nicht vorstellbar. Was für uns alles nicht vorstellbar ist, das wissen wir noch gar nicht. Diese Einsicht rät vielleicht zu einer gewissen Bescheidenheit und gibt Hoffnung für das Veränderungspotenzial.

Die Aufgabe, vor der wir stehen, ist doch, im Geiste des Evangeliums und im Maß des uns möglichen, das heißt auch, im Maß des uns Denkbaren – und da sind wir noch nicht an der Grenze, wenn man die internationale (Un)Gerechtigkeit thematisiert – also im Maß des uns Möglichen das gemeinsame Leben mit den Mitmenschen zu organisieren. Und darum soll sich ein Mensch oder eine Gesellschaft redlich mühen. Es gibt nun in der evangelischen Theologie die Rede davon, man wird immer schuldig. Als katholischer Theologe meine ich folgendes: Ich bin dazu verpflichtet, das Jetzt und Hier mir mögliche, sittlich verantwortbare Gute zu tun und das Schlechte zu vermeiden. Damit ist in Bezug auf die Realisierung des internationalen Rechts gefordert, über die Gewährleistung der Rechtssicherheit und damit der Rechtsdurchsetzung nachzudenken, auch angesichts der Erfahrung, dass es Rechtsbruch gibt und geben wird.

Corinna Hauswedell
Ich würde Ihnen Beiden die Frage stellen wollen, ob nicht beide Dokumente sich angesichts der vorgefundenen schlechten Welt, die mit diesen Dokumenten, ja auch eine gewisse Transformation natürlich erfahren soll, wie man Visionen entwickelt

und so weiter, trotzdem darum herumdrücken. Unter anderem dadurch, dass dieser Begriff, das Begriffspaar „Gerechter Frieden" so normativ gesetzt wird und im konkreten Konfliktfall zwischen Gerechtigkeit und Frieden unterschieden werden muss. Also die Frage, inwieweit nicht eine jeweils konfliktangemessene Priorisierung, (und ich könnte sicherlich eine ganze Reihe von Beispielen nennen, in denen man auch in der Friedens- und Konfliktforschung darüber seit vielen Jahren diskutiert und nachdenkt), inwieweit nicht eine Priorisierung in dem jeweils einen oder anderen Fall nottut , ob nicht z. B. zuerst Frieden im Sinne von Abwesenheit von Krieg, also negativem Frieden, was wir heute Nachmittag schon mal andiskutiert haben, notwendig ist, um überhaupt Voraussetzungen für Gerechtigkeit zu schaffen. Oder in einem anderen Fall es umgekehrt sein kann. Schafft nicht das Bestehen auf das Einklagen von Gerechtigkeit geradezu erst einen normativen und politischen Boden dafür, um von Gewalt Abstand nehmen zu können? Das mag banal klingen. Aber es geht mir darum, dass man das sehr offen und klar in all seiner vielfältigen Möglichkeiten sagen muss. Ich vermisse in beiden Dokumenten eine wirklich streitbare Auseinandersetzung darüber, dass es eine Priorisierung zwischen Frieden und Gerechtigkeit, bzw. eine zeitliche Sequenzierung, geben kann. Das kann einen pragmatischen Blick auf das Begriffspaar Gerechtigkeit und Frieden bedeuten. Vielleicht erst das eine und vielleicht auch etwas weniger von dem einen als von dem anderen. Was heißt das für die ethischen Normen, die damit berührt sind? Aber was heißt das auch für die Politikempfehlungen, die in beiden Dokumenten stecken?

Wilfried Härle
Das ist ein Punkt, der mir bei dem Votum von Herrn Henze heute Nachmittag eingeleuchtet hat. Wir haben zu wenig davon in den Text transportiert. Genau über diese Frage haben wir eine erbitterte Diskussion gehabt. Denn zunächst hieß der Duktus des Textes: Der Friede, der negative Friede, also das Niederlegen der Waffen, geht immer vor. Das muss geklärt sein, und (erst) dann kann man über alles reden. Und ich habe mich da quergelegt und habe gesagt, das halte ich für unrealistisch und ethisch nicht für richtig. Es gibt Situationen, in denen muss zunächst ein Schritt in Richtung Gerechtigkeit getan werden, bevor man sagen kann und jetzt *weapons down*. Weil die Seite, die sich ungerecht behandelt fühlt, der die ele-

mentarsten Dinge vorenthalten werden, verständlicherweise sagen wird: Vielen Dank, jetzt sollen wir erst auch noch die Waffen niederlegen und uns darauf verlassen, dass ihr in eurer Großmut dann das tut, was wir längst fordern. Und dann haben wir uns auf das vorliegende Modell geeinigt und gesagt, das kann gelegentlich eine Ungleichzeitigkeit der Schritte zur Folge haben, dass das eine jetzt vordringlich dran ist. Aber unseren scharfen Konflikt haben wir nicht im Text präsentiert, sondern wir waren froh, dass wir ihn irgendwie ausgestanden haben. Vielleicht wäre es leserfreundlicher, das mitzunehmen und zu sagen: An diesem Punkt sind wir in folgende Diskussion geraten, und in die Diskussion kommt ihr vermutlich auch. Aber manchmal ist man da vielleicht übervorsichtig und denkt, wir sollen ja dem Rat der EKD eine *Denkschrift* geben, die er letztlich zu verantworten hat. An *einem* Punkt waren wir als Kammer übrigens ausgesprochen unglücklich. Nämlich über den zweiten Teil des Titels: „Für gerechten Frieden sorgen". Ich hatte im Rat bei der Vorstellung darum gebeten, es genau nicht so zu nennen. Das wirkt ja so, als machten wir einen Ausflug und verabreden, wer sorgt für die Musik, wer sorgt für die Würstchen. Und die Kirche sorgt eben für den gerechten Frieden. Und dann entsteht das Zerrbild: Da ist eine schlimme, miserable Welt, aber wir, wir haben es und können es ja. Da kriege ich ebenso große Schwierigkeiten wie bei der katholischen Rede von der Kirche als dem Sakrament des Friedens. Wir sind doch als Christen und als Kirche Teil dieser miesen Welt. Außen und Innen. Wir haben dieselben Probleme. Nur eleganter verpackt und gehen mit denen anders um. Wir meinen auch gelegentlich Kontakt zu Quellen zu haben, aus denen man trinken kann und dann weiter kommt. Aber dass wir für gerechten Frieden sorgen, hat so eine Tendenz, draußen zu sein. Wir vermitteln das Heil. Aber wir brauchen es doch auch. Und darin sind wir uns offensichtlich genau so einig.

Heinz-Gerhard Justenhoven
Wir sind uns darüber im Klaren, dass das beides Dokumente reicher Kirchen sind. Ich bin im letzten Jahr das erste Mal in Afrika, in Nairobi, Kenia gewesen, auf Einladung der dortigen Jesuiten habe ich Vorträge gehalten. Und ein halbes Jahr später gab es in Kenia diese Unruhen. Ich kann nur in sehr emotionalen Worten sagen, dass das, was ich da an sozialer Ungerechtigkeit, an Armut erlebt habe, mich in einer Weise schockiert hat, dass ich mich gefragt habe, warum die Menschen das ak-

zeptieren, warum die Menschen noch ruhig bleiben. Später habe ich im Kontext der Auseinandersetzung mit der Kongointervention der Europäischen Union mir die koloniale Geschichte von Belgisch-Kongo angesehen: Zumindest für dieses Land kann ich sagen, dass Europa für die Zerstörung afrikanischer Gesellschaften eine unendliche Schuld auf sich geladen hat. Auf einer solchen Folie wäre es schon zynisch, zu fordern, dass zuerst der Friede und dann die Gerechtigkeit zu realisieren sei. Es wäre also eine Herausforderung, solche friedensethische Texte mit Afrikanern zu lesen und einmal zu schauen, wie er aus einer afrikanischen Perspektive zu verstehen ist. Das ist eine Diskussion, die uns noch bevorsteht.

Corinna Hauswedell
Ich gebe zurück an unsere beiden Gesprächspartner. Und bitte Sie, die Dinge aufzugreifen, die Ihnen wichtig und diskussionswürdig erscheinen. Bitte, wer möchte zuerst?

Heinz-Gerhard Justenhoven
Jetzt komme ich in die eigentümliche Lage, das Völkerrecht gegen einen Völkerrechtler zu verteidigen. Aber ich tue es trotzdem, denn ich bin ein Fan des Völkerrechts. Ich habe nicht von der Herrschaft des Völkerrechts gesprochen, sondern von der Herrschaft des Rechts und das ist noch nicht das gleiche. Mir geht es wirklich um die Herrschaft des Rechts. Und das Völkerrecht, gerade das Völkerrecht, so wie wir es heute haben, ist ein sich entwickelndes, es ist auf einem bestimmten Stand. Es ist auch ein Staatenrecht, aber es ist mehr als das und es entwickelt sich auch darüber hinaus, aber das können Sie viel besser beschreiben als ich.

Damit das Völkerrecht nicht zu schnell gegen politische Interessen gestellt wird, nun die Frage, woher kommt das Recht? Recht bedarf kann zuerst einmal entstehen, wenn, der Grundsatz der Unparteilichkeit respektiert wird, wenn alle prinzipiell vergleichbare Chancen haben; dafür haben wir mit dem Parlamentarismus ein Verfahren entwickelt, das ein gewisses Maß an Unparteilichkeit gewährleistet, sich auf einen Kompromiss zu einigen, das also fundamentale Interessen aller Beteiligten berücksichtigen kann. Recht entsteht durch einen Interessensausgleich nach einem Verfahren, dem alle zustimmen können. Diese Regel, auf die man sich dann vereinbart, die nennen wir Recht, sofern sie ein Mindestmaß an Gerechtigkeit impliziert. Das wünsche ich mir als Zielperspektive für das Völkerrecht. Allerdings haben wir heute eine nur in den Geburtswehen liegende internationale Institution, die Recht realisieren kann, dies ist die Ausgangslage. Und jetzt würde ich gerne noch einmal auf die Debatte kommen, die ich eben nur angestoßen konnte. Ich glaube, wir müssen, gerade als Kirchen sehen, dass die entscheidenden Arbeiten vor dem Haager Friedenskongress von 1899 von der Friedensbewegung, im wesentlichen von christlichen Pazifisten und Völkerrechtlern am Ende des 19. Jahrhunderts getragen wurden. In diesem Geist brauchen wir heute eine Weiterentwicklung des Rechts und der Institutionen, und den Vorschlag, der hier gemacht wurde, zum Beispiel um langfristig das Vetorecht abzuschaffen, ist ja ein solcher Beitrag. Wichtig ist, dass wir an der Weiterentwicklung des bestehenden Völkerrechts arbeiten. Die Antwort kann nicht sein, aus dem System auszusteigen und wieder „Koalitionen der Willigen" zu bilden, um internationale Konflikte zu lösen. Auch wenn die bestehende internationale Ordnung bestenfalls eine Annäherung ist, so ist es doch im Vergleich zu dem 19. Jahrhundert ein Quantensprung. Und daher ich glaube, dass es sich wirklich lohnt, auch dafür zu kämpfen und sich dafür auch einzusetzen. Und darum und jetzt komme ich noch einmal zur Frage nach der Autorität: Mir ist die Unparteilichkeit der Autorität, die entscheidet, so wichtig, weil die Unparteilichkeit des Rechts daran hängt. Nur wenn wir, wie auch immer, sicherstellen, dass die Unparteilichkeit der Entscheidung über jedwelche Frage des Rechts, wenn also Recht unparteilich festgestellt und durchgesetzt wird, ist es Recht, sonst nicht. Und das ist das Problem, das sich heute in bezug auf das Völkerrecht stellt.

Wilfried Härle

Herr Scheffler, ich habe über Jahrzehnte oder viele Jahre genau so gedacht und geredet wie Sie: Es hat doch nur Sinn, wenn die zivilen Friedensdienste präventiv eingesetzt werden. Und dann wurde mir irgendwann einmal das Dilemma klar, das hier besteht. Damit kann man meinen, sie sind generell überall dort einzusetzen, wo Not, Elend, Ungerechtigkeit und Armut herrscht. Das heißt, im größten Teil dieser Welt. Schauen wir uns die Entwicklungsberichte an, dann muss man sagen, das schaffen wir irgendwie nicht, die Verhältnisse, die Zahlenverhältnisse, die Scheren werden ungünstiger und gehen auseinander. Und wenn man meint, zivile Prävention dort einsetzen zu können, wo Konflikte aufbrechen, machen wir die Beobachtung, dass es dann in der Regel schon zu spät ist. Dass die Gruppen gar nicht mehr verantwortlich dort hin geschickt werden können. Und der Gedanke des *ius post bellum* ist nicht der von Ihnen karikierte „geniale Ansatz" zu sagen, lass die sich erst einmal zusammenbomben und wenn sie erschöpft sind, dann kommen wir und bauen auf. Sondern es geht um die Einsicht, in wie vielen Fällen das Ende einer Konfliktsituation nur ein Atemholen vor dem nächsten Waffengang ist. Aber eine Situation, in der zivile Dienste wirklich eine Chance und eine Möglichkeit haben, wie das jetzt zum Beispiel in Afghanistan, jedenfalls in der Anfangsphase im Norden relativ gut gelungen ist, kann zeigen, Friede wird nicht durch Waffen hergestellt. Sondern Friede wird hergestellt durch zivilen Einsatz für Gerechtigkeit, für Beseitigung von Not, für die Erhaltung von kultureller Vielfalt. Ich würde Ihnen sofort zustimmen, wenn Sie sagen, das kann doch eigentlich nur ein Notweg sein. Aber ich sehe keine aussichtsreiche Alternative dazu. Es liegt mir sehr daran, dass Sie mich da nicht missverstehen, als würde ich sagen oder meinen: so muss das sein. Ich sehe nur: das könnte so funktionieren. Sie wollen aber noch mal intervenieren?

Horst Scheffler
Herr Härle, Sie beschreiben die heutige politische Realität. Das bestreite ich nicht. Ich will deutlich sagen, die Friedensdienste und Friedensfachdienste sind ja immer nur wenige Menschen, die dazu qualifiziert sind. Die haben ein anderes Selbstverständnis. Und von ihrem Selbstverständnis aus, sagen Sie, hätten wir die Ressourcen und die Manpower, die weltweit das Militär hat, hätten wir andere Möglichkeiten. Das ist der eine Punkt. Und der zweite Punkt ist, wenn wir unter dem Begriff des gerechten Friedens sofort die Kriterien für den Notfall des Waffeneinsatzes diskutieren, dann tun wir genau das, was Robert Leicht als die Mogelpackung beschreibt. Und sagt, das hat jemand jetzt gerechter Friede genannt, aber er macht nichts anderes als vorher unter der Rubrik gerechter Krieg diskutiert wurde. Ich sage nicht, dass Robert Leicht Recht hat. Ich fordere nur, unter der Ethik des gerechten Friedens zunächst mal nach Bedingungen zu fragen, unter denen zivile Krisenprävention ohne militärischen Mittel erfolgreich sein kann. Und genau diese Frage habe ich heute Abend vermisst. Wir waren sofort wieder bei den heute weltweit dringend zu diskutierenden Fragen. Aber ich würde gerne mal diskutieren, wann und unter welchen Bedingungen können heute auch zivile Friedensfachkräfte erfolg-

reich präventiv eingesetzt werden können, indem man aufklärt, wo ein Konflikt droht und es nicht erst so weit eskalieren lässt, dass da nur noch bewaffnete Gewalt regeln kann.

Corinna Hauswedell
Ja Herr Scheffler, ich danke Ihnen. Sie haben gut auf den Punkt beschrieben, worin es unterschiedlicherweise morgen in dem Workshop I und II gehen kann. Weil es von außen sehr ähnlich vielleicht aussieht und man sich vielleicht denkt, die Themen überschneiden sich. Aber das wäre zum Beispiel ein Bereich, wo ich denke, der muss im Bereich I intensiver diskutiert werden. Aber Herr Härle, es war ein Zwischenruf auch noch einmal an Sie.

Wilfried Härle
Den hatte ich ja ausdrücklich auch so akzeptiert. Das Ganze steht unter der Prämisse, die völlig plausibel ist: Wenn den Friedensdiensten das zur Verfügung stünde was dem Militär zur Verfügung steht, dann. Diesen frommen Wunsch schreiben wir in jede Friedensdenkschrift hinein.

Seit drei Denkschriften ist das jeweils der Hauptteil. Also ich finde nicht, dass das zu wenig vorkommt. Aber vielleicht ist das eine Beurteilungsfrage. Ich greife noch zwei Punkte heraus. Das Stichwort des verkappten Kolonialismus. Ich bin bei der Diskussion mit Struck, die von der Lilje-Stiftung veranstaltet wurde, tief erschrocken, dass er sagt, ja wir mussten doch in Afghanistan eingreifen. Die lebten ja dort wie im Mittelalter. Und ich habe spontan gesagt, Herr Struck, seit wann kann das ein Kriterium sein, militärisch einzugreifen, weil jemand wie im Mittelalter lebt. Das hieße doch, dass wir unsere Vorstellungen von Lebensstandard, auch unsere Vorstellungen von Menschenrechten einfach exportieren und implantieren wollen. Das ist ein heikler Punkt in unserem Text, zu dem wir mehrfach sagen: Wir dürfen nicht einfach unsere wohlerwogenen, gut begründeten, uns heiligen Vorstellungen von Menschenrechten exportieren und implantieren in andere Kontexte, sondern müssen primär hören und darauf achten, was für die Menschen, die dort leben, entscheidend ist. Wir müssen herauskommen aus der Vorstellung, dass wir wissen wie es richtig geht und es den anderen endlich entweder nicht-militärisch oder militärisch beibringen werden. Das ist eine Haltung, die in sehr vielen solcher Diskussionen vorkommt, gegen die der Text angehen will. Das was zu Ihnen zu sagen wäre, Herr Heintze, hat alles mein Vorredner, Herr Justenhoven gesagt. Ich stimme ihm voll zu im Lob des Völkerrechts. Aber vor allem in dem Lob des weiter zu entwickelnden Völkerrechts. Denn die Stellungnahmen, die moralischen Verurteilungen, die kommen, die setzen auch immer voraus, was bei der Moral, bei der Religion nicht vorauszusetzen ist, nämlich ein gemeinsames Fundament. Und der Punkt des Rechts als verbindliches gemeinsames Recht, setzt nun gerade das Anerkanntsein von beiden Seiten voraus.

Ein letzter Punkt. Die Frage der Priorisierung von Friede oder Gerechtigkeit, zu der ich vorhin gesagt habe, dass ich mich dafür eingesetzt habe, dass es Situationen gibt, in denen minimale Standards von Gerechtigkeit erst erfüllt werden müssen. Ich muss aber dazu selbstkritisch sagen, dies wirkt oft so und kann leicht missbraucht werden als eine Rechtfertigung für die faktisch angewandte Gewalt. Zu sagen, wenn du selber sagst, erst müsste Gerechtigkeit praktiziert werden, bevor man erwarten kann, dass die Waffen schweigen, dann zeigst du doch, dass du es an deren Stelle genau so machen würdest. Und deswegen ist das ein Punkt, der ein echtes Dilemma darstellt. Den man auch überhaupt nicht allgemein, sondern sicher nur, wenn überhaupt, ganz konkret vor Ort und unter Beteiligung der Menschen, die es angeht, entscheiden und dann auch verantworten muss.

Corinna Hauswedell
Ja, vielen Dank Herr Härle. Vielen Dank Herr Justenhoven. Das war ein gelungenes Experiment, wie ich finde, diese beiden Denkschriften mit den Menschen zusammen in Verbindung und ins Gespräch zu bringen. Ich glaube, wir haben eine ganze Reihe auch weiterer Punkte für die Debatte morgen implizit und auch explizit schon auf den Tisch gepackt. Ich möchte es morgen so machen, das würde ich gerne zum Schluss vorschlagen, dass wir uns nicht unbedingt noch vorher im Plenum treffen müssen. Die Arbeitsgruppen, Workshops sind, glaube ich, klar benannt. Ich würde Sie bitten, die das noch nicht getan haben, sich vielleicht einzutragen, damit ich ein bisschen klarer noch sehen kann, wie es sich verteilt.

Ich wünsche Ihnen allen noch interessante Gespräche im Abendverlauf auf der Galerie.

Annäherungen an „Frieden" und „Gerechtigkeit" II

Workshop I:

Menschenrecht *und* Völkerrecht – Normenbildung im Umbruch

Hans-Joachim Heintze

Dreizehn Thesen zur Diskussion

1. Die Bezeichnung Völkerrecht ist irreführend, denn es handelt sich nicht um ein Recht der Völker. Vielmehr ist Völkerrecht vorrangig ein zwischenstaatliches Recht, das die internationalen Beziehungen der Staaten regelt. Da Staaten souverän sind, kann Völkerrecht nicht wie das nationale Recht durch einen Gesetzgeber „gesetzt" werden, sondern nur durch freiwillige Vereinbarungen zustande kommen. An der Ausarbeitung dieser Vereinbarungen nehmen die Staaten und zunehmend auch internationale Organisationen oder Staatenbünde wie die EU teil. Dabei haben die Völker und Menschen grundsätzlich kein Mitspracherecht. Allerdings nehmen nichtstaatliche Organisationen wie Amnesty international oder Greenpeace in einem wachsenden Maße Einfluss und werden regelmäßig eingeladen, mit ihrem Fachwissen die Ausarbeitung völkerrechtlicher Vereinbarungen zu unterstützen.

2. Die Naziherrschaft, die beiden Weltkriege und ihre schrecklichen Konsequenzen haben notwendigerweise im Völkerrecht ihre Spuren hinterlassen. Im Gefolge des Ersten Weltkrieges bekamen zwei Gebilde völkerrechtliche Relevanz, die vorher allein der staatlichen Souveränität unterlagen. Es sind dies die Völker und die Minderheiten. Auf der Grundlage des von US-Präsident Woodrow Wilson in seinen 14 Punkten formulierten Prinzips der Selbstbestimmung der Völker kam es zu einer Reihe von Staatenbildungen, die aus dem Untergang des Osmanischen Reiches und Österreich-Ungarns hervorgingen (z.B. Jugoslawien). Es ließ sich aber nicht durchsetzen, dass sich jedes Volk einen eigenen Staat schaffen konnte. Folglich waren diese Neustaaten ethnisch nicht homogen, so dass ein ganzes System von Minderheitenschutzverträgen im Rahmen des Völkerbunds geschlossen wurden.

3. Minderheiten wurden im Rahmen des Völkerbundes kollektive Rechte zugestanden. Wie das Beispiel der Sudetendeutschen in der Tschechoslowakei 1938 plastisch zeigte, wurden die kollektiven Minderheitenrechte auch missbraucht. Diese Erfahrungen führten zu einer sehr starken Abwehrhaltung vieler Staaten gegen diese kollektiven Rechte, so dass in der UN-Charta 1945 Minderheitenrechte keine Erwähnung fanden. Die Durchsetzung der Selbstbestimmung der Völker wurde in der Charta als ein Ziel der Weltorganisation genannt und fand dann im Zusammenhang mit der Entkolonisierung vielfache Anwendung.

4. Der von den Nazis begangene Völkermord und die vielfachen Verbrechen gegen die Menschlichkeit bedingten nach dem Zweiten Weltkrieg die Erkenntnis, dass massenhafte und schwere Menschenrechtsverletzungen keine innere Angelegenheit eines Staates sind, sondern eine internationale Dimension haben. Sie gefährden den regionalen oder gar den Weltfrieden, weil sie einerseits zu grenzüberschreitenden Fluchtbewegungen führen und andererseits Ausdruck einer Aggressivität eines Regimes sind, die sich zuerst im inneren eines Landes zeigt, dann aber auch international äußert. So überzog das unmenschliche Apartheidsregime in den siebziger Jahren bei der Verfolgung der südafrikanischen Widerstandskämpfer auch die Nachbarstaaten Mosambik und Angola mit Krieg. Die Erkenntnis von der grenzüberschreitenden Dimension der Menschenrechtsverletzungen führte 1945 zur Aufnahme des Menschenrechtsschutzes in den Aufgabenkatalog der UNO, die sich als ein System kollektiver Sicherheit versteht. Folglich waren Menschenrechtsverletzungen der Startpunkt für den Eingang des Menschenrechtsschutzes in das Völkerrecht.

5. Staaten. Sie begann 1948 mit der Verabschiedung der Allgemeinen Erklärung der Menschenrechte durch die UN-Generalversammlung. Der große Vorteil dieses an sich rechtlich unverbindlichen, politischen Dokuments ist, dass darin all die Rechte aufgelistet werden, die durch die Weltorganisation geschützt werden sollen. Anders als vom klassischen westlichen Menschenrechtsverständnis vorgegeben, sind dies nicht nur die politischen und Bürgerrechte, sondern auch soziale, wirtschaftliche und kulturelle Rechte. Die Transformation dieses politischen Dokuments in die völkerrechtliche Vertragsform begann 1949, wurde

durch die unterschiedlichen Menschenrechtskonzeptionen des Westens, Ostens und Südens sowie durch den Kalten Krieg aber enorm erschwert, so dass erst 1966 die drei grundlegenden UN-Menschenrechtsverträge verabschiedet werden konnten. Es bedurfte weiterer zehn Jahre, bis sie in Kraft traten.

6. Die drei grundlegenden UN-Menschenrechtsverträge sind der Pakt über bürgerliche und politische Rechte, das Fakultativprotokoll zu diesem Pakt und der Pakt über wirtschaftliche, soziale und kulturelle Rechte. Den beiden Pakten gehören jeweils mehr als 160 Staaten an, dem Fakultativprotokoll mehr als 100. Dies ist ein erstaunlicher Siegeszug der Menschenrechtsidee. Immerhin räumen die Staaten damit den Menschen, also ihren Rechtsunterworfenen, international garantierte Rechte ein. Andere Mitgliedsstaaten der Pakte sind damit berechtigt, die Einhaltung dieser Rechte zu fordern, ohne dass der betroffene Staat geltend machen könnte, es handle sich hierbei um eine Einmischung in innere Angelegenheiten.

7. Durch weitere Verträge, beginnend mit der Völkermordkonvention von 1948, über das Antirassismusübereinkommen von 1966 bis hin zu den Rechten der Kinder von 1989 wurden alle Bereiche des menschlichen Lebens durch internationale Verträge kodifiziert.

8. Diese Entwicklung ging einher mit der Herausbildung einer beschränkten Völkerrechtssubjektivität des Menschen, d.h. das Individuum ist unter bestimmten Umständen Inhaber von völkerrechtlichen Rechten und Pflichten. Vor diesem Hintergrund kann ein Mensch auf völkerrechtlicher Ebene gegen einen Staat klagen und seine Menschenrechte einfordern. Dies ist wahrhaftig eine Revolution, die im klassischen Völkerrecht mit dem absoluten Souveränitätsanspruch der Staaten undenkbar war. Besonders bekannt ist der Europäische Gerichtshof für Menschenrechte, der von allen 47 Mitgliedsstaaten des Europarates die Kompetenz erhielt, sich mit Beschwerden über von ihnen begangene Menschenrechtsverletzungen auseinander zu setzen. In einem gerichtsförmigen Verfahren wird festgestellt, ob der Mitgliedsstaat eine Menschenrechtsverletzung begangen hat. Ist dies der Fall, wird dem Opfer Schadensersatz und Wieder-

gutmachung zugesprochen. Da die Urteile verbindlich sind, wurden sie bislang auch alle umgesetzt. Dabei werden durchaus auch „heiße Eisen" angepackt, denn in der letzten Zeit befassten sich viele Urteile mit Verbrechen der türkischen Armee in den Kurdengebieten.

9. Die Menschenrechte sind als Individualrechte ausgestaltet. Hinzu kommt eine weitere Entwicklung, die das statische Völkerrecht mit einem dynamischen Moment konfrontiert hat. Dabei handelt es sich um das Aufkommen des Selbstbestimmungsrechts der Völker. Dieses Recht hat zur Bildung von mehr als 100 aus der Entkolonisierung hervorgegangenen Staaten geführt. Folglich ist unstreitig, dass kolonial unterdrückte Völker ein Recht auf einen eigenen Staat haben. Hinsichtlich anderer Völker ist dies umstritten, da sich in diesen Fällen zwei völkerrechtliche Normen gleichen Ranges entgegenstehen: das *dynamische* Selbstbestimmungsrecht der Völker und das *statische* Prinzip der territorialen Integrität der Staaten. In der Praxis zeigt sich, dass der territorialen Integrität stets der Vorrang eingeräumt wurde. Kam es seit dem Ende der Entkolonisierung zur Bildung neuer Staaten (Nachfolgestaaten der UdSSR und Jugoslawiens, Deutschland, Eritrea, Osttimor, Kosovo etc.), so wurden stets andere Rechtsgrundlagen als das Selbstbestimmungsrecht angeführt.

10. Freilich funktioniert der völkerrechtliche Menschenrechtsschutz nicht problemlos, denn er setzt den Kooperationswillen der Staaten voraus. Schließlich beugt der souveräne Staat sich einer Entscheidung der internationalen Gemeinschaft oder dem Urteil eines Gerichts. Der Hauptgrund dafür liegt darin, dass er um seine internationale Reputation bemüht ist. Gerade großen Staaten fällt dies verschiedentlich schwer. So blockiert Russland, das viele Verurteilungen z.B. wegen des Tschetschenienkrieges hinnehmen musste, seit einiger Zeit die Arbeit des Europäischen Menschenrechtsgerichtshofes, weil es das 14. Protokoll zur Europäischen Menschenrechtskonvention nicht ratifiziert. Dieses Protokoll soll die weitere Arbeit des Gerichts durch Vereinfachung des Verfahrens ermöglichen, denn es erstickt gegenwärtig an der schieren Anzahl der Klagen.

11. In Fällen schwerster Menschenrechtsverletzungen – man denke nur an Darfur – kann man natürlich nicht auf die Kooperationsbereitschaft des verantwortlichen Staates hoffen. Hier ist es möglich, dass der UN-Sicherheitsrat gegen ein solches Regime Zwangsmaßnahmen nach Kapitel VII der UN-Charta ergreift. Sie können von wirtschaftlichen Boykotten bis hin zur Anwendung militärischer Gewalt reichen. So ordnete der Sicherheitsrat 1992 eine humanitäre Intervention in Somalia an, um humanitäre Hilfe zu einer Million Menschen zu bringen, die vom Hungertod bedroht waren. Das Beispiel zeigt, dass der Sicherheitsrat Menschenrechte mit allen Mitteln durchsetzen kann. Freilich setzt dies die Einstimmigkeit der Großmächte voraus, und diese ist immer schwerer zu erreichen. So boykottiert China auf Grund wirtschaftlicher Interessen seit Jahren schärfere Maßnahmen des Sicherheitsrats zum Schutz der Menschen in Darfur. Im Falle des Kosovo 1999 konnte sich der Sicherheitsrat ebenfalls nicht auf ein gemeinsames Vorgehen gegen serbische Milizen einigen, so dass sich die NATO zu einem einseitigen (völkerrechtswidrigen) Vorgehen entschloss, um den vor der Gewalt flüchtenden Menschen zu helfen. Offensichtlich standen sich zwei völkerrechtliche Normen gegenüber, einerseits die Menschenrechte, andererseits das Verbot der zwischenstaatlichen Gewaltanwendung. Die NATO gab den Menschenrechten den Vorrang, was als Beleg dafür angesehen werden muss, welche starke Stellung dieser Rechtskörper heute hat.

12. Allerdings ist das Einschreiten bei Menschenrechtsverletzungen nur die ultimo ratio und außerordentlich aufwendig. Deshalb legt die UNO großen Wert auf Prävention. Es sind eine ganze Reihe von Verfahren entwickelt worden, um die Kooperation der Staaten im Menschenrechtsbereich zu entwickeln und so Rechtsverletzungen zu verhindern oder Schwierigkeiten gemeinsam zu überwinden. Am häufigsten werden diesbezüglich Berichtsverfahren angewendet, d.h. Staaten reichen Selbstdarstellungen über die Umsetzung ihrer Menschenrechtsverpflichtungen ein. Die Informationen werden dann zum Gegenstand einer intensiven Diskussion, an der vor allem Menschenrechtsexperten und NGOs teilnehmen. Da diese Verfahren von jedermann einsehbar sind (www.unhchr.ch) entsteht somit ein großer öffentlicher Druck, der vor allem von der Zivilgesellschaft ausgeht. Hinzu kommt, dass Expertengremien am En-

de der Debatten Evaluierungen vornehmen, die die Staatenberichte und sonstigen Auskünfte der Staaten bewerten, als zufriedenstellend einschätzen oder weitere Informationen einfordern. Auch diese Einschätzungen werden bekannt gemacht und können im Internet nachgelesen werden. Schließlich sind noch die Individualbeschwerdeverfahren zu nennen, die es Einwohnern von über 100 Staaten gestatten, sich nach der Ausschöpfung des innerstaatlichen Rechtsweges an den UN-Menschenrechtsausschuss zu wenden und eine Feststellung anzufordern, ob eine bestimmte staatliche Handlung eine Menschenrechtsverletzung darstellte oder nicht. In ersterem Falle bittet der Ausschuss den Mitgliedsstaat, die Rechtsverletzung einzustellen und dem Opfer Entschädigungen zu gewähren. Zumeist befolgen die Staaten diese Empfehlungen des Ausschusses. Auch dies belegt, dass der staatliche Souveränitätsvorbehalt in Bezug auf die Menschenrechte stark zurückgedrängt wurde.

13. Bislang wurde im Rahmen der OSZE ein Mechanismus entwickelt, der ausschließlich der Frühwarnung und Prävention dient. Es handelt sich um das Amt des Hochkommissars für nationale Minderheiten. Die Aufgabe des Hochkommissars besteht darin, die Minderheitensituation in den Mitgliedsstaaten der OSZE zu beobachten und bei Zuspitzungen den Kontakt zu den Regierungen und Minderheiten zu suchen. In vertraulichen Gesprächen werden die Möglichkeiten erörtert, die Konflikte zu überwinden. Damit wurde der offene Ausbruch von Feindseligkeiten vielfach verhindert, so in der Slowakei, Rumänien und Estland. Diese Erfolge sollten Anlass genug sein, weitere Mechanismen der Prävention zu schaffen.

Literatur

Ipsen, Knut: Völkerrecht, 5. Auflage, München 2004
Nowak, Manfred: Einführung in das internationale Menschenrechtssystem, Wien 2002
Calflisch/Stein/Tomuschat: Eingriff in die inneren Angelegenheiten fremder Staaten zum zwecke des Menschenrechtsschutzes, Heidelberg 2002.
Heintze, Hans-Joachim: Menschenrechte durchsetzen!, Forderungen zum 50. Jahrestag der UN-Menschenrechtserklärung, Policy Paper 10, abrufbar unter: www.sef-bonn.org/download/publikationen/policy_paper/pp_10_en.pdf

Dominik Steiger

Gerechter Frieden, gerechter Krieg? Menschenrechte als Bedingung und Grenze

„[D]ie Herausforderung durch den modernen internationalen Terrorismus rechtfertigt […] keine Wiederbelebung der Lehre vom „gerechten Krieg". Vielmehr bewährt sich gerade in solchen Situationen die Ausrichtung aller friedenspolitischen Überlegungen an der Leitidee des gerechten Friedens." So schreibt die EKD in ihrer Friedensdenkschrift „In Gottes Frieden leben – für gerechten Frieden sorgen".[1] Im Rahmen einer menschenrechtlichen Betrachtungsweise soll im Folgenden untersucht werden, ob die Menschenrechte *für* einen gerechten Frieden sowie *gegen* die Lehre vom gerechten Krieg in Anspruch genommen werden können.

MENSCHENRECHTE UND GERECHTER FRIEDEN

Menschenrechte beruhen auf elementaren Unrechtserfahrungen und sollen den Einzelnen vor dem Staat (sog. *Duty to Respect*) und inzwischen auch mittelbar vor privaten Dritten, wie transnationalen Unternehmen (sog. *Duty to Protect*) schützen.[2] Sie sollen ihm einerseits ein Leben in Freiheit garantieren (sog. Menschenrechte der ersten Generation). Zu diesen Freiheitsrechten gehören so elementare und trotz aller Gefährdungen auch auf innerstaatlicher Ebene zumindest im Westen für selbstverständlich gehaltene Rechte wie die Religions- und Meinungsfreiheit oder das Recht auf Freiheit von Folter. Daneben existieren soziale, kulturelle und wirtschaftliche Rechte, die nicht minder wichtig sind (sog. Menschenrechte der zweiten Generation). Sie garantieren so unterschiedliche Rechte wie das Recht auf ausreichende Ernährung und Bekleidung, das Recht auf Bildung und das auf Gesundheit. Hier wird besonders deutlich, dass neben der *Duty to Respect* und der *Duty to Protect* den Staat auch in Bezug auf *alle* Menschenrechte eine *Duty to Fulfill* trifft: Der Staat ist verpflichtet gewisse Voraussetzungen zu schaffen, damit der Einzelne seine Rechte auch wahrnehmen kann.[3]

Kommt ein Staat nun diesen unterschiedlichen Pflichten nach, wird dann das Ergebnis einer solchen Gesellschaftsordnung als „gerechter Frieden" bezeichnet werden können? Nach der Denkschrift dient der gerechte Friede der „menschlichen Existenzerhaltung und Existenzerfaltung" und muss auf „der Achtung der gleichen menschlichen Würde aufbauen." Dazu gehört v.a. der Schutz vor Demütigung, d.h. dass die „sozialen Bedingungen der Selbstachtung" zu achten seien. Dies erfordert „den Schutz jedes Menschen vor willkürlicher Ungleichbehandlung und Diskriminierung, die Achtung seiner Subjektstellung, die Gewährleistung des materiellen und sozialen Existenzminimums sowie die Ermöglichung des Aufbaus selbstbestimmter Lebensformen, die immer auch die Chance der Teilhabe am gesellschaftlichen Leben eröffnen sollten."[4] Darüber hinaus geht es um die inner- wie zwischenstaatliche Vermeidung von Gewaltanwendung, die Förderung von Freiheit und kultureller Vielfalt sowie den Abbau von Not.[5]

Eben dies entspricht dem Inhalt der Menschenrechte: Die Menschenrechte der ersten und zweiten Generation fördern die Freiheit und sichern die menschliche Würde des Einzelnen. Sie stellen nicht nur subjektive Rechte dar (dazu sogleich), sondern bilden eine objektive Ordnung.[6] Sie verlangen gesellschaftliche Partizipation ebenso wie die Verringerung von Not. Dass im Einzelnen immer darüber gestritten wird (und gestritten werden muss), wie weit sich Einzelforderungen aus einem jeweiligen Recht ergeben, steht dem Ergebnis, dass die Verwirklichung der Menschenrechte hinreichende und nicht lediglich notwendige Bedingung eines gerechten Friedens ist, nicht entgegen. Zwar sind die Antworten auf so unterschiedliche Fragen wie: Verlangt das Recht auf Ernährung alleine die Zurverfügungstellung der notwendigen Mittel, um Nahrung zu erlangen oder lässt sich daraus das Recht auf eine Mindestversorgung ableiten? Bedeutet Religionsfreiheit nicht nur die Freiheit *zu* Religion sondern auch die Freiheit *von* ihr? Verlangt das Recht auf Bildung, dass alle Menschen lesen und schreiben lernen können oder muss es darüber hinaus auch eine staatliche Förderung weiterführender Schulen geben? Im Einzelnen ungeklärt, doch beantwortet sie auch das Konzept des gerechten Friedens nicht aus sich selbst heraus. Hier ist noch viel Detailarbeit zu leisten – für den Menschenrechtler ebenso wie für den (gerechten) Friedensforscher. Beide Gebiete sind nicht getrennt, sondern verbunden und müssen sich gegenseitig befruchten und voneinander lernen.

Dominik Steiger

MENSCHENRECHTE UND DIE LEHRE VOM GERECHTEN KRIEG

Menschenrechte bedingen den gerechten Frieden. Inwiefern begrenzen sie aber die Lehre vom gerechten Krieg? Nach einer kurzen Betrachtung des Gewaltverbots und des Wiederaufflammens der Diskussion um die Lehre vom gerechten Krieg soll dieser Frage nachgegangen werden.

1. Gewaltverbot und Menschenrechte: Epochenwandel des Völkerrechts

Das Völkerrecht hat 1945 einen Epochenwandel durchgemacht: von einer Rechtsordnung, die die zwischenstaatliche Gewaltanwendung für legal betrachtete und Menschen nur als durch den Staat mediatisierte Objekte, wandelte sie sich zu einer Rechtsordnung, die Gewaltanwendung illegalisierte und dem Einzelnen eine Subjektstellung zuerkannte, aus der neben eigenen Pflichten auch eigene Rechte des Einzelnen gegen die Staaten folgt.[7] Beides ist eng miteinander verwoben, auch wenn es jeweils für sich steht. Darüber hinaus gehört das Gewaltverbot ebenso wie elementare Menschenrechte, z.B. das Folterverbot und das Recht auf Leben, zum Ius cogens, d.h. zum zwingenden und nicht abdingbaren Recht. Diese Normen nehmen damit einen besonderen Status im Völkerrecht ein.[8]

Das System der kollektiven Sicherheit, mit dessen Hilfe das Gewaltverbot effektiv wird, sieht zwei Ausnahmen vom Gewaltverbot vor: Zum einen darf ein Staat sich gegen einen Aggressorstaat verteidigen (und dazu auch befreundete Staaten um Hilfe bitten), zum anderen darf der Sicherheitsrat selbst Gewalt anwenden oder dritte Staaten zu dieser ermächtigen, wenn eine Bedrohung, ein Bruch des Friedens oder eine Angriffshandlung vorliegt (Kapitel VII Satzung der Vereinten Nationen[9]). Beide Ausnahmen dienen letztlich der Aufrechterhaltung des Gewaltverbots, da sie gleichzeitig einen eng begrenzten Sanktionsmechanismus auf einen vorangegangenen Rechtsbruchund eine Durchbrechung des Gewaltverbots darstellen.

2. Lehre vom gerechten Krieg und Menschenrechte

Ebenso stellt die von Cicero im ersten Jahrhundert vor Christus begründete und durch den Irak-Krieg und die mangelnde Bereitschaft des UN-Sicherheitsrates, die

USA und ihre Verbündeten zu einem Militärschlag gegen den Irak im Rahmen des sog. Kriegs gegen den Terror[10] zu ermächtigen wieder erstarkte Lehre[11] vom gerechten Krieg eine Durchbrechung des Gewaltverbots dar. Nach Augustinus und Thomas von Aquin liegt dann ein gerechter Krieg vor, wenn er von einem Berechtigten (auctoritas principis) mit der rechten Absicht (recta intentio) und einem gerechten (oder rechtmäßigen) Grund (iusta causa) geführt wird.[12] Diese Begriffe sind so offen formuliert, dass sie der Auslegung bedürfen. Heutzutage wird als gerechter Grund neben der Wahrung der Menschenrechte ebenso die Demokratisierung von Staaten genannt. Ebenso ließe sich daran denken, die Mission Andersgläubiger unter ihn fallen zu lassen. Dem Missbrauch wird schon alleine dadurch Tür und Tor geöffnet. Was einst als Einschränkung des absoluten Rechts eines Fürsten auf Kriegsführung gedacht war, führt heute – selbst bei enger Auslegung der Begriffe – zu dem gegenteiligen Ergebnis: das inzwischen abgeschaffte Recht auf Kriegsführung wird neu erschaffen, unterhöhlt das Gewaltverbot und stellt damit einen Verstoß gegen selbiges dar. Schon alleine deshalb steht die Lehre vom gerechten Krieg außerhalb des heute gültigen Völkerrechts. Im Folgenden soll interessieren, ob darüber hinaus auch menschenrechtliche Erwägungen zu einer Ablehnung der Lehre vom gerechten Krieg führen müssen.[13]

Um dies beurteilen zu können, sollen sowohl das Ius in bello – dies betrifft die Frage der Rechtmäßigkeit des „wie" eines Krieges – sowie das Ius ad bellum – hier geht es um die Rechtmäßigkeit des „ob" eines Krieges – beleuchtet werden. Ob Menschenrechte im Krieg gelten, beschäftigt die Völkerrechtswissenschaft seit geraumer Zeit. Die in dieser Diskussion gefundenen völkerrechtlichen Antworten lassen Rückschlüsse zu auf das Verhältnis zwischen Menschenrechten und Ius ad bellum.

2.1 Ius in bello

Grundsätzlich gilt in Kriegen das humanitäre Völkerrecht. Zentraler Bestandteil dieses Rechts sind die Genfer Konventionen von 1948.[14] Zunächst soll untersucht werden, ob daneben auch die Menschenrechte Anwendung finden können, und – sollte dies bejaht werden können – wie das Verhältnis der beiden Rechtsregime zueinander konkret ausgestaltet ist.[15]

Parallele Anwendbarkeit?

Ursprünglich wurden Kriegszustände alleine vom Kriegsvölkerrecht geregelt. Erst mit der Rückkehr zum Frieden fanden die Normen des Friedensvölkerrechts wieder Anwendung. Dieser Zustand kann mit der Entstehung der Satzung der Vereinten Nationen als überwunden bezeichnet werden, denn diese enthält Normen, die sowohl Kriegs- als auch Friedenszeiten betreffen.[16] Allerdings sind gewisse Normen des Friedensvölkerrechts im Kriegsfall ipso facto suspendiert oder gar annulliert.[17]

Die Menschenrechte zählen aber nicht zu diesen Normen. Menschenrechtsverträge sehen keine Suspendierungsmöglichkeit im Kriegsfall vor. Jedoch enthalten sie alle die Möglichkeit der Derogation einzelner Normen im Fall des öffentlichen Notstands durch einen Vertragsstaat.[18] Dabei erwähnen die UN-Antifolterkonvention, die Europäische Menschenrechtskonvention und auch die Interamerikanische Menschenrechtskonvention den Krieg als eine Situation, in der die Derogation möglich ist. Der Zivilpakt bezieht sich mittelbar auf Krieg, er spricht in Art. 4 von "public emergency which threatens the life of the nation."[19] Durch diese (ausdrückliche) Bezugnahme auf den Kriegsfall wird deutlich, dass die Menschenrechtsverträge auch im Kriegsfall weitergelten sollen. Bestritten wird dies u.a. von den USA, die eine Anwendbarkeit in Kriegszeiten ablehnen[20] und diese Ansicht im Falle Guantánamo Bay erst wieder bestätigt haben.[21] Allerdings geht der UN-Sicherheitsrat davon aus, dass Menschenrechte im Falle eines bewaffneten Konflikts weitergelten.[22] Die parallele Anwendbarkeit wird auch vom Internationalen Gerichtshof in seinem Nuklearwaffengutachten[23] und im Mauergutachten[24] ausdrücklich bestätigt. Sollte etwas anderes gelten, hätten keine Regelungen getroffen werden müssen, die den öffentlichen Notstand betreffen. Auch die Völkerrechtskommission in Art. 6 bis ihres Entwurfs zu den "Effects of Armed Conflicts on Treaties" stellt explizit fest, dass Menschenrechtsverträge im Kriegsfall Anwendung finden.[25]

Menschenrechte gelten also auch im Krieg, d.h. in bewaffneten Konflikten. Außerdem gelten sie nicht nur auf dem eigenen Territorium, sondern auch auf fremdem Territorium, d.h. auch dann, wenn der Vertragsstaat in einem fremden Land Krieg führt.[26] Wie sie aber genau gelten, ob vollumfänglich oder eingeschränkt, ist dadurch noch nicht beantwortet.

Ausgestaltung des Verhältnisses zwischen humanitärem Völkerrecht und Menschenrechten

Sowohl das humanitäre Völkerrecht als auch die Menschenrechte dienen dem Menschen. Das humanitäre Völkerrecht soll (auch) die Schrecken und Leiden des Krieges mildern, die Menschenrechte sollen primär den Menschen vor staatlichen Übergriffen schützen. Es geht also jeweils um den Schutz des Einzelnen vor einer großen und starken Macht:

> "The essence of the whole corpus of international humanitarian law as well as human rights law lies in the protection of the human dignity of every person [...]. The general principle of respect for human dignity is [...] the very *raison d'être* of international humanitarian law and human rights law; indeed in modern times it has become of such paramount importance as to permeate the whole body of international law. This principle is intended to shield human beings from outrages upon their personal dignity, whether such outrages are carried out by unlawfully attacking the body or by humiliating and debasing the honour, the self-respect or the mental well being of a person."[27]

So benutzt die Wiener Vertragsrechtskonvention, die immerhin von 108 Staaten ratifiziert wurde,[28] den Begriff der „Verträge humanitärer Art" (Art. 60 Abs. 5) sowohl für Menschenrechte als auch für humanitäres Völkerrecht.[29] Auch Resolutionen der Generalversammlung, z.B. Res. 2444 (XXIII) vom 19. Dezember 1968, Res. 2677 (XXV) vom 9. Dezember 1970 oder Res. 3318 (XXIX) vom 14. Dezember 1974, belegen, dass das humanitäre Völkerrecht u.a. der Einhaltung der Menschenrechte in bewaffneten Konflikten dient.[30] Der Internationale Gerichtshof hat unter Verweis auf seine Korfu-Kanal Entscheidung aus dem Jahre 1949 festgehalten, dass viele Regeln des humanitären Völkerrechts

> "are so fundamental to the respect of the human person and elementary considerations of humanity."[31]

Da beide Rechtsregime im Gedanken der Humanität wurzeln, gibt es dementsprechend Bestrebungen, die Rechtsregime als eines zu betrachten.[32] Dem ist zwar zuzugeben, dass die inhaltliche Übereinstimmung groß ist, die Unterschiede der beiden Regime dennoch frappierend sind: So differieren die Anwendungsvoraussetzungen und auch die Durchsetzungsmechanismen sind ganz andere.[33] Dagegen spricht auch und vor allem, dass das Prinzip der militärischen Notwendigkeit ein wichtiger Pfeiler des humanitären Völkerrechts ist. Es hat z.B. zur Folge, dass die Tötung von Zivilisten zulässig sein kann. Ein solches Prinzip dient der Kriegsführung, nicht dem Menschen. Im Recht des Krieges ist ein solches Prinzip wichtig, es hat aber in einem Menschenrechtsregime nichts zu suchen. Besser scheint daher die Theorie der Komplementarität zu sein.[34] Diese besagt, dass beide Rechtsregime sich ergänzen.

Der Internationale Gerichtshof sieht – ebenso wie die Völkerrechtskommission[35] – dementsprechend das humanitäre Völkerrecht richtigerweise als Lex specialis in Bezug auf die Menschenrechte an.[36] Darin kommt zum Ausdruck, dass die Menschenrechte als Lex generalis allgemeine Geltung beanspruchen. Sie gelten auch in Kriegszeiten. Bloß hier werden sie von den kriegsrechtlichen Regeln modifiziert. Sehr deutlich macht das der Internationale Gerichtshof am Recht auf Leben fest. Das menschenrechtliche Tötungsverbot gilt auch im Krieg. Allerdings erfährt der auslegungsbedürftige Begriff der „willkürlichen" Tötung des notstandsfesten Art. 6 IPbpR seine nähere Bestimmung erst durch das humanitäre Völkerrecht. Andere „Einfallstore" können z.b. der Begriff der Rechtmäßigkeit sein oder auch das Verhältnismäßigkeitsprinzip. Hierbei muss es aber nicht immer um eine Einschränkung der menschenrechtlichen Norm gehen. Viele kriegsvölkerrechtliche Normen sind viel differenzierter und genauer. So ist zwar das Verschwindenlassen einer Person eine Menschenrechtsverletzung,[37] es gibt aber im Gegensatz zum humanitären Völkerrecht kein ausdrückliches Verbot. Welche Verhaltenspflichten des Staates aus einem solchen Verbot folgen, lässt die menschenrechtliche Norm – mangels ausdrücklicher Kodifizierung – offen. Das humanitäre Völkerrecht ist hier genauer und legt den Staaten mehrere Pflichten auf, u.a. Informationspflichten gegenüber den Angehörigen, die Pflicht nach Verschwundenen zu suchen, etc.[38] Aber selbst wenn das humanitäre Völkerrecht mangels Vorliegen eines bewaffneten Konflikts keine Anwendung finden kann, lässt sich es sich zur Auslegung der menschenrechtlichen Normen unter Berücksichtigung seines spezifischen Anwendungsbereichs heranziehen.[39] Dies liegt daran, dass beide einen "common nucleus of non-derogable rights and a common purpose of protecting human life and dignity"[40] teilen. Gleichzeitig hat es zur Folge, dass die Jurisdiktionsorgane der Menschenrechtsverträge über humanitäres Völkerrecht judizieren können.[41]

Allerdings hat diese Sichtweise auch zur Folge, dass manche menschenrechtlichen Regelungen im Kriegsfalle keine Anwendung finden können. So existiert das

Recht auf Habeas corpus im humanitären Völkerrecht nicht. Wird eine Person im Kriegsfall gefangengenommen, so ist sie auch nicht in Haft, sondern interniert (Zivilpersonen) oder in Kriegsgefangenschaft genommen (Kombattanten). Dies dient nicht der Bestrafung, sondern um Gefahr von der internierenden Partei abzuwenden. Das Recht auf Habeas corpus fehlt also absichtsvoll.[42] Damit bleibt kein Raum für die menschenrechtliche Regelung.

Das Ausgeführte gilt für das humanitäre Völkerrecht in internationalen bewaffneten Konflikten. Das Recht der nicht-internationalen bewaffneten Konflikte erlaubt keine Schädigungshandlungen, sondern enthält ausschließlich Pflichten der kriegführenden Parteien. Die Menschenrechte sind hier also ohne Einschränkungsmöglichkeiten anwendbar.[43]

Dies gilt unabhängig davon, wie ein Krieg benannt wird, welchen Grund es für diesen Krieg gibt und welches Ziel durch den Krieg verfolgt wird. Damit müssen auch in einem – aufgrund des Gewaltverbots illegalem „gerechtem Krieg" – die Menschenrechte beachtet werden.

2.2 Ius ad bellum

Die Frage, ob Menschenrechte auch das Ius ad bellum beschränken, stellt sich in der Völkerrechtswissenschaft schon deshalb nicht, weil das Gewaltverbot diese Aufgabe übernommen hat und somit ein spezielles Verbot besteht: Es bedarf des „Ausweichens" auf die Menschenrechte nicht. Da es aber immer wieder zu Angriffen auf das Gewaltverbot kommt, soll hier überlegt werden, ob die Menschenrechte das Ius ad bellum begrenzen und so das Gewaltverbot verstärken können.

Dafür könnte sprechen, dass im Kriegsfall die faktische Wirksamkeit – wie gerade gesehen nicht jedoch die rechtliche Geltung – von Menschenrechten in besonderem Maße eingeschränkt ist: im Ausnahmezustand gelten andere Maßstäbe als im Normalzustand. So wird z.B. das Recht auf freie Meinungs- und Versammlungsfreiheit im Krieg meist eingeschränkt. Viel schwerer wiegt aber, dass Gewalt gegen – ebenfalls aufgrund ihres Menschseins mit Menschenrechten ausgestattet – Soldaten und zwangsläufig auch gegen Zivilisten ausgeübt wird. Dies geschieht in Form sog. Kollateralschäden, aber auch durch Gräueltaten. Vor beidem sind selbst hochmoderne demokratische Armeen nicht gefeit. Dies zeigt einerseits z.B. der Angriff auf die chinesische Botschaft im Luftkrieg gegen Serbien und andererseits Massaker wie das von My Lai im Vietnam-Krieg oder auch die Folterbilder von Abu Ghraib im Irakkrieg. Die Gründe für solche Gräueltaten sind vielfältig – so lässt sich das Verschieben moralischer Maßstäbe ebenso nennen wie Stress, der durch Todesangst auf Seiten des handelnden Soldaten hervorgerufen wird – sie sind aber leider unvermeidbar. Sie sind Bestandteil eines jeden Krieges.[44] Von daher scheinen die Menschenrechte den Krieg grundsätzlich zu verbieten: Krieg ist immer die schlimmste Menschenrechtsverletzung.

Ein Kriegsverbot kann aber nicht für die ausdrücklich erlaubten Ausnahmefälle gelten. Da sich deren Zulässigkeit aus der Satzung der Vereinten Nationen ergibt und diese gem. Art. 103 Satzung der Vereinten Nationen allen anderen Verträgen vorgeht, können die Menschenrechte die Ausnahmen nicht beschränken. Weitergehende Ausnahmen – wie die „Lehre vom gerechten Krieg" – hingegen würden den Menschenrechten konträr laufen und daher einen Verstoß darstellen.[45] Gegen ein solches Ergebnis sprechen auch nicht die Notstandsklauseln der jeweiligen Menschenrechtsverträge, die die Derogation mancher Menschenrechte im Kriegsfall erlauben: Ebenso wie das Ius in bello nicht die Kriegsführung als solche rechtmäßig macht, ergibt sich aus der Existenz einer Derogationsklausel nur, dass die Menschenrechte im Kriegsfall in – ggf. modifizierter Form – zu beachten sind, nicht aber, dass Kriege rechtmäßig sind.

Im Ergebnis sprechen die Menschenrechte gegen die Ausweitung von Ausnahmen gegen das Gewaltverbot. Da die Lehre vom gerechten Krieg eine solche Ausnahme darstellt, führt sie nicht nur zu einem Verstoß gegen das Gewaltverbot sondern auch gegen die Menschenrechte. Sie kommt aus einer Zeit, die das Ius ad bellum als Recht des Souveräns kannte. Heute ist der Souverän beschränkt, es existiert kein Recht auf Krieg, sondern nur ein solches auf Selbstverteidigung. Das Gewaltverbot ist neben den Menschenrechten der zentrale Pfeiler des modernen Völkerrechts. Gewaltverbot wie Menschenrechte lassen keinen Raum für die Lehre vom gerechten Krieg.

Im Ergebnis ergibt sich folgendes Bild: die Verwirklichung der Menschenrechte begründet den gerechten Frieden. Außerdem begrenzen die Menschenrechte die Ausweitung der Ausnahmen vom Gewaltverbot und stehen damit der Lehre vom gerechten Krieg entgegen.

Dominik Steiger

Anmerkungen

1 EKD, In Gottes Frieden leben – für gerechten Frieden sorgen, 2007, S. 9.
2 S. dazu allgemein Eckart Klein (Hrsg.), The Duty to Protect and to Ensure Human Rights, 2000.
3 S. dazu Manfred Nowak, Introduction to the International Human Rights Regime, 2003, S. 48 ff.
4 EKD, Anm. 1, Rn. 79.
5 EKD, Anm. 1, Rn. 80.
6 Anne Peters, Einführung in die Europäische Menschenrechtskonvention: mit rechtsvergleichenden Bezügen zum deutschen Grundgesetz, 2003, S. 12, 15 f.
7 Zu der Entwicklung des Gewaltverbots s. Karl Doehring, Völkerrecht, 2. Aufl 2004, S. 245 ff.; zu der Entwicklung der Menschenrechte s. Kay Hailbronner, Der Staat und der Einzelne als Völkerrechtssubjekt, in: Wolfgang Graf Vitzthum, Vitzthum, 4. Aufl., 3. Abschnitt, S. 157. 264, Rn. 217 ff. und überblicksartig Hans-Joachim Heintze, Beitrag zum Workshop I „Menschenrecht und Völkerrecht – Normenbildung im Umbruch", in diesem Band S. 83 ff.
8 Die Rechtsfolgen eines Verstoßes gegen eine Ius-cogens-Norm sind im Einzelnen – bis auf eine Ausnahme – allerdings umstritten, s. Eckart Klein, Menschenrechte und Ius Cogens, in: Jürgen Bröhmer et al. (Hrsg.), Internationale Gemeinschaft und Menschenrechte, Festschrift für Georg Ress, 2005, S. 151-163.
9 Charter of the United Nations, vom 26. Juni 1945, 15 UNTS 335, BGBl. 1973 II S. 143, von 192 Staaten ratifiziert.
10 S. dazu Dominik Steiger, „Krieg" gegen den Terror? Über die Anwendbarkeit des Kriegsvölkerrechts auf den Kampf gegen den Terrorismus, in: Humboldt Forum Recht, erscheint 2009, abrufbar unter: www.humboldt-forum-recht.de
11 S. dazu Jan-Andreas Schulze, Der Irak-Krieg 2003 im Lichte der Wiederkehr des gerechten Krieges, 2005.
12 Ulrike Kleemeier, Grundfragen einer philosophischen Theorie des Krieges, 2002, S. 30; Schulze, Anm. 11; S. 17 f.
13 Dass sich dies nicht aus dem Gewaltverbot unmittelbar übertragen lässt, liegt daran, dass nicht immer ein Gleichklang zwischen Gewaltverbot und Menschenrechte herrscht. Obwohl Menschenrechte und Gewaltverbot so eng miteinander verwoben sind, können sie kurzfristig in einen scharfen Gegensatz zueinander treten: deutlich wird das am Beispiel der humanitären Intervention, also dem Einsatz militärischer Mittel in einem fremden Land zum Schutz vor massiven Menschenrechtsverletzungen. S. dazu Malte Wellhausen, Humanitäre Intervention: Probleme der Anerkennung des Rechtsinstituts unter besonderer Berücksichtigung des Kosovo-Konflikts, 2002; Michael Bothe, Idee und Funktionalität ei-

nes Argumentationstopos: historische und aktuelle Hintergründe der „humanitären Intervention", in: Thomas Bruha/Sebastian Heselhaus/Thilo Marauhn, Legalität, Legitimität und Moral. Können Gerechtigkeitspostulate Kriege rechtfertigen?, 2009, S. 149-156.

14 I. Abkommen zur Verbesserung des Loses der Verwundeten und Kranken der Heere im Felde, 75 UNTS 31, BGBl. 1954 II S. 783; II. Abkommen zur Verbesserung des Loses der Verwundeten, Kranken und Schiffbrüchigen der Streitkräfte zur See, 75 UNTS 85, BGBl. 1954 II S. 813; III. Abkommen über die Behandlung von Kriegsgefangenen, 75 UNTS 135, BGBl. 1954 II S. 838; IV. Abkommen zum Schutz von Zivilpersonen in Kriegszeiten, 75 UNTS 287, BGBl. 1954 II S. 917, ber. 1956 II S. 1586, alle vom 12. August 1949 und von jeweils 194 Staaten ratifiziert (Stand: 10. Januar 2009).

15 Umfassend zu dem Verhältnis der beiden Rechtsgebiete, Bernhard Schäfer, Zum Verhältnis Menschenrechte und humanitäres Völkerrecht, 2006.

16 Hans-Joachim Heintze, Konsequenzen der Konvergenz von Menschenrechtsschutz und humanitärem Völkerrecht, in: Horst Fischer et al. (Hrsg.), Krisensicherung und Humanitärer Schutz – Crisis Management and Humanitarian Protection. Festschrift für Dieter Fleck, 2004, S. 243-265, 243.

17 Jost Delbrück, War, Effect on Treaties, in: Rudolf Bernhardt (Hrsg.), Encyclopedia of Public International Law, Bd. IV, 2000, S. 1367-1373, 1370 f.

18 Art. 4 des Internationalen Pakts über bürgerliche und politische Rechte, vom 16. Dezember 1966, in Kraft getreten am 23. März 1976, 999 UNTS 171; BGBl. 1973 II S. 1534 von 164 Staaten ratifiziert; Art. 2 Abs. 2 des Übereinkommens gegen Folter und andere grausame, unmenschliche oder erniedrigende Behandlung oder Strafe (UN-Antifolterkonvention), vom 10. Dezember 1984, in Kraft getreten am 26. Juni 1987, BGBl. 1990 II S. 246, 1465 UNTS 85; von 146 Staaten ratifiziert, Art. 15 der Europäischen Konvention zum Schutze der Menschenrechte und Grundfreiheiten (Europäische Menschenrechtskonvention) vom 4. November 1950, ETS Nr. 5, in der zuletzt durch Protokoll Nr. 11 geänderten Fassung; Neufassung: BGBl. 2002 II S 1055, die heute 46 Konventionsstaaten – nämlich alle Europaratsmitglieder bis auf das kürzlich beigetretene Montenegro, das aber schon unterschrieben hat – zählt; Art. 27 der Interamerikanischen Menschenrechtskonvention (AMRK); vom 22. November 1969, in Kraft getreten am 18. Juli 1978, von 25 Staaten ratifiziert (alle Ratifikationsstände vom 8. Januar 2009)

19 Der Einwand, dass zumindest der Zivilpakt nicht von Krieg, sondern „nur" von öffentlichem Notstand spreche und deshalb die Derogationsmöglichkeiten sich nur auf Situationen unterhalb der Kriegsschwelle beziehen, kann nicht verfangen. Denn der Grund für die Nichtaufnahme des Wortes „Krieg" in den Art. 4 IPbpR war, dass nicht der Eindruck entstehen sollte, dass die Vereinten Nationen Krieg akzeptierten. Annotations on the text of the draft International Covenants on Human Rights, vorbereitet vom UN-Generalsekretär, UN-Dok. A/2929, S. 23, Nr. 39; Manfred Nowak, CCPR Commentary, 2. Aufl. 2005, Art. 4, Rn. 12.

20 AKMR, Coard et al. ./. United States (10.951), Entscheidung v. 29. September 1999, Report No. 109/99, OAS-Dok. OEA/Ser.L/V/II.106 doc rev. (1999), Nr. 38, in bezug auf das interamerikanische Menschenrechtssystem.
21 U.S. Department of Defense, Working Group Report on Detainee Interrogations in the Global War on Terrorism: Assessment of Legal, Historical, Policy and Operational Considerations, 6. März 2003, S. 6, abrufbar unter: www.cdi.org/news/law/pentagon-torture-memo.pdf (10. Februar 2007). Es wird ausgeführt, dass "[t]he United States has maintained consistently that the Covenant does not apply [...] to operations of the military during an international armed conflict." Unverständlicherweise – da inkonsistent – gehen die USA aber gleichzeitig von der Anwendbarkeit der UN-Antifolterkonvention in Kriegszeiten aus.
22 Vgl. nur die SR-Resolutionen 1265 vom 17. September 1999 und 1296 vom 19. April 2000. Die USA sind dort mit einem Veto-Recht ausgestattet, haben davon in diesem Fall keinen Gebrauch gemacht.
23 IGH, Gutachten v. 8. Juli 1996, ICJ Rep. 1996, Nr. 25.
24 IGH, Gutachten v. 9. Juli 2004, ICJ Rep. 2004, Nr. 106.
25 ILC-Bericht an die Generalversammlung 2007, UN Doc. A/62/10, S. 165.
26 IGH, Mauergutachten (Anm. 24); Nr. 107-113; vgl. dazu auch Dominik Steiger, Die CIA, die Menschenrechte und der Fall Khaled el-Masri, 2007, S. 110 ff.; Schäfer, Anm. 15.
27 ICTY, Prosecutor ./. Furundzija (IT-95-17/1), Urteil v. 10. Dezember 1998, Nr. 183.
28 Wiener Übereinkommen über das Recht der Verträge, vom 23. Mai 1969, in Kraft getreten am 27. Januar 1980, 1155 UNTS 331, BGBl. 1987 II S. 757.
29 Karl Josef Partsch, Human Rights and Humanitarian Law, S. 910-912, in: Rudolf Bernhardt (Hrsg.), Encyclopedia of Public International Law, Bd. II, 1995, S. 910-912, 911.
30 Stefanie Schmahl, Der Menschenrechtsschutz in Friedenszeiten im Vergleich zum Menschenrechtsschutz im Krieg, in: Jana Hasse et al. (Hrsg.), Humanitäres Völkerrecht, 2001, S. 41-77, 71 m.w.N.
31 IGH, Nuklearwaffengutachten (Anm. 23), Nr. 79, unter Verweis auf IGH, Urteil v. 15. Dezember 1949, ICJ Rep. 1949, S. 4, 22 (Korfu Kanal).
32 Es gibt auch Versuche, aus beiden Rechtsgebieten einen Minimalstandard zu extrahieren, vgl. die von Experten verfasste sog. Turku Deklaration oder Declaration of Minimum Humanitarian Standards aus dem Jahre 1990, eine überarbeitete Version erschienen in 89 American Journal of International Law 1995, S. 218-223.
33 Darauf verweist auch Eckart Klein, Der Schutz der Menschenrechte in bewaffneten Konflikten, in: MenschenRechtsMagazin 2004, S. 5-17, 15.
34 Ebenso Schäfer, Anm. 15, S. 42.
35 ILC, Bericht an die Generalversammlung 2007, UN Doc. A/62/10, Anm. 25, S. 165 f.
36 IGH, Mauergutachten, Anm. 24, Nr. 106; IGH, Nuklearwaffengutachten, Anm. 23, Nr. 25.

37 S. inzwischen auch den Vertragsentwurf der Vereinten Nationen über eine International Convention of All Persons From Enforced Disappareance, UN-Dok. E/CN.4/2006/57, S. 30ff.
38 Genauer zu den Konkurrenzen, aber auch zur gegenseitigen Ergänzung der Normen Schäfer, Anm. 15, S. 46 ff.
39 So hat der EGMR in Ergi ./. Türkei (23818/94), Urteil v. 28. Juli 1998, RJD 1998-IV, Nr. 79, davon gesprochen, dass Art. 2 EMRK [Recht auf Leben] auch verletzt sein kann, „where they fail to take all feasible precautions in the choice of means and methods of a security operation mounted against an opposing group with a view to avoiding and, in any event, to minimising, incidental loss of civilian life." Dies ist – ohne explizite Nennung – ein Rückgriff auf den Verhältnismäßigkeitsgrundsatz des humanitären Völkerrechts, Hans-Joachim Heintze, Europäischer Menschenrechtsgerichtshof und Durchsetzung der Menschenrechtsstandards des humanitären Völkerrechts, in: Zeitschrift für Rechtspolitik 2000, S. 506-511, 509.
40 AKMR, Abella ./. Argentinien (11.137), Entscheidung v. 18. November 1997, Report No. 55/97, OAS-Dok. OEA/Ser.L/V/II.98, doc 7 rev. (1998), Nr. 158.
41 Ausdrücklich AKMR, Report on Terrorism and Human Rights, vom 22. Oktober 2002, OAS-Dok. OEA/Ser.L/V/II.116 Doc. 5 rev. 1 corr. (2002), Nr. 62. Relevant wurde das zuletzt im Rahmen der Adoption of Precautionary Measures on Guantanamo Bay, Cuba, vom 13. März 2002, z.T. abgedruckt in: 96 AJIL 2002, S. 730 f.; 23 HRLJ 2002, S. 15 f.; S. dazu Brian D. Tittemore, Guantanamo Bay and the Precautionary Measures of the Inter-American Commission on Human Rights: A Case for International Oversight in the Struggle Against Terrorism, in: 6 Human Rights Law Review 2006, S. 378-402. Vgl. auch MRA, General Comment Nr. 29: States of Emergency (Article 4), UN-Dok. CCPR/C/21/Rev.1/Add.11 (2001), Nr. 10.
42 Bernhard Schäfer, „Guantánamo Bay" – Status der Gefangenen und habeas corpus, 2003, S. 36 ff.
43 Partsch, Anm. 29, S. 911 f.
44 Jonathan Littell spricht in seinem Roman Die Wohlgesinnten, 2007, S. 30, davon, dass „[d]ie nach dem Krieg vollkommen willkürlich eingeführte Unterscheidung zwischen den ,militärischen Operationen' einerseits, die denen jeder anderen kriegerischen Auseinandersetzung widersprachen, und andererseits den ,Gräueltaten', die von einer Minderheit sadistischer und kranker Täter verübt wurden [...] ein tröstliches Fantasiegebilde der Sieger" sei.
45 Das bezieht sich auch auf die vielfach diskutierte, auf dem Schutz der Menschenrechte gründende und doch meist für illegal erachtete sog. humanitäre Intervention. S. dazu die Angaben in Anm. 13.

Workshop II

Militärische Intervention *und* Schutzverpflichtung – Sicherheitskonzepte auf dem Prüfstand

Eva Senghaas-Knobloch

Drei Anmerkungen zur Position der Friedensdenkschrift des Rates der EKD

I. **Die neue Denkschrift „Aus Gottes Frieden leben – für gerechten Frieden sorgen" ist keine Denkschrift zur Sicherheitspolitik, sondern eine Denkschrift zur Friedenspolitik. Allerdings haben ihre Ausführungen auch Implikationen für die Bewertung von Sicherheitspolitik.**

Die Denkschrift des Rats der EKD „ Aus Gottes Frieden leben – für gerechten Frieden sorgen", die im Oktober 2007 veröffentlicht wurde, begreift *Frieden* nicht als Zustand und nicht nur als Abwesenheit von Gewalt, sondern stützt sich auf ein prozessuales mehrdimensionales Friedenskonzept unter der Zielperspektive eines *Zusammenlebens in Gerechtigkeit*, das auf der *Menschenwürde* basiert. Dem Konzept des gerechten Friedens zufolge sind „friedensfördernde Prozesse dadurch charakterisiert, dass sie in innerstaatlicher wie in zwischenstaatlicher Hinsicht auf die Vermeidung von Gewaltanwendung, die Förderung von Freiheit und kultureller Vielfalt sowie auf den Abbau von Not gerichtet sind." (Friedens-Denkschrift 2007, Ziffer 80)

In der globalisierten Welt mit ihren asymmetrischen Interdependenzen ist es unabdingbar geworden, inner- und zwischenstaatliche unausweichliche Konflikte kooperativ und mit zivilen Mitteln konstruktiv bearbeiten zu können. Zu den politischen Bedingungen eines gerechten Friedens gehört die *Stärkung von Rechtsinstitutionen*. In der Zielperspektive gerechten Friedens in der globalisierten Welt geht es dementsprechend um Konsolidierung und Ausbau der internationalen Rechtsordnung entsprechend der UN-Architektur mit Blick auf die genannten vier Komponenten:

- durch den Ausbau eines wirksamen Systems kollektiver Friedenssicherung zum Schutz vor Gewalt,

- durch die Achtung der Menschenrechte zur Förderung der Freiheit,
- durch kohärente internationale (Entwicklungs-)Politik zum Abbau von Not
- und durch die institutionalisierte Anerkennung kultureller Vielfalt.

Die Denkschrift basiert also auf einem konfigurativen Friedenskonzept; in ihm stehen die Komponenten in wechselseitiger Beziehung zueinander. Gewalt fällt nicht vom Himmel; gewaltträchtige Situationen und Krisen haben oft einen langen Vorlauf, einschließlich der verpassten Chancen, verletzte Rechte und Bedürfnisse zu beachten, Konflikte wahrzunehmen und gewaltfrei oder gewaltmindernd zu bearbeiten. Die Denkschrift geht insbesondere auf die Notwendigkeit ein, *langfristige Prozesse* in den Blick zu nehmen.

II. Gemäß dem konfigurativen Friedensbegriff muss staatliche Sicherheitspolitik vom Konzept der Menschlichen Sicherheit her gedacht werden. Menschliche Sicherheit setzt an der Würde und Integrität der einzelnen Menschen an.

Das Konzept der Menschlichen Sicherheit ist vom Entwicklungsprogramm der Vereinten Nationen (UNDP) im Zusammenhang mit dem Begriff der Menschlichen Entwicklung in die Debatte gebracht worden: Maßstab für staatliche Politik ist gemäß beiden Konzepten das Wohlergehen der einzelnen Menschen. Dieser Fokus basiert auf der Idee, dass es zu den Aufgaben der Staaten und der internationalen Gemeinschaft gehört, die einzelnen Menschen sowohl vor Gewalt als auch vor Not zu schützen. Damit gewinnt die staatliche Souveränität eine neue Bedeutung, nämlich *Verantwortung*: Staat soll für die Menschen da sein, nicht umgekehrt. Staatlichkeit ist ein kollektives Instrument zum Schutz menschlichen Lebens und zur Förderung menschlicher Wohlfahrt. Staaten können zur Verantwortung gezogen werden: sie werden *rechenschaftspflichtig*. Die Friedensdenkschrift nimmt sich dieses Gedankens an.

Auch die Bedeutung von *Schutzverantwortung* wird ähnlich dem Dokument „The Responsibility to Protect" der auf kanadische Initiative im Jahr 2000 eingerichteten International Commission on Intervention and State Sovereignty als *Verpflichtung* der *einzelnen Staaten* begriffen, Gewalt auf ihrem Territorium zu verhindern. Erst im Falle ihres Unvermögens oder ihrer Unwilligkeit kommt der internationalen Gemeinschaft eine *subsidiäre Verantwortung* zu, wobei es um Vorbeugung (responsibility to prevent), Reaktion auf Gewalt (responsibility to react) und um Wiederaufbau (responsibility to rebuild) gehen muss. In allen drei Bereichen ist ein Ausbau nötig:

- Die *Vorbeugung* gilt nach innen und nach außen bzw. in der internationalen Politik. Vorbeugung verlangt eine neue Aufmerksamkeit auf die Stimmigkeit der verschiedenen Politiken. Ein Beispiel der Außen- Entwicklung- und Außenwirtschaftspolitik der Europäischen Union und anderer Industrieländer: Wenn in den afrikanischen Ländern Entwicklung befördert werden soll, darf nicht durch aggressiven Außenhandel mit subventionierten landwirtschaftlichen Produkten (z.B. Hähnchenteile) die einheimische bäuerliche Produktion verdrängt werden. Und es darf auch nicht in den Gewässern mit industrialisiertem Fischfang den Fischern vor Ort die Subsistenzgrundlage geraubt werden.

  Vorbeugung impliziert auch Reduzierung des Rüstungsexports und einen Abbau von Rüstungspotentialen. Innerhalb der Staaten und Regionen kommt es also darauf an, das Sensorium für problematische Entwicklungen auszubauen, um vorbeugend tätig werden zu können.

- Die Art einer angemessenen Reaktion auf Gewalt muss strikt von den Opfern her bewertet werden. Eine solche Sichtweise entspricht *nicht* der sogenannten erweiterten Sicherheitskonzeption, bzw. ist nicht ohne weiteres mit dieser vereinbar: Im Rahmen des erweiterten Sicherheitsbegriffs werden Entwicklungen in verschiedenen Politikfeldern, z.B. im Welthandel, als im sicherheitspolitischen Interesse von Staaten liegend, z.B. der Bundesrepublik, erklärt und von daher unter bestimmten Umständen auch ein Interventionsrecht abgeleitet. Schutzverantwortung ist demgegenüber an der Würde und den Bedürfnissen einzelner Menschen in Gemeinwesen orientiert.

- Der notwendige *Wiederaufbau* vormals von Gewalt zerrissener Staaten ist von entscheidender Bedeutung und kann nicht früh genug begonnen werden. Die UN-Friedenskonsolidierungskommission sollte hier in jeder Hinsicht unterstützt werden, um ihre Aufgaben wahrnehmen zu können. Und innerhalb der EU gilt es, eine entsprechende institutionelle Verankerung für gemeinsame und kohärente friedenpolitische Tätigkeiten zu befördern.

III. Die Denkschrift zieht Ausnahmen vom Prinzip der militärischen Interventionsverbots in Sinne der Schutzverantwortung in Betracht, nämlich dann, wenn es um „aktuelle, schwerste Unrechtshandlungen" geht: „Bei „Menschheitsverbrechen wie einsetzendem Genozid, Massenmord an Minderheiten, Massakern an ethnischen Gruppen und ethnischer Vertreibung, kollektiver Folter und Versklavung kann militärisches Eingreifen gerechtfertigt sein, wenn die weiteren Kriterien rechtserhaltenden Gebrauchs" (Ziffer 112) erfüllt sind.

Ein rechtserhaltender Gewaltgebrauch setzt allerdings eine strikte Bindung an die in der UN-Charta vorgesehenen Regeln voraus. D.h. Interventionen mit militärischen Zwangsmitteln sind weder durch Selbstermächtigung noch durch Selbstmandatierung legitimiert. Nötig ist vielmehr eine Autorisierung nach den Regeln des kollektiven Sicherheitssystems der UN oder einer regionalen Organisation, wobei deren Berechtigung überprüft werden können sollte. So genannte Bündnisverpflichtungen müssen den genannten Maßstäben untergeordnet sein.

Im Fall des Versagens des Sicherheitsrats ist an die Befassung der UN-Generalversammlung zu denken bzw. an eine Regionalorganisation, die sich um die Autorisierung durch den Sicherheitsrat bemühen (Ramesh Thakur). In jedem Fall ist abzuwägen, was zu einer nachhaltigen Friedenskonsolidierung beitragen könnte.

Zudem müssen die *Absicht* und die eingesetzten *Mittel* klar auf das Ziel bezogen sein, die einzelnen Menschen vor Lebensbedrohungen (im Sinne des Konzepts „menschlicher Sicherheit") wirklich zu schützen; eine solche Orientierung schließt den Einsatz von Waffen mit besonderen Gefährdungen für die Zivilbevölkerung strikt aus, dazu gehören z.B. Antipersonenminen und Streumunition, wie in Kosovo und Afghanistan.

Das erzielte Abkommen zur Ächtung der Streumunition ist daher zu begrüßen. Wenn es von praktischem Wert sein soll, muss die Bundesrepublik allerdings verdeutlichen, dass sie sich von Einsätzen zurückziehen würde, in denen Bündnispartner, z.B. die USA, auf diese Munition nicht verzichten wollen. Zur oben genannten Kohärenz der Politik gehört es auch, den Export sog. kleiner und leichter Waffen zu stoppen und nicht auszudehnen (Ziffer 165)

Ein strenges *Monitoring* aller Einsätze mit Blick auf die Verhältnismäßigkeit der Mittel und der Folgen sowie der damit verbundenen Erfolgsaussichten, ist unabdingbar. Dabei ist es wichtig, besonders Gruppen mit besonderer Verwundbarkeit zu beachten.

Bewaffnete Friedensmissionen zur äußeren Absicherung von Friedensprozessen bedürfen wenn irgend möglich der Zustimmung der Konfliktparteien und unter allen Umständen der Mitsprache der Betroffenen vor Ort. (Ziffer 219) Es kommt darauf an, die Friedenspotentiale vor Ort zu unterstützen. Anders können Friedensprozesse im Sinne von Zusammenleben in Gerechtigkeit nicht befördert werden.

Literatur

Aus Gottes Frieden leben – für gerechten Frieden sorgen. Eine Denkschrift des Rats der EKD, Gütersloh 2007 (auch im download auf der EKD-Homepage)

Stiftung Entwicklung und Frieden: SEF-News. Frühjahr 2008 Themenheft zu Schutzverantwortung

Cornelia Ulbert und Sascha Werthes (Hg): Menschliche Sicherheit. Globale Herausforderungen und regionale Perspektiven, Baden-Baden 2008

World Council of Churches: The Responsibility to Protect. 2007

Newsletter der Plattform Zivile Konfliktbearbeitung im Internet: konfliktbearbeitung.net

Christoph Schwegmann*

Weißbuch und Friedensdenkschrift

Die Denkschrift des Rates der EKD „Aus Gottes Frieden leben – für gerechten Frieden sorgen" steht in der Tradition evangelischer Friedensdenkschriften seit den 60er Jahren. Gleichzeitig wirkt sie in ihrer zeitlichen Abfolge und auch aufgrund ihrer konkreten Bezugnahme wie ein evangelisch-friedenspolitischer Kommentar zum „Weißbuch 2006 zur Sicherheitspolitik Deutschlands und zur Zukunft der Bundeswehr". Als solchen hat Bundesminister Dr. Franz Josef Jung die EKD Denkschrift in seinem Beitrag zum Themenheft der Zeitschrift „zur sache.bw" (Nummer 13 / 2008) als einen wichtigen und fundierten Beitrag zum gesellschaftlichen Diskurs über die deutsche Sicherheits- und Verteidigungspolitik gewürdigt.

Es wäre jedoch ein Missverständnis und eine Verkennung der unterschiedlichen Funktionen beider Texte, wollte man sie - wie gelegentlich geschehen - zueinander in Konkurrenz setzen und die Denkschrift zu einem alternativen Weißbuch stilisieren. Das Weißbuch, als das hochrangigste sicherheitspolitische Strategiepapier der Bundesregierung, hat die Funktion einer sicherheitspolitischen Standortbestimmung und beschreibt die große strategische Ausrichtung der deutschen Sicherheitspolitik. In diesem Sinne macht das Weißbuch deutsche Sicherheitspolitik transparent und schafft sowohl gegenüber der eigenen Öffentlichkeit, als auch gegenüber dem Ausland Verhaltenssicherheit.

Die Denkschrift der EKD dagegen ist ein „Beitrag zur friedensethischen und friedenspolitischen Orientierung", wie Bischof Huber in seinem Vorwort ausführt. Sie kann in diesem Sinne als eine friedensethische Orientierungshilfe für die politischen Handlungsträger verstanden werden, die aktiv an der Umsetzung deutscher Außen-, Sicherheits- und Verteidigungspolitik beteiligt sind, aber auch für jeden Bürger, der spätestens bei Wahlen, dieses Handeln zu bewerten hat.

Entsprechend dieser Deutung hat der Bundesminister der Verteidigung im oben zitierten Beitrag zum einen darauf verwiesen, dass die christlichen Kirchen unver-

Christoph Schwegmann

ändert einen wichtigen ethischen Handlungsrahmen aufzeigen, der für viele Soldaten, Offiziere – und man darf vermuten auch dem bekennenden Katholiken Franz Josef Jung selbst - eine persönliche Richtschnur für ihr Handeln ist.

Zum andern verweist er darauf, dass auch der weltanschaulich neutrale Staat nicht losgelöst von seinen historischen christlich-aufgeklärtem Erbe ist. Es ist somit kein Zufall, dass Elemente jener christlichen Ethik, aus der die Denkschrift entwickelt wurde, zu den ethischen Fundierungen unseres Staates gehören und sich im Grundgesetz widerspiegeln. Handlungsleitend können für eine Regierung aber nur die expliziten Verpflichtungen des Grundgesetzes und das internationale Völkerrecht als Ganzes sein, nicht jedoch weltanschauliche Konzepte, die beiden lediglich implizit zugrunde liegen oder die nur als einige Parameter von mehreren in politische Entscheidungsprozesse einfließen.

Der Staat hat die primäre Verpflichtung die Sicherheit und das Wohlergehen seiner Bürger zu schützen. Er wird dies im Einklang mit dem Grundgesetz und im Rahmen internationaler Normen und Regeln tun, doch wird er bei der Erfüllung seiner Pflichten um eine eigenständige Auslegung dieses Regelwerks nicht umhin können. Vielmehr können gerade die Soldaten der Bundeswehr, die in den Auslandseinsatz entsandt werden, verlangen, dass die politisch Verantwortlichen in Regierung und Bundestag diese Entscheidung anhand rechtlicher und persönlicher ethischer Erwägungen aktiv und auf Basis intensiver Diskussionen getroffen haben

Die theologisch sicher richtige – weil von der persönlichen Zuordbarkeit von Schuld ausgehenden – Bemerkung in der Denkschrift: Wenn es um Handlungen geht, deren Ergebnis das Verletzen oder Töten von Menschen sein kann, könne „keine noch so sorgfältige Güterabwägung vom Risiko des Schuldigwerdens befreien" (S.70), ist politisch nicht befriedigend. Denn praktisch ist es für unsere Soldatinnen und Soldaten wichtig, dass sie sich nicht nur operativ, sondern auch ethisch auf sicherem Boden wissen und den Entscheidungen ihrer Vorgesetzten und der Politik auch und gerade in ethischer Hinsicht vertrauen können. Junge Berufssoldaten werden im Einzelfall und aus vielfältigen Gründen nicht immer in der Lage sein, diese Güterabwägung in der nötigen umfassenden Weise zu treffen, auch wenn sie während ihrer Ausbildung in diesem Sinne sensibilisiert werden. Das Prinzip der Inneren Führung, kann hier lediglich als letzte persönliche Überprüfungsinstanz des Soldaten als Bürger in Uniform dienen. Die auch unter ethischen Gesichtspunkten abzuwägende Grundsatzentscheidung bezüglich des Für und Wider eines Einsatzes obliegt der Politik.

Schutzverantwortung und militärische Interventionen

Die lediglich abgeleitete Wirkung christlich-ethischer Prinzipien für die praktische Politik begründet das in diesem Beitrag zu behandelnde Dilemma zwischen den Voraussetzungen für militärische Auslandseinsätze der Bundeswehr und dem Postulat einer friedensethisch begründeten Schutzverantwortung für Menschen in Not.

Bis heute, siebzehn Jahre nach den ersten Auslandseisätzen in Kambodscha und Somalia, waren bereits über 250.000 Soldaten der Bundeswehr in verschiedensten Missionen in Europa, Afrika und Asien eingesetzt. Jeder dieser Einsätze war völkerrechtlich legitimiert, in der Regel mit einem Mandat des VN-Sicherheitsrates, in den Gremien von NATO, EU oder VN und im Bundeskabinett beschlossen und schließlich, sofern erforderlich, vom Bundestag mandatiert.

Das heißt, jeder Einsatz unterlag umfangreicher rechtlicher, politischer und nicht zuletzt ethischer Prüfungen – auf internationaler und nationaler Ebene. Zu der politischen Prüfung gehört dabei stets auch das Ringen um die Zustimmung und Unterstützung der Öffentlichkeit. Diese hat zu recht ein Interesse daran, genau zu erfahren und erklärt zu bekommen, wofür Soldaten eingesetzt werden und ob dieser Einsatz mit den Interessen Deutschlands und den Wertvorstellungen der Bürger im Einklang steht. Für die laufenden Einsätze ist es trotz im Einzelfall verbleibender Skepsis gelungen, diese Unterstützung vor allem im Bundestag auch über mehrere Jahre hinweg zu sichern.

Deutlich wird aus der innenpolitischen Diskussion der Jahre seit 1991 aber auch: allein zur Umsetzung friedensethischer Prinzipien werden Bürger demokratischer Staaten nicht immer bereit sein, ihre Soldaten in einen bewaffneten Einsatz zu senden. Das Beispiel Ruanda hat dies im Jahr 1994 auf grausame Weise gezeigt, als die UN nicht genügend militärische Unterstützung erhielten, um das Massaker an den Tutsi zu verhindern – heute spricht man von Fünfhunderttausend bis zu eine Millionen Toten. Die von vielen Ländern bekundete Absicht, die Menschenrechte zu stärken und die Vereinten Nationen zu stützen und das ethische Gebot der Nothilfe, reichten damals für die rechtzeitige Interventionsbereitschaft der Staatengemeinschaft nicht aus. Bis heute ist Ruanda deshalb ein Trauma der Staatenwelt geblieben und man kann vermuten, dass die Bereitschaft zur humanitären Intervention in Kosovo 1999 auch durch die Erfahrung in Ruanda gestützt wurde.

Das Gebot des Schutzes von Bevölkerungen in anderen Staaten im Sinne der „responsibility to protect" (UN High-Level Panel, A More Secure World, in 2004 and of the UN Secretary-General, In Larger Freedom, in 2005) wird als normativer Appell selbstverständlich auch von der Bundesregierung geteilt, aber die Umsetzung wird aus oben genanntem Grund nur in ganz wenigen Ausnahmefällen mit militärischen Mitteln erfolgen. Regierungen können immer versuchen „leadership" auch in humanitären Fragen zu entwickeln und oft, wie auf dem Balkan insbesondere im Falle des Kosovo geschehen, gelingt dies auch. Letztlich geht es aber um den Einsatz eigener Ressourcen bis hin zur Gefährdung von Leib und Leben deutscher Soldaten. Hier muss man wahrscheinlich nüchtern feststellen, dass eine solche „Opferbereitschaft" nicht allein in Deutschland sondern weltweit meist erst in Verbindung mit unmittelbaren Interessen eines Staates gegeben ist, die einen erweiterten Handlungsdruck schaffen.

Zudem riskieren Staaten im Falle von Interventionen immer den Konflikt mit dem wichtigen friedenstiftenden Gebot der Unverletzlichkeit staatlicher Souveränität, die in der VN-Charta in Artikel 2 Absatz 4 festgeschrieben wurde und jede äußere Einmischung in einen Staat untersagt. Eine militärische Intervention wird durch das Gewaltverbot explizit geächtet und einem Staat für einen solchen Fall sogar ein Widerstandsrecht gegen diese Intervention zugebilligt (VN-Charta, Artikel 51). Die unbedingte Wahrung dieses Souveränitätsprinzips entspricht dem Eigeninteresse der Staaten, da es Sicherheit und Stabilität gibt und gilt deswegen zurecht als hohes, weil friedenwahrendes, Gut.

Diese Beobachtung wurde jüngst auch im Falle von Myanmar bestätigt. Nachdem sich die dortige Militärregierung aus politischen Gründen geweigert hatte nach der Sturmkatastrophe ausländische humanitäre Hilfe ins Land zu lassen, forderten einige Politiker und Experten mit Verweis auf die Schutzverantwortung der Staatengemeinschaft kurzzeitig, ein Mandat des Sicherheitsrates der Vereinten Nationen herbeizuführen, um Hilfsleistungen notfalls gegen den Willen der Staatsführung an die Bevölkerung zu liefern. Doch zum einen war eine Bereitschaft diese Lieferungen militärisch zu erzwingen, schlichtweg nicht vorhanden, zum andern waren die alternativen Möglichkeiten bei weitem nicht ausgeschöpft. Am Ende zeigte sich, dass die Verhandlungen mit den Machthabern zum Erfolg führten und Hilfeleistungen im Land möglich wurden.

Vernetzte Sicherheit als „ethisches Rational"

Das Beispiel Myanmar zeigt: Gerade um die Dilemmata widerstreitender Prinzipen des Völkerrechts – hier also die Unversehrtheit der Souveränität eines Landes einerseits und das Schutzgebot andererseits – im Sinne der betroffenen Menschen zu vermeiden, ist präventives Handeln und der effiziente Einsatz nicht-militärischer Instrumente und Institutionen entscheidend. Eine effiziente Politik vernetzter Sicherheit kann helfen, ethischen Dilemmata vorzubeugen und auf rationale Weise normative mit positivistischen Entscheidungspräferenzen zu versöhnen.

Dies gilt ebenso für andere Fragen sicherheitspolitischer Art, bei denen die Verteidigung eigener Sicherheits- und Schutzinteressen potentiell militärische Einsätze zur Folge haben können. Gedacht sei hier an regionale Konflikte und Instabilitäten sowie den Kampf gegen den internationalen Terrorismus. Deshalb hat das Weißbuch 2006 den ressortgemeinsamen und vernetzten Ansatz in den Mittelpunkt seiner Überlegungen gestellt. Militärische Mittel können notwendig sein, um unsere Interessen und Werte zu verteidigen, weswegen Deutschland unverändert starke und leistungsfähige Streitkräfte benötigt. Ihr erfolgreicher Einsatz wird aber immer davon abhängen, ob sie Teil einer durchdachten politischen Strategie sind, zu deren Umsetzung sie lediglich einen bedeutenden Beitrag leisten. Im Prinzip ist diese, u.a. im Weißbuch 2006 dargelegte, Erkenntnis nichts anderes als die Forderung nach einem Gesamtkonzept für die Sicherheit, wie sie in der EKD-Denkschrift erhoben wird.

Selten ist solch ein Konzept – das oft eher informell existiert - so explizit niedergeschrieben worden, wie 2007 im Afghanistan Konzept der Bundesregierung. Hier sind alle Akteure und ihre Rolle benannt, neue Wege aufgezeigt und zu beseitigende Defizite aufgelistet worden. Inzwischen ist es der Bundesregierung gelungen, diesen „Comprehensive Approach" auch ihren NATO Partnern näher zu bringen. Auf dem Gipfel in Bukarest wurde ein „Umfassender Strategischer Politisch-Militärischer-Plan" verabschiedet, der die Rolle und Aufgaben der NATO

Christoph Schwegmann

im Verhältnis zu den zivilen Akteuren wie VN, EU und die Afghanische Regierung näher definiert und eine verbesserte Zusammenarbeit auf allen Ebenen einfordert.

Darüber hinaus sind präventive Maßnahmen, wie Wirtschafts- und Entwicklungshilfe oder eine effiziente Rüstungskontrolle notwendig, um die Wahrscheinlichkeit eines militärischen Einsatzes zu verringern. Dieser wird immer eine „ultima ratio" sein, doch darf dieser Begriff nicht zeitlich verstanden werden. Militär muss eingesetzt werden können, wo nur Militär diese Aufgaben erfüllen kann. Die Missionen zur Absicherung der Wahlen im Kongo oder die NATO bzw. EU Operationen Amber Fox und Concordia in Mazedonien zur Einsammlung von Waffen und Eindämmung von ethnischen Spannungen haben gezeigt, dass eine frühzeitige militärische Präsenz den Ausbruch bewaffneter Konflikte verhindern und politische Lösungen befördern kann.

Im Großen und Ganzen kann man deshalb feststellen, dass die deutschen Sicherheitskonzepte auch einer friedensethischen Überprüfung – wenn man diese zum Maßstab machen wollte – standhalten würde. Dies ist keine Überraschung, denn Sicherheitspolitik wird in unserer Demokratie von Menschen gemacht, die sich ethisch gesinnten Bürgern verantworten müssen und von Menschen, die selbst in ethischen Kategorien zu denken und zu handeln verstehen.

Anmerkung

* Der Autor gibt hier allein seine persönlichen Auffassungen wider.

Horst Scheffler

Aus Gottes Frieden leben – für gerechten Frieden sorgen

Zur Friedensdenkschrift des Rates der Evangelischen Kirche in Deutschland*

Die Suche nach dem Konsens

Allen wohl und niemandem weh, beste Grüße von der EKD, witzeln Kritiker über die neue Friedensdenkschrift des Rates der Evangelischen Kirche in Deutschland. Sie kritisieren das die Gattung Denkschrift bestimmende Konsensprinzip und vermissen die Eindeutigkeit in politischen Wertungen und konkreten Handlungsanweisungen. Doch was will eine Denkschrift? In Denkschriften solle nach Möglichkeit ein auf christlicher Verantwortung beruhender, sorgfältig geprüfter und stellvertretend für die ganze Gesellschaft formulierter Konsens zum Ausdruck kommen, erläutert Bischof Prof. Dr. Wolfgang Huber, der Vorsitzende des Rates der EKD, im Vorwort zur Denkschrift, die einen wirklich erstaunlich breiten Konsens in der Analyse heutiger weltweiter Friedensgefährdungen und im Aufzeigen politischer Friedensaufgaben bietet. In der Analyse werden die globalen sozioökonomischen Probleme, das Staatsversagen und der Zerfall politischer Gemeinschaften, die Bedrohungen durch Waffengewalt, die kulturellen und religiösen Gefahren und die Schwächung des Multilateralismus untersucht. Hier heißt der Befund, große Mächte – gemeint sind vor allem die USA – stützten multilaterale Institutionen nur insoweit, wie es eigenen Interessen diene. Wenn aber multilaterale Verpflichtungen nur eingeschränkt respektiert würden, seien die Folgen Rechtsunsicherheit und Gefährdung des Rechtsfriedens. An erster Stelle der aufgezeigten politischen Friedensaufgaben steht konsequenterweise die Forderung, die universalen Institutionen, vor allem die Vereinten Nationen, als Weltorganisation zu stärken. Die weiteren Forderungen heißen: Europas Friedensverantwortung wahrnehmen, Waffenpotentiale abbauen, zivile

Horst Scheffler

Konfliktbearbeitung ausbauen und menschliche Sicherheit und Entwicklung verwirklichen.

Ein Dokument ökumenischen Denkens

Die Denkschrift erweist sich als ein Dokument erfreulich ökumenischen Denkens in den kirchlichen Positionen zur Friedensethik und Friedenspolitik. In ihr wird – wie schon die deutschen Katholischen Bischöfe im Jahr 2000 in ihrem Hirtenwort „Gerechter Friede" es getan haben – vom Grund einer Ethik des gerechten Friedens her argumentiert: Christen leben aus dem Frieden Gottes. Und wer aus dem Frieden Gottes lebt, tritt für den Frieden in der Welt ein. So vielgestaltig und unterschiedlich der Einsatz von Christen und Kirchen für den irdischen Frieden auch ausfällt, immer gründet das Engagement auf Gottes Verheißung und Gebot und auf dem gemeinsamen Glauben. Dieser Glaube deutet umfassend das menschliche Leben im Verhältnis zu Gott, zu dem einzelnen selbst und zu den anderen Menschen. Gottes Friede will gegeben und weitergegeben, geschenkt und bezeugt werden, damit immer mehr Menschen aus dem Frieden Gottes leben können.

Der Friede Gottes und der Gottesdienst

Eine wesentliche Aussage der Denkschrift sei besonders hervorgehoben, nämlich die Betonung des Zusammenhangs von Gottes Frieden und dem Gottesdienst. Der Friede Gottes wird nämlich in jeder Feier der christlichen Gottesdienste vergegenwärtigt. Mit dem Friedensgruß „Friede sei mit euch" und mit dem Zuspruch des Segens „Gehet hin in Frieden" wird der Friede Gottes wirksam ausgeteilt. Die Evangelische Kirche in Deutschland bekräftigt diesen Zusammenhang von Gottes Frieden und Gottesdienst, wenn sie feststellt: „Jeder Gottesdienst kann und soll zum Frieden bilden." (S.36). Dieser Satz war übrigens schon in der Friedensdenkschrift „Frieden wahren, fördern und erneuern" aus dem Jahr 1981 zu lesen. Doch anscheinend wurde er damals leicht überlesen, weil die Aussagen zur Friedensdiskussion in der Kirche und zum Streit um die atomare Nachrüstung das hauptsächliche Interesse fanden. Wenn die evangelische Kirche sich heute nun wieder darauf besinnt, welche vorrangige Bedeutung der Gottesdienst für das Verhältnis Gottes zu den

Menschen und für den Frieden auf Erden hat, heißt das nicht, die Kirche ziehe sich mit der Verantwortung für Gerechtigkeit und Frieden in den frommen und sakralen Raum zurück. Ganz im Gegenteil: Der Gottesdienst ist der Ort, an dem Christen sich Gottes Frieden versichern, um ihn dann im kleinen und im großen Alltag der Welt in Wort und Tat zu bezeugen. Der Titel der neuen Friedensdenkschrift ist Programm: aus Gottes Frieden leben, um für gerechten Frieden zu sorgen.

Gewaltfreie zivile Konfliktbearbeitung

An drei Beispielen seien die Folgen dieses Programms verdeutlicht. Das erste gilt dem Ausbau der zivilen Konfliktbearbeitung. Sie sollte zum vorrangigen politischen Handlungsprinzip werden und eine Querschnittsaufgabe im Konzept des gerechten Friedens sein. Hierfür sind die in Deutschland und anderenorts noch äußerst geringen finanziellen Mittel aufzustocken. Das Missverhältnis zu den für Militär und Rüstung in großem Maß bereit gestellten Ressourcen ist zu überwinden. Die in der Aktionsgemeinschaft Dienst für den Frieden (AGDF) versammelten christlichen Friedensdienste bieten an Versöhnung, Wahrheit und Gerechtigkeit ausgerichtete Trainings zur Gewaltprävention und Gewaltüberwindung und komplexe Ausbildungen in Friedensfach- und Entwicklungsdiensten. Die Vorarbeit für einen Paradigmenwechsel der Politik von gewaltsamer militärischer zu gewaltfreier ziviler Konfliktbearbeitung ist geleistet.

Die Bedeutung des Rechts

Das zweite gilt der Bedeutung des Rechts. Das ethische Leitbild des gerechten Friedens ist zu seiner Verwirklichung auf das Recht angewiesen. Die globalisierte Welt braucht den Ausbau einer internationalen Rechtsordnung, die auch die Grenzen militärischen Gewalteinsatzes nach der Ethik rechtserhaltender Gewalt festlegt. Im heutigen völkerrechtlichen Kontext wird eine rechtmäßige Autorisierung militärischer Zwangsmittel nur noch als eine internationale Polizeiaktion nach den Regeln der UN-Charta für denkbar gehalten. Die Konsequenzen für die Transformation der Bundeswehr diskutiert die Denkschrift nicht mehr. Doch die Richtung für den Umbau von militärischen Kriegsstreitkräften in internationale Polizei- bzw. Deeskalationskräfte ist aufgezeigt.

Horst Scheffler

Ächtung der Atomwaffen

Das dritte gilt der Bewertung atomarer Waffen. Im Kontext der Überlegungen zu Abrüstung und Rüstungskontrolle wird festgestellt, aus der Sicht evangelischer Friedensethik könne die Drohung mit Nuklearwaffen heute nicht mehr [Hervorhebung im Original, H.S.] als Mittel legitimer Selbstverteidigung angesehen werden. Mit dieser Aussage wird angesichts der veränderten weltpolitischen Lage, bewusst die in der Friedensdenkschrift von 1981 nochmals bekräftigte Position der These VIII der Heidelberger Thesen aus dem Jahr 1959 aufgegeben, die die Beteiligung an dem Versuch, durch das Dasein von Atomwaffen einen Frieden in Freiheit zu sichern, als eine heute noch mögliche christliche Handlungsweise anerkannte. Diese nun erstmals von der Evangelischen Kirche in Deutschland ausgesprochene umfassende Ächtung der Atomwaffen, unterstützt alle Forderungen von Friedensgruppen, die letzten in Deutschland – übrigens im Verantwortungsbereich der Luftwaffe der Bundeswehr – lagernden Atomwaffen abzuziehen.

Anmerkung

*   erschienen in: Gütersloher Verlagshaus, Gütersloh 2007, 128 S.

Horst Scheffler

Militärische Intervention und Schutzverpflichtung – Sicherheitskonzepte auf dem Prüfstand

Protokoll zu Workshop II
Referenten: Prof. Dr. Eva Senghaas-Knobloch, Universität Bremen, und Dr. Christoph Schwegmann, Planungsstab BMVg

Die Friedensdenkschrift der EKD und das Weißbuch zur Sicherheitspolitik der Bundesregierung wiesen weithin Parallelen auf, bemängeln Kritiker. Genau diese Parallelen begrüßt Verteidigungsminister Franz Josef Jung. (Vgl. zS:BW 13/08, S. 20). Der Workshop mit Frau Eva Senghaas-Knobloch und Christoph Schwegmann (Planungsstab BMVg) zeigte die Differenzen auf.

1. Wem nützen militärische Interventionen?

Übereinstimmend mit dem Minister erklärte Schwegmann, jeglicher militärische Einsatz diene der primären Verpflichtung, die Freiheit und das Wohlergehen der eigenen Bürger zu Hause in Deutschland zu schützen. Hier sah er auch die hauptsächliche Motivation für die Soldaten, die Belastung eines Auslandseinsatzes auf sich zu nehmen.

Frau Senghaas-Knobloch dagegen hatte zuvor ausgeführt, im Sinne eines konfigurativen Friedenskonzepts (kollektive Friedenssicherung zum Schutz vor Gewalt, Achtung der Menschenrechte zur Förderung der Freiheit, kohärente internationale (Entwicklungs-) Politik zum Abbau von Not, institutionalisierte Anerkennung kultureller Vielfalt) sei der Maßstab für staatliche Politik das Wohlergehen der einzelnen Menschen in den Einsatzgebieten. Staatliche Sicherheitspolitik müsse vom Konzept der menschlichen Sicherheit her gedacht werden, die an der Würde und der Integrität jedes einzelnen Menschen ansetze. Es gehöre zu den Aufgaben der Staaten und der internationalen Gemeinschaft, die Menschen sowohl vor Gewalt als auch vor Not zu schützen.

2. Zum Sicherheitsbegriff

Friedensdenkschrift und Weißbuch gebrauchen den Begriff der erweiterten Sicherheit. Übereinstimmung besteht darin, dass Sicherheit nicht allein militärisch gestaltet und erhalten werden kann. Die Friedensdenkschrift betont, dass vorrangig vor den militärischen Mitteln die Fülle ziviler, gewaltfreier, nichtmilitärischer Optionen auszuschöpfen sei. Frau Senghaas-Knobloch: „Gewalt fällt nicht vom Himmel; gewaltträchtige Situationen und Krisen haben oft einen langen Vorlauf, einschließlich der verpassten Chancen, verletzte Rechte und Bedürfnisse zu beachten, Konflikte wahrzunehmen und gewaltfrei oder gewaltmindernd zu bearbeiten." Diesem Urteil stimmt der Vertreter des Planungsstabes grundsätzlich zu. Das Militär habe eine subsidiäre Rolle. Doch in der Realität zeigt sich, das Militär ist dominant, mischt sich in Entwicklungspolitik ein und übernimmt zivile Aufträge (Ulrich Frey). Frey erklärte in der Diskussion, dass sich der erweiterte Sicherheitsbegriff des Weißbuchs auch noch vom erweiterten Sicherheitsbegriff unterscheidet, der im Aktionsplan der Bundesregierung zur Zivilen Konfliktbearbeitung (ZKB) aus dem Jahr 2004 genutzt wird. In der Diskussion wurde dieser wichtige Hinweis nicht mehr aufgenommen. Ich empfehle, ihn in der weiteren Diskussion dieser Tagung zu bedenken.

3. Gewissensentscheidung

Ein Kernsatz des Referenten aus dem Planungsstab hieß: „Die ethische Grundsatzentscheidung bezüglich des Für und Wider eines Einsatzes hat die Politik zu treffen." Er erläuterte ihn mit dem Hinweis auf einen Obergefreiten mit Hauptschulabschluss, der überfordert sei, wenn er über die Moral und das Recht einer militärischen Intervention und seiner Beteiligung befinden müsste. Für die Soldatinnen und Soldaten sei es wichtig, sich nicht nur operativ, sondern auch ethisch auf sicherem Boden zu wissen und den Entscheidungen ihrer Vorgesetzen und der Politik auch und gerade in ethischer Hinsicht vertrauen zu können. Hierzu wurde einerseits betont, der einzelne Soldat muss seine Entscheidung vor dem Einsatz gefällt haben (Manfred Pape), andererseits aber auch müsse die in der Situation konkrete Entscheidung des Gewissens jederzeit möglich sein.

4. Wie ist ein Einsatz durchzuführen?

Hier heißt das Stichwort Achtsamkeit. Militärdekan Christian Fischer führte Beispiele aus Kabul an. Es ist eben ein Unterschied, ob sich eine Militärpatrouille Einheimischen mit hoher Geschwindigkeit nähert oder behutsam an sie heranfährt. Wenn die Einsätze wirklich friedensfördernd sein sollen, sind die Folgen vor Ort zu beachten (Frau Senghaas-Knobloch). Sie forderte auch eine gemeinsame Ausbildung für UN-mandatierte Aufträge. Am Beispiel des jetzt erzielten Abkommens zur Ächtung der Streumunition zeigte sie auf, wenn es von praktischem Wert sein solle, müsse die Bundesregierung allerdings klarstellen, dass sie sich von Einsätzen zurückziehen würde, in denen Bündnispartner, z. B. die USA, auf diese Mittel nicht verzichten wollten.

5. Verantwortung der Militärseelsorge

Einen Dissens zwischen dem Selbstbild der evangelischen Militärseelsorge, in der Friedensethik ein Vorreiter zu sein, und der erlebten Realität, dass Militärpfarrer sich weigerten, friedensethisch sich zu positionieren und auch Rüstzeiten hierzu anzubieten, wurde von Frau Sylvia Thonak beklagt. Sie empfahl eine externe Evaluation der Militärseelsorge durch die EKD.

Workshop III

Staatliches Gewaltmonopol *und* privatisierte Gewalt – Dilemmata der Legitimität

Herbert Wulf

Staatliches Gewaltmonopol *und* privatisierte Gewalt – Dilemmata der Legitimität

Die Denkschrift des Rates der EKD spricht die Bedeutung des staatlichen Gewaltmonopols an verschiedenen Stellen an[1] und hebt dabei die „Entprivatisierung der Gewalt" als zivilisatorische Errungenschaft hervor, da es mit der Schaffung des staatlichen Gewaltmonopols gelungen ist, Regeln für die Anwendung staatlicher Gewalt durchzusetzen. Doch wird diese Errungenschaft – nach Ansicht der Denkschrift – durch die Bewaffnung nicht-staatlicher Akteure und die Privatisierung staatlicher Sicherheitsfunktionen gefährdet.

Dem ist zuzustimmen. Ich möchte die Perspektive ein wenig erweitern und spreche – in einem ersten Teil – drei Tendenzen an, die nach meiner Auffassung beträchtliche Konsequenzen für die Ausübung des staatlichen Gewaltmonopols haben: Die Privatisierung der Sicherheit, die allgemeine Globalisierung in zahlreichen gesellschaftlichen Bereichen und internationale Initiativen als Reaktion zur Verhinderung von Kriegen und zur Beilegung von Konflikten. Dann versuche ich – in einem zweiten Teil – aufzuzeigen, dass Alternativen zum herkömmlichen, nach wie vor national orientierten, staatlichen Gewaltmonopol erforderlich sind und schlage ein öffentliches Gewaltmonopol vor, dass auf der lokalen, nationalen, regionalen und globalen Ebene verankert ist.

1. Gefährdungen für das staatliche Gewaltmonopol
1.1 Die Privatisierung der Gewalt

Immer häufiger werden Kriege und gewaltsame Konflikte von nicht-staatlichen Akteuren ausgetragen. Warlords, organisiertes Verbrechen, Milizen und Rebellen sorgen für Unsicherheit und Staatszerfall. Viele Regierungen sind mit ihren Polizei- und Militärstreitkräften nicht mehr in der Lage, Rechtsstaatlichkeit zu gewährleisten. Ne-

Herbert Wulf

ben dieser Form der Privatisierung der Gewalt „von unten", die meist der Bereicherung der Akteure dient, gibt es eine zweite, von staatlicher Seite gezielt geplante Privatisierung „von oben" – das „Outsourcen" polizeilicher und militärischer Funktionen an private Firmen.

Privatisierung der Gewalt von unten

An der Privatisierung der Gewalt von unten beteiligen sich zahlreiche nicht-staatliche Akteure, weil sie sich gegen Übergriffe wehren, eine Regierung stürzen, oder sich schlicht bereichern wollen. Der schwache oder in vielen Ländern kaum existierende Staat kann das staatliche Gewaltmonopol nicht durchsetzen. Staatszerfall, ineffiziente und korrupte staatliche Institutionen – vor allem auch Militär, Polizei und Justiz – sorgen für Unsicherheit, ungehemmte Kriminalität und Instabilität. Die Aufrechterhaltung von Gesetz und öffentlicher Ordnung wird immer schwieriger oder ist in kritischen Fällen gar nicht mehr möglich; rechtsfreie Räume entstehen.

Die neuen Entwicklungen hängen eng mit dem generellen Trend der Globalisierung fast sämtlicher Gesellschaftsbereiche zusammen. In vielen Ländern führte die Integration in den Weltmarkt zu bedeutsamen Verwerfungen, die oft in gewaltsam ausgetragene innergesellschaftliche Konflikte münden, auf die mit zivilen und militärischen Mitteln reagiert wird.

Privatisierung von oben: der deregulierte Krieg

Für viele Streitkräfte, vor allem für die US-Streitkräfte, wird es immer schwieriger, für ihre Kriegs- und Postkonflikteinsätze genügend qualifiziertes Personal zu rekrutieren. Wie Pilze sind hunderte private Militär- und Sicherheits-Unternehmen aus dem Boden geschossen – nicht nur in den USA. Es herrscht eine regelrechte Goldgräberstimmung. Die Firmenmitarbeiter sind immer häufiger in Schießereien verwickelt oder in andere Skandale involviert.

Das Geschäft der Firmen ist die Vorbereitung des Krieges, dessen Durchführung und die Nachkriegsphase; sie rekrutieren kampferprobte ehemalige Soldaten weltweit. Waffen und anderes Gerät werden von ihnen gekauft oder geliehen – zumeist mit ordentlicher Lizenz der Regierung. Immer mehr übernehmen private Militärfirmen die Aufgaben von Soldaten. Nach manchen Schätzungen überflügelt die Zahl der Contractors der Sicherheitsfirmen die Zahl der 162.000 US-Soldaten. Rund

180.000 Personen, viele von ihnen bewaffnet, sollen für Privatfirmen im Auftrag des US-Verteidigungs- und des Außenministeriums im Irak tätig sein.

Der Irak ist zwar ein extremes Beispiel, aber kein Einzelfall. Ob in der Drogenbekämpfung in Kolumbien, im Bürgerkrieg im westafrikanischen Sierra Leone, im Kriegsgebiet an den Großen Seen in Zentralafrika oder auf dem Balkan – immer sind die „Spezialisten" dabei. Die Produktpalette der beteiligten Firmen reicht von Sicherheitsdiensten für Privatpersonen und Gebäude bis zur Militärhilfe für ausländische Streitkräfte, von der Logistik bis zur Verwaltung militärischer Liegenschaften, von Transportdiensten für UNO-Organisationen bis zu Kampfeinsätzen, von technisch komplexen bis zu eher schmutzigen Aufgaben wie der Verteidigung der Privilegien korrupter Eliten.

Für diesen Geschäftserfolg war nicht nur maßgebend, dass sich manche Streitkräfte aufgrund zusätzlicher internationaler Aufgaben überfordert fühlten. Mindestens acht Gründe – militärische, wirtschaftliche, gesellschaftspolitische und ideologisch-konzeptionelle – spielen für den Prozess der Kommerzialisierung oder Privatisierung eine zentrale Rolle:

- die Möglichkeit der Rekrutierung qualifizierter Militärfachleute, die nach dem Ende des Kalten Krieges in vielen Armeen demobilisiert wurden;
- die Reduktionen im Militärbereich, die zu Personalabbau und Engpässen führten;
- die veränderte Art der Kriegsführung und der Einsatz von High-Tech Waffen, die von den Streitkräften nicht mehr bedient und gewartet werden können;
- die Nachfrage schwacher oder in Bedrängnis geratener Regierungen, die sich durch die Privatarmeen schützen lassen wollen;
- die verstärkte Nachfrage nach dem Einsatz der Streitkräfte bei humanitären Interventionen, die auch die Nachfrage nach privaten Akteuren befördern;
- die verstärkte Nachfrage im „Krieg gegen den Terror", die sowohl zu erhöhten Anforderungen für die Streitkräfte führte als auch zum Einsatz von Spezialisten privater Firmen;
- die öffentliche Meinung zum Einsatz der Streitkräfte, die Regierungen veranlasst, lieber auf Angestellte von Firmen zurück zu greifen, als die „boys and girls" in den Streitkräften einzusetzen;

- die normativ positiv besetzte Politik der Privatisierung, nach der der Staat generell „verschlankt" und möglichst viele Funktionen vom Privatsektor übernommen werden sollen – auch im militärischen Bereich.

Um kosteneffektivere Marktlösungen zu finden, werden, wie in diversen zivilen Bereichen staatliche Leistungen, letzthin auch militärische Funktionen privatisiert. Das neo-liberale Konzept vom schlanken Staat hat sich fast kritiklos durchgesetzt. Privatisierung wird landauf, landab als Allheilmittel propagiert. Der Einsatz privater Militärfirmen wird als effektive und marktkonforme Methode angesehen, um den Bedarf an militärischen Dienstleistungen bestimmter Regierungen oder internationaler Organisationen zu decken. „Outsourcen" und „public-private-partnership" sind im Militärbereich heute keine Fremdwörter mehr.

Die Hauptargumente für Privatisierung sind die behaupteten Spareffekte für den öffentlichen Haushalt und die angeblich hohe Qualität der Leistungen des zivilen Sektors. Zumeist werden jedoch die Sparpotentiale bei den Auftragsvergaben an Firmen überschätzt. Sogar aus rein betriebswirtschaftlicher Sicht wurde die Privatisierung des Militärs in den USA mangelhaft und schlampig durchgeführt, so dass das Ergebnis der Privatisierung im Militärbereich der USA keineswegs so positiv ist, wie es die Regierung gerne darstellt.

1.2 Folgen der Globalisierung: internationalisierte Konflikte und die Erosion des Nationalstaates

Die Marktliberalisierung mit freiem Handel und wirtschaftlicher Globalisierung ersetzte die staatlich geförderte Entwicklung als dominantes Entwicklungsmodell. Diese in erheblichem Ausmaß global durchgesetzte Politik schaffte sowohl neue wirtschaftliche Chancen und ökonomisches Wachstum wie gleichzeitig auch die Möglichkeit der systematischen Selbstfinanzierung von Kriegsparteien.

Der Schlüssel zum modernen Nationalstaat „westfälischer" Prägung ist das Monopol legitimierter, organisierter Gewalt. Eine der zentralen Funktionen des modernen Staates ist die Garantie der Sicherheit für seine Bürger durch Rechtstaatlichkeit, die Max Weber als zivilisatorische Errungenschaft qualifizierte. Der Staat in Europa wurde der Monopolist über „legitime physische Gewaltsamkeit". Im heutigen modernen Staat beruht die Herrschaft über die Instrumente der legitimen Gewaltanwendung auf der Legalität der Herrschaft. Die politische Führung wird demokratisch kontrolliert und muss sich für ihre physische Gewaltanwendung verantworten; Herrschaft ist auf *good governance* gegründet.

Das Weber'sche Konzept des Nationalstaates bedeutet Abschaffung privater Armeen, innergesellschaftliche Befriedung, Schaffung eines staatlichen Systems organisierter Gewalt im eigenen Territorium und Organisation zentralisierter Kriegsführung und Aufbau staatlich kontrollierter stehender Heere.

Für die heutigen Konflikte bedeuten diese vier Prinzipien Folgendes:

Erstens haben die Störungen des sorgfältig ausbalancierten Systems nationalstaatlicher Organisationen zu Kriegen und Konflikten unter starker Beteiligung neuer (vor allem privater) Akteure geführt. Als Konsequenz entsteht Unsicherheit in der gesamten Gesellschaft oder in Teilbereichen. Regierungen, große Firmen und internationale Organisationen versuchen, sich gegen diese Gefahren bewaffneter Gewalt zu schützen und heuern hierzu private Militärfirmen oder private Sicherheitsfirmen an. Diese privaten Sicherheitsdienstleister führen Aufgaben aus, für die im Konzept des staatlichen Gewaltmonopols Polizei und Streitkräfte vorgesehen sind.

Zweitens können staatliche Institutionen die innergesellschaftliche Befriedung und die Durchsetzung von Rechtstaatlichkeit nicht (mehr) garantieren, da organisierte Kriminalität, alltägliche Überfälle und ähnliche Übergriffe eine Situation extremer Unsicherheit schaffen. Diejenigen, die es sich leisten können, versuchen den eigenen Schutz zu organisieren, ohne sich auf schlecht ausgestattete, inkompetente oder korrupte staatliche Behörden zu verlassen. Andere wiederum müssen mit dieser Unsicherheit leben oder greifen möglicherweise selbst zu Gewalt, um das eigene Überleben zu sichern. Es entstehen Zonen ungleicher Sicherheit bzw. Zonen der Unsicherheit und Zonen relativer Sicherheit, in denen Personen und Vermögen von privaten Firmen geschützt werden. Das öffentliche Gut „Sicherheit" kann vom Staat de facto nicht mehr bereitgestellt werden, obwohl am Anspruch der staatlich garantierten und ausgewogenen Sicherheit weiter festgehalten wird.

Drittens ist die nationale territoriale Einheit durch die Globalisierung und durch regionale politische und wirtschaftliche Zusammenschlüsse in vielen Teilen der Welt aufgehoben; wirtschaftliche, politische und kulturelle Bereiche werden denationalisiert. Die Kehrseite dieser Entwicklung ist die Konzentration vieler Kriege auf lokaler oder nationaler Ebene; deren Auswirkungen gehen jedoch über den Nationalstaat hinaus. Konflikte werden außerhalb der Grenzen geschürt, und von Kriegsparteien aus kriegsfernen Regionen unterstützt. Konzeptionell und in der staatlichen Wirklichkeit werden staatliche Funktionen abgebaut. Besonders eindrücklich manifestiert sich diese Entwicklung im *Outsourcen* des staatlichen Gewaltmonopols an private Akteure, entweder geplant oder als unbeabsichtigtes, aber akzeptiertes Resultat der Politik.

Die Integration in den Weltmarkt hat auch zu grenzüberschreitendem Export und Import der Gewalt (regionale *spill-over* und *spin-in* Effekte) geführt. Die externe Finanzierung von Kriegen, Sanktuarien für Kriegsparteien im Ausland, externe Reservoirs von Gewalt, personelle Militärhilfe und Rüstungslieferungen sind wichtige „Zutaten" in den neuen, innergesellschaftlichen Kriegen. Die von außen geschürten und unterstützten Kriege, auch als Netzwerkkriege bezeichnet, weisen auf die Tatsache hin, dass nicht nur Nichtregierungsorganisationen, sondern auch *Warlords* lokal handeln und global denken.

Viertens sind zwar reguläre Armeen in den letzten 15 Jahren durch Demobilisierung von Soldaten drastisch verkleinert worden, doch Armeen werden dadurch nicht grundsätzlich in Frage gestellt. Internationalisierung und Privatisierung tragen zur gezielten neuen Ausrichtung der Streitkräfte bei: Durch internationale Kooperationen im Rahmen der UN-Friedensmissionen, durch regionale Einsätze, durch Koalitionen der Willigen, aber auch beispielsweise durch die Tendenz zur Schaffung supranationaler Streitkräfte in der Europäischen Union werden die nationalstaatlichen Grenzen verlassen.

1.3 Internationalisierung der Gewalt

Die internationale Gemeinschaft hat auf den Ausbruch von Gewalt und groben Menschenrechtsverletzungen zunehmend mit Interventionen reagiert – auch mit militärischen Mitteln. Die Zahl der von den Vereinten Nationen autorisierten Interventionen hat deutlich zugenommen – jeweils mit Überlegungen und Begründungen zur moralischen Verpflichtung, humanitäre Anliegen zu berücksichtigen. Diese Interventionen bedeuten einen Eingriff in die Souveränität der Nationalstaaten sowie er nach der Weberschen Konzeption vorgesehen ist.

Herbert Wulf

Zwischen der in der Charta der Vereinten Nationen verbrieften politischen Souveränität und der Gleichheit der Staaten einerseits und der besonderen Betonung des Schutzes individueller und kollektiver Menschenrechte andererseits besteht ein potenzielles Spannungsverhältnis. Artikel 2(7) der UN-Charta schreibt fest, dass nichts in der Charta die Vereinten Nationen dazu autorisiert, in Angelegenheiten zu intervenieren, die im wesentlichen die innerstaatliche Jurisdiktion betreffen. Gleichzeitig aber ist der Schutz der Menschenrechte gefordert. Die Prinzipien der Souveränität und der Nichteinmischung hatten in der Praxis der Vereinten Nationen über Jahrzehnte absoluten Vorrang.

In Ansätzen bereits während der Phase der Dekolonisierung, verstärkt aber nach dem Ende des Kalten Krieges, setzte sich der politische Wille durch, die Problematik der Menschenrechte aus einer nur innerstaatlichen Gewährleistungspflicht herauszuheben und den Menschenrechten einen übernationalen Status zuzuerkennen. Implizit wurde damit der Absolutheitsanspruch des Prinzips der Nichteinmischung in die inneren Angelegenheiten eines Staates angetastet und den Regierungen zugemutet, Einschränkungen ihres Handlungsspielraums zur Sicherung der Menschenrechte zu akzeptieren. Westliche Regierungen, die Demokratisierung und Schutz der Menschenrechte zu offiziellen Zielen ihrer Außenpolitik gemacht hatten, empfanden es als widersprüchlich, Interventionen zur Verteidigung von Demokratie und Menschenrechten abzulehnen.

Die Durchsetzung der humanitär und demokratisch motivierten Intervention im Rahmen der Vereinten Nationen ist mit einer Reihe konkreter praktischer Probleme konfrontiert.

Erstens nahmen die Vereinten Nationen die Interventionen in der Vergangenheit selektiv vor. Warum intervenierten die Vereinten Nationen in Somalia, aber nicht in Ruanda? Warum kann sich der Sicherheitsrat nicht auf eine Intervention im Sudan einigen, während in Osttimor im Jahr 1999 mit militärischen Mitteln rasch und wirkungsvoll durch die UN interveniert wurde? Große oder mächtige Länder müssen trotz grober Menschenrechtsverletzungen überhaupt nicht mit Interventionen der Vereinten Nationen rechnen.

Zweitens ist der Sicherheitsrat kein demokratisch legitimiertes Gremium. Die UN sind eine hybride Organisation, in der vor allem intergouvernmental ausgehandelte Entscheidungen gefällt werden. Der Sicherheitsrat repräsentiert eine längst überholte Machtbalance von vor über 60 Jahren und trifft seine Entscheidungen ohne eine wirkliche Kontrolle der internationalen Gemeinschaft.

Drittens sind die unilateralen und ohne UN-Mandat durchgeführten Interventionen keineswegs beendet. Wenn es die jeweilige Situation nach Auffassung der Regierungen zu erfordern scheint, wird auch weiterhin zur Durchsetzung der eigenen Interessen ohne UN-Autorisierung interveniert.

Viertens stellen die Mitgliedsländer den Vereinten Nationen längst nicht die finanziellen und personellen Mittel zur Verfügung, um sie in die Lage zu versetzen, die Ansprüche als Friedensstifter und Friedenswahrer effektiv erfüllen zu können. Beredte Klage hierüber ist in vielen Dokumenten der Vereinten Nationen nachzulesen.

Trotz der Tendenz zur Internationalisierung bleiben die Streitkräfte weitgehend national ausgerichtet, was zu einem Spannungsverhältnis führt, da die Aufgaben international, die Organisationsstruktur aber immer noch national gebunden ist. Diese Form der Internationalisierung wirft grundsätzliche Fragen zur Zukunft des staatlichen Gewaltmonopols auf. Der eindeutige Trend zum *Outsourcen* militärischer Aufgaben aufgrund begrenzter öffentlicher Haushalte, Waffenmodernisierung, Abbau von Staatsfunktionen und anderer Entwicklungen führt zur Reduzierung des Aufgabenspektrums der Streitkräfte. Gleichzeitig aber werden die Streitkräfte mehr als je zuvor eingesetzt, um präventiv oder reaktiv tätig zu werden und Konflikte zu verhindern oder zu befrieden, Kampfparteien in innergesellschaftlichen Kriegen auseinander zu halten und zu entwaffnen, statt das eigene Heimatland zu verteidigen. Oftmals verbirgt sich hinter diesen als humanitär deklarierten Einsätzen eine verdeckte Agenda, wie der Sturz unliebsamer Regime oder wirtschaftliche Interessen wie die sichere Ölversorgung.

Das liberale Projekt der Übernahme der „Schutzverantwortung" ist ein Versuch, neue Normen für Interventionen zu schaffen. Diese Normveränderungen haben Auswirkungen auf das staatliche Gewaltmonopol.

2. Die Überwindung des nationalstaatlichen Gewaltmonopols
2.1 Das Konzept

Der Nationalstaat hat aus den oben genannten Gründen in vielen Fällen nicht mehr die Funktion, das staatliche Gewaltmonopol auszuüben. Deshalb sind Alternativen

erforderlich, denn die zivilisatorischen Errungenschaften eines legitimen Gewaltmonopols gilt es zu bewahren. Das Modell eines mit Legitimität ausgestatteten öffentlichen Gewaltmonopols sieht vier Ebenen vor:
- auf der lokalen Ebene, die erprobte Formen der Regulierung von Konflikten anzubieten hat und in der auch in von Gewalt geprägten Gesellschaften „Zonen des Friedens" und "Inseln der Zivilität" existieren;
- auf der nationalen Ebene, die mit verantwortlichen und akzeptierten Institutionen der legitimierten organisierten Gewalt und *good governance* ausgestattet ist;
- auf der regionalen oder subregionalen Ebene mit Regionalorganisationen, die Schutz bieten und sich um die Förderung des Friedens über die Landesgrenzen hinweg kümmern;
- auf der internationalen, globalen Ebene mit den Vereinten Nationen, auf der Normen und internationale Prinzipien akzeptiert und gefördert werden, und die mit der legitimierten Autorität ausgestattet ist zum Schutz der Menschen zu intervenieren.

Angesichts der globalisierten Welt, mit durchlässigen oder nicht existierenden Staatsgrenzen, mit kollabierenden oder zusammengebrochenen Staaten, mit asymmetrischen Zonen der Sicherheit, liegt die Zukunft nicht notwendigerweise in der Re-Etablierung (national)staatlicher Gewaltmonopole. Ein mehrstufiges, öffentliches Gewaltmonopol entspricht den konkreten Gegebenheiten eher, da es die verschiedenen Gestaltungsebenen anspricht.

Ein mehrstufiges Gewalt*monopol* ist im strikten Wortsinne ein Oligopol, denn die Machtkompetenzen werden zwischen den vier Ebenen aufgeteilt. Oligopole sind, per definitionem, mit der Möglichkeit zur Konkurrenz und zum Konflikt um Kompetenzen konfrontiert. Um ein mehrstufiges, auf vier Ebenen verortetes öffentliches Gewaltmonopol als effizientes und funktionierendes Instrument zu schaffen, sind vereinbarte Regeln eine Voraussetzung. Andernfalls würde ein solches System an Kompetenzstreitigkeiten zwischen den vier Ebenen ersticken. Nur wenn die vier Ebenen des Systems zusammenarbeiten, besteht die Chance, von dem derzeitig perspektivlosen Zustand und dem Zusammenbruch des Gewaltmonopols in vielen Teilen der Welt zur Schaffung eines öffentlichen Gewaltmonopols zu kommen.

Herbert Wulf

Zwei Grundsätze sollten die Basis sein: Erstens, das Gewaltmonopol sollte nach dem Subsidiaritätsprinzip aufgebaut sein, d. h. von unten nach oben (*bottom-up*) angewendet werden. Die niedrigste, die lokale Ebene ist zunächst angesprochen, und nur wenn auf dieser Ebene die Kapazitäten nicht ausreichen oder die notwendige Anwendung des Gewaltmonopols die lokale Ebene übersteigt, wäre die nächst höhere Ebene verantwortlich. Diese Konzeption wird in vielen föderalen Ländern praktiziert, beispielsweise in der Verantwortlichkeit der Bundesländer für die Polizei in Deutschland. Ist der Nationalstaat unzureichend organisiert oder schlecht ausgerüstet das öffentliche Gewaltmonopol auszuüben oder betrifft dies überregionale Probleme, wie beispielsweise grenzüberschreitenden Handel mit Menschen, Drogen oder Waffen, sind die Regionalorganisationen zuständig. Die Vereinten Nationen fungieren als die höchste Autorität und *ultima ratio* in Fragen von Sicherheit und Frieden.

Zweitens, das Prinzip der Supramität, der Hierarchie der vier Ebenen. Die Normsetzung erfolgt von oben nach unten (*top-down*). Internationale, globale Normen haben Vorrang vor regionalen, regionale vor nationalen und nationale vor lokalen. Damit genießen die Vereinten Nationen eine höhere Autorität als die Regionalorganisationen, die wiederum Vorrang vor nationalen und lokalen Verantwortlichkeiten haben. Angesichts der Realität von Kriegen und Gewalt existieren die notwendigen öffentlichen Organe nicht überall auf den vier Ebenen, aber das mehrstufige System ist genau auf diese Situation ausgerichtet. In Fällen, in denen die eine Ebene das Gewaltmonopol nicht kompetent und effizient ausüben kann, muss die nächsthöhere Ebene den Zusammenbruch des Gewaltmonopols verhindern.

Mehrebenen-Monopol öffentlicher Gewalt

Subsidiaritätsprinzip: von unten nach oben	Gewaltmonopl	Supramitätsprinzip: von oben nach unten
↑	global	↓
	regional	
	national	
	lokal	
Ausübung des staatlichen Gewaltmonopols		Normsetzung, Regulierung

Ein solches Konzept ist in der Praxis schwer umzusetzen. Zahlreiche praktische Hindernisse und konzeptionelle Desiderate können angeführt werden, um dies zu belegen. Die lokale Ebene wird in vielen Krisenregionen von Korruption und kriminellen Netzwerken dominiert, und schwache öffentliche Institutionen sind machtlos. Der Staat ist in vielen Ländern schwach, inkompetent oder nicht konkret vorhanden. Die Regionalorganisationen sind in vielen Regionen unfähig die Macht auszuüben, nicht nur weil ihnen die notwendigen Kapazitäten und Befugnisse fehlen, sondern auch weil es innerhalb vieler Regionalorganisationen tief verwurzelte und kaum überbrückbare Streitpunkte gibt. Und auf der globalen Ebene wird die Macht der Vereinten Nationen bewusst eingeschränkt; ihre Aktivitäten sind oft kontrovers und ihre Normen werden ungleich angewendet, weil politische Doppelmoral der Mitgliedsländer auf der Tagesordnung ist. Trotz dieser Schwierigkeiten könnte ein Mehrebenensystem eines öffentlichen Gewaltmonopols einen Weg aus der derzeitigen Krise weisen.

Die Erfahrungen der letzten vier Jahrhunderte in Europa lehren, dass Sicherheit durch ein Gewaltmonopol garantiert sein muss und dass die Privatisierung oder Kommerzialisierung der Sicherheit Zonen relativer Sicherheit und Unsicherheit hervorbringen, in denen die Privilegierten privat angebotenen Schutz genießen.

2.2 Ansätze zur Umsetzung

Wenn das Ziel ist, die Gewalt zu verhindern, muss möglicherweise auch zur Durchsetzung dieses Prinzips Gewalt angewendet werden. Aber die Kriterien für die Anwendung oder Nichtanwendung von Gewalt müssen unzweideutig definiert sein, um in Krisen einen akzeptablen Kompromiss zwischen Nichtstun und massivem Militäreinsatz zu finden. Der Bericht der *International Commission on Intervention and State Sovereignty* über Intervention und staatliche Souveränität kann als Orientierung dienen. Die dort formulierten Kriterien machen deutlich, dass Streitkräfte nicht in jedem Konflikt eingreifen können und sollten, aber eine Verpflichtung zum Schutz der Menschen besteht.

Militärische Maßnahmen können Politik nicht ersetzen und militärische Interventionen sind keine Alternative zu Diplomatie, Verhandlung und Konfliktmediation. Trotz der Behauptung aller Regierungen, das Militär wirklich immer nur als

Herbert Wulf

ultima ratio einzusetzen, wenn politische und diplomatische Bemühungen fehlgeschlagen waren, gab es zahlreiche Fälle, in denen nicht nach diesem Prinzip verfahren wurde. Die Resultate für die betroffene Bevölkerung, die von dieser Politik profitieren soll, waren nicht immer nur positiv. Nach der Beendigung von Kriegen und mit dem Abschluss von Waffenstillstandsabkommen sind Rüstungskontrolle, Abrüstung sowie die Demobilisierung und Reintegration Grundvoraussetzung, um das öffentliche Gewaltmonopol wieder herzustellen. Denn wenn der Drehtüreffekt für Exkombattanten und Söldner, die von einem Konflikt zum nächsten wandern, verkannt und wenn der Nachschub von Waffen für die Konflikte nicht gestoppt wird, dann ist ein erneuter Gewaltausbruch programmiert.

Wirtschaftlicher Wiederaufbau ist ein Mittel, um Gesellschaften (nicht unbedingt den Staat) wieder funktionsfähig zu machen. Wenn diese Programme, unter dem Etikett *nation building*, in der Praxis vorrangig oder ausschließlich in der Marktliberalisierung der von internationalen Organisationen oder Geberländern geschaffenen Protektorate und der Unterstützung der alten Klientenstruktur zum Abschöpfen von Ressourcen bestehen, dann ist die Fortsetzung von Waffengewalt, ein Wiederaufflammen der Konflikte und der Bruch fragiler Friedensabkommen die logische Folge. Kurz- und mittelfristige Maßnahmen sind erforderlich das Wirtschaftsleben zu demilitarisieren und den Einsatz ökonomischer Ressourcen für Gewaltanwendung zu unterbinden und sie für friedliche Zwecke und für Entwicklung umzuleiten.

Lokale Ebene: Die Desintegration und Erosion von Staaten ist nur die eine Seite der „Medaille". Die Schaffung des Nationalstaates hat in einigen Regionen zur Verschärfung von Konflikten beigetragen, so beispielsweise im heutigen Sudan, wo durchaus lokale Konfliktregulierungsmechanismen über Jahrhunderte angewendet wurden. Der Umstand, dass westliche Beobachter diese Mechanismen meist nicht wahrnehmen, bedeutet nicht, dass sie nicht existieren. Traditionale Konfliktregulierung hat Stärken und Schwächen. Sie ist den lokalen Verhältnissen oft besser angepasst und bietet Partizipationsmöglichkeiten. Dagegen entspricht sie aber oft nicht den essentiellen Vorstellungen von Demokratie und Menschenrechten. Kriegsgeschüttelte Länder mögen von Warlords, Milizen, ehemaligen, nicht integrierten Kombattanten, Söldnern und korrupten Offiziellen dominiert sein, doch in diesen Ländern existieren auch „Zonen des Friedens" und „Inseln der Zivilität". Es ist daher erforderlich, mit internationalen Hilfsprogrammen oder Interventionen nicht nur auf die nationalstaatliche Ebene zu blicken. Ein *bottom-up*-Ansatz, der auf Kooperation mit dem Teil der Zivilgesellschaft beruht, der auf Gewalt verzichtet, mag zwar aufwendiger und nur langfristig zu realisieren sein, aber ein solcher Ansatz ist eine Voraussetzung für eine realistische Zukunftsperspektive, um die lokale Teilhabe des Friedensprozesses zu gewährleisten.

Nationale Ebene: Trotz des oft beschworenen Verfalls von Staaten und der schlechten Erfahrungen mit schwachen Staaten, sind immer noch die nationalen Regierungen entscheidende internationale Akteure. Trotz der Globalisierung, dem Ruf nach *global governance*, internationaler Normbildung und dem Erstarken der Zivilgesellschaft, bleibt die internationale Politik stark zentralstaatlich orientiert. Die Demilitarisierung der Gesellschaft und die Reform des Sicherheitssektors sind zentrale Voraussetzungen für die Wiederherstellung des Gewaltmonopols auf der nationalstaatlichen Ebene, für die Ermöglichung von Frieden und Entwicklung. Die Entscheidungen hierüber werden primär auf der Ebene des Nationalstaates getroffen. Dies beinhaltet auch die Reform des Sicherheitssektors als zentrale Institution des staatlichen Gewaltmonopols.

Regionale, kontinentale oder subkontinentale Ebene: Einige Friedensmissionen der Vereinten Nationen zeitigten katastrophale Ergebnisse. Dies wiederum führte zur Übertragung von Verantwortung auf Regionalorganisationen. Sie weisen vier Schwächen auf, die für eine Übernahme der Funktion Frieden zu stiften in dem vorgeschlagenen mehrstufigen Modell des Gewaltmonopols überwunden werden müssen: Die Delegation traditionell nationalstaatlicher Souveränität auf regionale Organisationen hat bislang deutliche politische Grenzen und wird von vielen Regierungen abgelehnt. Ferner ist die Arbeitsteilung zwischen Regionalorganisationen nicht geregelt, obwohl es eine Reihe geografischer Überschneidungen gibt, so zwischen EU, OSZE und NATO oder auch zwischen AU und ECOWAS oder SADC. Außerdem werden die meisten Regionalorganisationen durch grundsätzliche politische Differenzen zwischen den Mitgliedsländern geschwächt. Regionale Förderung der Sicherheit und des Friedens sind oft nur Lippenbekenntnisse. Schließlich verfügen die meisten Regionalorganisationen nicht über adäquate Institutionen zur Durchsetzung des Gewaltmonopols. Die AU ist aktuell ein besonders bedeutsames Beispiel. Die Beauftragung von Ad-hoc-Koalitionen ist deshalb eine nahe liegende

Konsequenz. Diese Koalitionen von interventionswilligen Ländern sind jedoch immer nur ad hoc möglich und lassen keine langfristigen, demokratisch legitimierten Strukturen zu.

Globale Ebene: Friedensmissionen der UN sind nicht neutral. Die UN werden von den mächtigen Wirtschafts- und Militärmächten dominiert und als „Feuerlöscher" und „Verbandskasten" zur Stützung des internationalen Systems benutzt – auch wenn die meisten Friedensmissionen moralisch gerechtfertigt sind und völkerrechtsgemäß durchgeführt werden. Das öffentliche Gewaltmonopol ist auf akzeptierte internationale Normen und Prinzipien angewiesen; dies gilt umso mehr, als die Souveränität des Nationalstaates durch die Globalisierung limitiert ist. Trotz dieser Defizite gibt es zu den Vereinten Nationen bei der Entwicklung dieser Normen keine realistische Alternative, auch wenn gerade bei der Herausbildung der Instrumente eines global erforderlichen und demokratisch legitimierten Gewaltmonopols Schwachstellen zu finden sind.

Anmerkung

[1] Ziff. 81 und 82 (gerechter Frieden), 89 (Menschenrechte), 114 (Schutzverantwortung), 124 (politische Friedensaufgaben), 167, 168 und 169 (Privatisierung staatlicher Sicherheitsaufgaben)

Dieter Senghaas

Abschreckung – und kein Ende?

Über Abschreckung gibt es bekanntlich unterschiedliche Diskurse: 1. den politisch-diplomatisch motivierten (man könnte ihn auch als politisch-programmatisch bezeichnen), 2. den militärstrategisch ausgerichteten sowie 3. denjenigen, der für den Eventualfall operative Vorkehrungen antizipierend reflektiert und für eine entsprechende Implementierung zu sorgen hat. Wird die Rolle von Nuklearwaffen in diesen Diskursen mitbedacht, so kann sich die erstgenannte Variante des Diskurses darauf zurückziehen, Nuklarpotentiale ganz allgemein und ohne weitere Spezifikation als „politische Waffen" zu thematisieren. Diese Orientierung ist aber wenig überzeugend bzw. glaubwürdig, wenn es darum geht, die dabei den Nuklearwaffen zugewiesene politische Funktion letztendlich auch in Militärstrategie bzw. in Hardware zu übersetzen. Von Relevanz sind dann nicht Nuklearwaffen unterschiedsloser Größenordnung und Einsatzmöglichkeiten per se; vielmehr geht es um spezifische Potentiale für spezifisch vorausbedachte Eventualfälle im Rahmen operativer Planungen. Der zweite und dritte Diskurs geht in der Regel ineinander über und wird, je konkreter er ist, identisch. An diesem grundlegenden Sachverhalt kann überhaupt kein Zweifel bestehen, wenn man die Geschichte der Nuklearwaffen im Kontext diverser Abschreckungsstrategien zur Kenntnis nimmt.

Insbesondere ist festzuhalten: Die These, dass nukleare Waffen als „politische Waffen" und schon lange nicht mehr als Kriegsführungswaffen angesehen werden, beruft sich auf den erstgenannten Diskurs; diese These verkennt aber die Erfordernisse im Hinblick auf *nuclear warfighting*-Doktrinen und der auf diese hin adjustierten Hardware. Beginnend mit entsprechenden Auseinandersetzungen in den USA seit den 1950er Jahren ist der beschriebene Sachverhalt unbestreitbar; im übrigen wird er durch die neueste inneramerikanische Diskussion über *„deterrence in the 21st century"* nachdrücklich dokumentiert, allein schon deshalb, weil in den USA Nuklearwaffen, unbestreitbar in den politischen Erklärungen wie auch in den militärischen Planungen, als fungibler Aktivposten im Rahmen der Gesamtstrategie positiv bewertet werden.

In dieser Hinsicht sind die USA und die NATO nicht zwei Seiten ein und derselben Instanz. In der NATO mag in der Nachfolge der ad acta gelegten *flexible response*-Doktrin die Wiedereinführung von nuklearen Kriegsführungsoptionen keine Chance haben, und man kann sich hier auf den erstgenannten deklamatorischen Diskurs zurückziehen. Das tangiert aber nicht den betont selbstbestimmten Umgang mit *nuclear warfighting*-Doktrinen und der entsprechenden Hardware innerhalb der USA und im Hinblick auf deren Weltpolitik, einschließlich eben der Rolle von Nuklearwaffen im Kontext amerikanischer Weltpolitik („*nuclear primacy*"), die auch ggf. Folgewirkungen für die NATO hat. Kein amerikanischer Kenner der nuklearen Planungen der USA würde übrigens jemals behaupten, es gäbe keine konkreten Zielplanungen. Der Streit in den USA geht ja gerade um die Modalitäten konkreter Zielplanungen und nicht um eine Art von politischer Philosophie von Abschreckung (die es aus nachvollziehbaren Gründen vor allem in Frankreich und zu keinem Zeitpunkt vergleichbar in den USA gegeben hat).

Im übrigen: wenn es in der NATO Einblick und Mitsprache hinsichtlich nuklearer Planungen gibt, aber derzeit keine konkrete Zielplanung (wie oft behauptet wird), ergeht man sich dann dort in philosophischen Gesprächen – oder was heißt: Einblick und Mitsprache hinsichtlich nuklearer Planung, wenn letzterer die Konkretion fehlt („keine konkrete Zielplanung")? Und weiterhin ist auch zu fragen: Wenn es keine konkreten Zielplanungen gibt (glücklicherweise müsste man sagen), wozu dann die Restbestände der in der NATO innerhalb Europas dislozierten Nuklearwaffen?

„If deterrence fails" – was passiert, falls Abschreckung versagt, fehlschlägt, nicht wirkt? Diese Frage hat die Abschreckungsdiskussion seit den frühen 1960er Jahren begleitet. Und auch diese Diskussion hat maßgeblich die Auseinandersetzung über konkrete Zielplanungen motiviert. Auch dieser Sachverhalt ist, zumindest in der inneramerikanischen Diskussion, heute kein anderer als in den vergangenen Jahrzehnten. Niemand würde dort angesichts der eigenen Potentiale die These vertreten, man müsse der zunehmenden Zahl von Atommächten und ihren denkbaren Absichten „Adäquates entgegensetzen". Diskurse und Planungen über „*deterrence by punishment*", also die Vergeltungsabschreckung, sind kaum existent, obgleich unter asymmetrischen Bedingungen vorstellbar und naheliegend. Bemerkenswert ist, daß in der inneramerikanischen Diskussion die Kriegsführungsabschreckung („*deterrence by denial*" oder *counter force deterrence*) ganz im Zentrum steht – und dies in völliger Kontinuität mit dem Grundduktus der Abschreckungsdiskurse und Abschreckungsplanungen in den vergangenen Jahrzehnten, nunmehr allerdings adjustiert auf neue und Möchtegern-Atommächte, insbesondere aber auch (was in der europäischen Diskussion wenig Beachtung findet) explizit auf China und immer noch auf Rußland. „*Deterrence by denial*"/„*counter force deterrence*" heißt im übrigen: konkrete Zielplanung für Eventualitäten im konkreten potentiellen Fall unter Bedingungen von *worst case*.

Eine umsichtige und kluge Politik, die vor den in der internationalen Politik unleugbar beobachtbaren Widrigkeiten die Augen *nicht* verschließt, tut gut daran, sich nicht auf Abschreckungspolitik zu verlassen, denn diese impliziert Imperative, die man zwar deklamatorisch, aber nicht in den konkreten Planungen überspielen kann. Was man unter der Prämisse von Abschreckung unerbittlich erreicht, ist, denkbare Auswege aus diesen Imperativen zu verbauen – unter anderem auch, weil aufgrund des eigenen Handelns andernorts weiterhin oder erstmalig vergleichbare Imperative inszeniert werden. Abschreckung mit Nuklearwaffen provoziert unabweisbar Abschreckung samt der sie kennzeichnenden Rüstungsdynamik: Das war im Ost-West-Konflikt so, ausgehend von asymmetrischen und sich allmählich symmetrisierenden Bedingungen (und wird weiterhin rebus sic stantibus die Beziehungen zwischen den USA und Russland prägen); das ist aber auch die erwartbare weltpolitische und Rüstungsdynamik unter mittel- bis langfristig asymmetrischen Bedingungen (China u.a.). Für *kluge* Weltpolitik ist Abschreckung mit Nuklearwaffen ein denkbar schlechtes Rezept.

Ulrich Frey

Eine friedens- und sicherheitspolitische Gesamtstrategie für Deutschland? –

Die Friedensdenkschrift der EKD, der Aktionsplan „Zivile Krisenprävention" und das Weißbuch der Bundesregierung[1]

1. Einführung

Die EKD entfaltet Frieden und Sicherheit als wertgebundene Begriffe unter dem Leitbild des „gerechten Friedens" theologisch und politisch.[2] Frieden versteht sie aus biblischer Sicht als ein „prozessuales Konzept": „Friede ist kein Zustand (weder der bloßen Abwesenheit von Krieg, noch der Stillstellung aller Konflikte), sondern ein gesellschaftlicher Prozess abnehmender Gewalt und zunehmender Gerechtigkeit – letztere jetzt verstanden als politische und soziale Gerechtigkeit, d. h. als normatives Prinzip gesellschaftlicher Institutionen. Friedensfördernde Prozesse sind dadurch charakterisiert, dass sie in innerstaatlicher wie in zwischenstaatlicher Hinsicht auf die *Vermeidung von Gewaltanwendung*, die *Förderung von Freiheit und kultureller Vielfalt* sowie auf den *Abbau von Not* gerichtet sind. Friede erschöpft sich nicht in der Abwesenheit von Gewalt, sondern hat ein Zusammenleben in Gerechtigkeit zum Ziel. In diesem Sinn bezeichnet ein gerechter Friede die Zielperspektive politischer Ethik. Auf dem Weg zu diesem Ziel sind Schritte, die dem Frieden dienen ebenso wichtig wie solche, die Gerechtigkeit schaffen" (Ziffer 80). Das neue Paradigma allen realen friedenspolitischen Handelns ist: „Wenn du den Frieden willst, bereite den Frieden vor." Als eine herausragende politische Friedensaufgabe fordert die EKD in Kapitel 4 der Denkschrift ein „friedens- und sicherheitspolitisches Gesamtkonzept", in das sich die Bundeswehr als ein militärisches Instrument einordnen kann, sowie eine Enquetekommission des Deutschen Bundestages zu Fragen der deutschen Sicherheitspolitik (Ziffern 148 ff).

Ulrich Frey

2. Aktionsplan „Zivile Krisenprävention" und das Weißbuch der Bundesregierung

Das von der EKD geforderte nationale deutsche Gesamtkonzept sollte einen konstruktiven Beitrag auf den Ebenen der Europäischen Union und der Vereinten Nationen leisten. Es sollte a.) materielle Leitlinien, b.) Steuerungsmechanismen, sowie c) staatliche und nicht-staatliche Akteure benennen, um Friedens- und Sicherheitspolitik im Sinne des gerechten Friedens effizient und nachhaltig zu gestalten. Die Denkschrift der EKD verlangt (Ziffer 122) für bewaffnete Friedensmissionen von einem Gesamtkonzept „u.a. eine präzise Definition des Auftrags, die Verfügbarkeit darauf abgestimmter Fähigkeiten, eine sorgfältige Koordination der verschiedenen nationalen und internationalen, militärischen und zivilen Akteure untereinander, eine realistische Abschätzung des für die wirtschaftliche und kulturelle Konsolidierung notwendigen Zeithorizonts (einschließlich der Festlegung von ‚Exit'-Kriterien)." Weder der Aktionsplan der Bundesregierung „Zivile Krisenprävention, Konfliktlösung und Friedenskonsolidierung" (2004) noch das Weißbuch zur Sicherheitspolitik Deutschlands und zur Zukunft der Bundeswehr des Bundesministeriums der Verteidigung (2006)[3] haben den Charakter einer solchen *grand strategy*. Die *European Security Strategy* (ESS) (2003) kommt dem als Grundlagenpapier für die Europäische Sicherheits- und Verteidigungspolitik (ESVP) nahe. Ganz frisch ist die britische *National Security Strategy*, die Premierminister Gordon Brown dem Unterhaus am 19.3.2008 vorstellte, die auch die Gefährdungen aus dem Klimawechsel, weltweiter Krankheit und Armut einschließt.[4]

Ihr Verständnis von Sicherheit hat die Bundesregierung nach dem Ende des Ost-West-Konfliktes unter dem Begriff der „erweiterten Sicherheit" in dem „Gesamtkonzept der Bundesregierung: Zivile Krisenprävention, Konfliktlösung und Friedenskonsolidierung" (Dezember 2002) in einer nicht-militärisch orientierten Version niedergelegt:

> „Ausgangspunkt für Maßnahmen der Krisenprävention, der Konfliktbeilegung und der Konsolidierung in der Nachkonfliktphase ist ein *erweiterter Sicherheitsbegriff, der politische, ökonomische, ökologische und soziale Stabilität umfasst.* Grundlage dafür sind die Achtung der Menschenrechte, soziale Gerechtigkeit, Rechtsstaatlichkeit, partizipatorische Entscheidungsfindung, Bewahrung natürlicher

Ressourcen, Entwicklungschancen in allen Weltregionen und die Nutzung friedlicher Konfliktlösungsmechanismen."[5] (Hervorhebung UF)

Dieses Gesamtkonzept ist die Grundlage des Aktionsplanes der Bundesregierung „Zivile Krisenprävention, Konfliktlösung und Friedenskonsolidierung" (2004).[6] Das Weißbuch der Bundesregierung würdigt den Aktionsplan jedoch lediglich als einen „Baustein" und als „Beispiel"[7], ohne näher auf den erstmals erklärten Primat des Zivilen in der deutschen Außen- und Sicherheitspolitik einzugehen. Es zieht aus dem militärisch verstandenen erweiterten Sicherheitsbegriff den Schluss, alle sicherheitspolitischen Strukturen seien zu vernetzen: „Nicht in erster Linie militärische, sondern gesellschaftliche, ökonomische und kulturelle Bedingungen, die nur in multinationalem Zusammenwirken beeinflusst werden können, bestimmen die künftige sicherheitspolitische Entwicklung. Sicherheit kann daher weder rein national noch allein durch Streitkräfte gewährleistet werden. Erforderlich ist vielmehr ein umfassender Ansatz, der nur in vernetzten sicherheitspolitischen Strukturen sowie im Bewusstsein eines umfassenden gesamtstaatlichen und globalen Sicherheitsverständnisses zu entwickeln ist."[8] Zu vernetzen aus der Sicht des BMVg sind die unterschiedlichen Instrumente von Bundeswehr, Entwicklungs- und humanitärer Hilfe, von Polizei und anderen Akteuren zur Konfliktverhütung und Krisenbewältigung. Internationale Konfliktverhütung und Krisenbewältigung, einschließlich des Kampfes gegen den internationalen Terrorismus bleiben vorrangige Aufgaben. Dabei „sieht die Bundesregierung die Notwendigkeit einer Erweiterung des verfassungsrechtlichen Rahmens für den Einsatz der Streitkräfte" im Inneren.[9]

3. **An welchen materiellen Leitlinien kann sich ein friedens- und sicherheitspolitisches Gesamtkonzept orientieren?**
3.1 **Eine semantische Neuorientierung des Sicherheitsverständnisses – Fehlorientierung durch den „erweiterter Sicherheitsbegriff"?**

Der „erweiterte Sicherheitsbegriff" wird unterschiedlich interpretiert: einerseits in Richtung einer zivilen Politik der Friedenssicherung nach dem Aktionsplan (siehe oben Nr. 2), andererseits in Richtung einer „erweiterten Verteidigungspolitik".[10] Die NATO definiert „Sicherheit" außerordentlich weit: „Die Sicherheit des Bündnisses muss jedoch auch den globalen Kontext berücksichtigen. Sicherheitsinteressen des

Bündnisses können von anderen Risiken umfassenderer Natur berührt werden, einschließlich Akte des Terrorismus, der Sabotage und des organisierten Verbrechens sowie der Unterbrechung der Zufuhr lebenswichtiger Ressourcen. Die unkontrollierte Bewegung einer großen Zahl von Menschen, insbesondere als Folge bewaffneter Konflikte, kann ebenfalls Probleme für die Sicherheit und Stabilität des Bündnisses aufwerfen" (Ziffer 24). Die staatliche Sicherheit kann nach diesem Konzept nicht nur von Staaten, sondern auch von nichtstaatlichen Kräften, z.B. Terroristen bedroht werden.

Je weiter „Sicherheit" definiert wird, desto mehr wächst die Versuchung, infolge des Mangels an zivilen Ressourcen, in der Gefangenschaft traditioneller Vorstellungen von Konfliktlösung und unter dem Druck von Bündnispartnern militärische Mittel einzusetzen. Gegen die Inflation von Sicherheitsrisiken ist es heilsam, den Sicherheitsbegriff zu verengen. Wenn in der Krisenbewältigung bei Analyse, Planung und Durchführung stärker zwischen a.) Risiken, b.) Gefährdungen und c.) tatsächlichen Bedrohungen unterschieden würde, könnten die vorhandenen Instrumente präziser bestimmt und defizitäre Instrumente entwickelt werden. Mit den Friedensforschern Müller, Brock und Hauswedell trete ich deshalb zur Stärkung und Durchsetzung des zivilen Politikansatzes dafür ein, den Sicherheitsbegriff auf den „Schutz vor rechtloser physischer Gewalt" auf internationaler, nationaler und innergesellschaftlichen Ebene (Brock) zu verengen.[11] Ein gestuftes Verständnis von Sicherheitspolitik ebnet konzeptionell und hinsichtlich der Instrumente den Weg zur zivilen Bearbeitung von Konflikten. Grundlage eines engeren Sicherheitsbegriffes ist das Verständnis von „menschlicher Sicherheit" (*human security*), entwickelt vom Entwicklungsprogramm der Vereinten Nationen (UNDP) im *„Human Development Report"* 1994.[12] Es fokussiert angesichts der Armut eines großen teils der Menschheit auf den Schutz des Individuums, nicht aber auf den Schutz der nationalstaatlichen Sicherheit durch Militär gegen Bedrohungen von außen. Die *Commission on Human Security* (2003) versteht unter menschlicher Sicherheit „die Garantie der physischen und psychischen Integrität der Menschen (*freedom from fear*) und die Befriedigung soziökonomischer Grundbedürfnisse (*freedom from want*)."[13] Menschliche Sicherheit darf nicht militärisch vereinnahmt werden.

3.2 Das Friedensgebot des Grundgesetzes als Orientierung für Friedens- und Sicherheitspolitik

Das Weißbuch der Bundesregierung vermischt die „Werte des Grundgesetzes" und „die Interessen unseres Landes".[14] Interessen sind jedoch nicht immer durch Werte begründet. Die Leitlinie für eine deutsche Gesamtstrategie ist das Friedensgebot des Grundgesetzes. Die Präambel des Grundgesetzes, die Artikel 24 Abs. 2 und 3 (kollektive Sicherheit), 25 (allgemeines Völkerrecht als Bestandteil des Bundesrechts) und 26 (Verbot des Angriffskrieges) fordern als Lehren aus der deutschen Geschichte die Festlegung aller staatlichen Mittel zur Förderung des Friedens.[15]

3.3 Verwundbarkeit als Voraussetzung eines Gesamtkonzeptes, nicht Sicherheit

Es gibt keine absolut herzustellende Sicherheit gegen jegliche Risiken, sondern nur einen Prozess der Sicherung. Die Unverwundbarkeit, wie Ronald Reagan sie militärisch gegen Raketenangriffe von außen herstellen wollte („Das Fenster der Verwundbarkeit schließen"), ist im Ergebnis illusorisch und zerstörerisch. Unverwundbar sein zu wollen, folgt bei Präsident Busch aus einer fundamentalistischen Grundhaltung und führt zu einer unchristlich motivierten Politik. Das wird in der theologischen und ökumenischen Diskussion zunehmend als leitende Erkenntnis festgestellt. Das Bewusstsein der Verwundbarkeit leitet gleichermaßen über zum Konziliaren Prozess für Gerechtigkeit, Frieden und Bewahrung der Schöpfung, zum AGPAPE-Prozess und zur Dekade zur Überwindung der Gewalt. Jesus hat sich verwundbar gemacht und ist so gestorben. Sein Leben und befreiender Tod am Kreuz schenken Kraft, unsere Verwundbarkeit im geistlichen und säkularen gesellschaftlichen Leben auszuhalten und zu konstruktiven Alternativen zu nutzen.[16]

3.4 Ausbau der Prävention auf ausgewählten Feldern

Prävention zum Überleben: Klimaschutz

Bis zum Jahre 2050 muss die Emission von Treibhausgasen weltweit um 50 Prozent reduziert werden, in den Industrieländern um 80 Prozent, um ein nicht mehr revisibles Umkippen des gesamten Ökosystems zu verhindern. Gelänge das nicht, drohten eine klimabedingte Degradation von Süßwasserressourcen, die Zunahme von Sturm- und Flutkatastrophen, der Rückgang der Nahrungsmittelproduktion und eine umweltbedingte Migration. Die internationale Stabilität und Sicherheit würde gefährdet durch die voraussichtliche Zunahme schwacher und fragiler Staaten, durch Risiken für die weltwirtschaftliche Entwicklung, durch Risiken aus wachsenden Verteilungskonflikten zwischen Verursachern und Betroffenen und infolge der Gefährdung der Menschenrechte. Abhilfe ist realistischerweise nur durch *Global-Governance* herzustellen.[17] *Global Governance* bedeutet die „Entwicklung eines Institutionen- und Regelsystems und neuer Mechanismen internationaler Kooperation, die die kontinuierliche Problembearbeitung globaler Herausforderungen und grenzüberschreitender Phänomene erlauben."[18, 19]

Prävention zur Handlungsfähigkeit: Energiesicherung

Die weltweite Energienachfrage wird bis zum Jahre 2030 um ca. 50 Prozent steigen, insbesondere infolge des Energiehungers der aufsteigenden Mächte China und Indien. Davon werden 81 Prozent von fossilen Energieträgern abgedeckt sein. Von den fossilen Energieträgern wird Öl wird mit 33 Prozent die wichtigste Ressource bleiben, danach Erdgas und Kohle. Weil die Ölvorräte nach konservativen Schätzungen nur noch 50 Jahre vorhalten sollen und die Förderung ab 2015 (*peak oil*) absinken soll, ist jetzt eine Energiepolitik nötig, die alternative Energien fördert, die gefährliche Atomenergie zurückdrängt und als Ressource das Energiesparen ausbaut.[20] Die Überlegungen des *Institute for Security Studies* (ISS, Paris) im *European Defense Paper* (2004) unter dem Titel „Europäische Verteidigung: ein Vorschlag für ein Weißbuch", Rohstoffe durch „Regionalkriege" und „Expeditionskriegszüge" zu sichern, sind abzulehnen.[21]

Prävention gegen Rüstung:
Nichtverbreitung von Atomwaffen und Abrüstung

Ein zweites „nukleares Zeitalter" ist seit dem Scheitern der 7. Konferenz zur Überprüfung des Atomwaffensperrvertrages (*Non Proliferation Treaty, NPT*) im Jahre 2005 sowie der seither ungebremsten atomaren Proliferation und Aufrüstung zu befürchten. Die Bundesrepublik lässt im NATO-Rahmen der „nuklearen Teilhabe" auf ihrem Boden immer noch die Lagerung von 20 US-Atomsprengköpfen auf dem US-Stützpunkt Büchel zu. Dadurch bleibt Deutschland in die Nuklearstrategie der USA eingebunden. Weil die Strategie der nuklearen Abschreckung unter den heutigen Rahmenbedingungen „überhaupt fraglich" geworden ist, votiert der Rat der EKD in der neuen Denkschrift (Ziffer 162): "Aus der Sicht evangelischer Friedensethik kann die Drohung mit Nuklearwaffen *heute nicht mehr* (kursiv: EKD) als Mittel legitimer Selbstvereidigung betrachtet werden." Damit wird das „noch" der VIII. Heidelberger These (1959) widerrufen. Gleichwohl bleibt umstritten, „welche politischen und strategischen Folgerungen aus dieser gemeinsam getragenen friedensethischen Einsicht zu ziehen sind." Eine Position dazu argumentiert mit dem Weißbuch, die Abschreckung mit atomaren (= politischen) Waffen müsse ein „gültiges Prinzip" bleiben, auch wenn niemand „explizit" bedroht wird.[22] Mit dem Ratsvorsitzenden der EKD, Bischof Wolfgang Huber, und Bischof Heinz Josef Algermissen, Fulda, ist der Abzug der amerikanischen Atomwaffen aus der Bundesrepublik zu fordern.[23]

Energisch zu bekämpfen sind die wachsenden Rüstungsexporte. Deutschland nahm 2006 nach den USA und Russland den dritten Platz der exportierenden Länder und den ersten Platz in der Europäischen Union vor Frankreich und Großbritannien ein. Für die Entwicklung kontraproduktiv sind die deutlich gestiegenen Rüstungsexporte in Entwicklungsländer, Krisenregionen und Spannungsgebiete. Einzudämmen ist die riesige Zahl von militärischen Kleinwaffen, die wegen ihrer Menge und leichten Transportfähigkeit wie Massenvernichtungswaffen wirken. Die Gemeinsame Konferenz Kirche und Entwicklung (GKKE) fordert zu Recht mehr Kohärenz und Transparenz bei rüstungsexportpolitischen Entscheidungen sowie die Einhaltung des EU-Verhaltenskodexes für Rüstungsexporte.[24]

Präventionskompetenzen der internationalen Politik (EU und Vereinte Nationen)

Die Europäische Sicherheitsstrategie (ESS, 2003) als Teil der Gemeinsamen Außen- und Sicherheitspolitik (GASP) der EU ist eines der übernationalen Referenzpapiere für die deutsche Friedens- und Sicherheitspolitik. Die EU sieht die hauptsächlichen globalen Bedrohungen im Terrorismus, in der Verbreitung von Massenvernichtungswaffen, in regionalen Konflikten, im Scheitern von Staaten und in der organisierten Kriminalität. In der ESS stehen immer noch zwei Konzeptionen einer europäischen Sicherheitspolitik unverbunden nebeneinander[25], nämlich ein gegenwärtig überwiegendes[26] sicherheits- und verteidigungspolitisches und ein ordnungspolitisch geprägtes Sicherheitsverständnis. Deutsche Friedens- und Sicherheitspolitik sollte auf die Revision der ESS zum Ausbau der EU als *soft power* und Zivilmacht drängen und nicht als Militärmacht. Kennzeichen einer zivil orientierten Friedens- und Sicherheitspolitik auf der Grundlage der „menschlichen Sicherheit" sind u.a. der Vorrang ziviler Instrumente zur Konfliktprävention, Versöhnungsarbeit und zivilen Krisenprävention mit einer gegenüber dem militärischen Bereich entsprechend stärker ausgelegten finanziellen und personellen Ausstattung, die Wahrung der Menschenrechte, die soziale Gerechtigkeit, eine gerechte Ressourcenverteilung und Zugangsgerechtigkeit, fairer Handel und eine gerechte Agrarpolitik, Umweltschutz und Bekämpfung der Klimaveränderung sowie die Bekämpfung von Fluchtursachen. Die im November 2007 von Gremien der EU verabschiedete *„Civilian Headline Goal 2010"*[27], ein Prozesspapier zu Zielen und zur Implementierung von Maßnahmen zugunsten des zivilen Krisenmanagements (Polizei, Experten und Expertinnen für Administration, Recht, Menschenrechte, politische Fragen, Gender, Sicherheitssektorreform und Katastrophenschutz, Beobachter), leitet dazu an. Positiv zu würdigen ist das zum 1.1.2007 in Kraft getretene Stabilitätsinstrument (*Instrument for Stability*) zur Finanzierung von Maßnahmen des zivilen Krisenmanagements. Die Peace Building Partnership, auf die sich das Europäische Parlament und die Kommission 2006 geeinigt haben, bezweckt den Aufbau von Kapazitäten nicht-staatlicher Akteure und die Verbesserung der Kommunikation und des Austausches zwischen nicht-staatlichen Akteuren, internationalen Organisationen und EU-Institutionen.[28]

Als Warntafeln bei der Entwicklung der EU sind u.a. aufgestellt:
- Zunehmende Bedeutung von Militär im Zuge des Ausbaus der GASP (militärisch-strukturelle Zusammenarbeit von einzelnen Mitgliedstaaten, Ausweitung der „Petersbergaufgaben" in Richtung von Kampfeinsätzen, Europäische Verteidigungsagentur)
- Weiterentwicklung der ESS bei der „integrierten zivil-militärischen Zusammenarbeit". Zur Diskussion steht eine europäische Armee mit einer gemeinsamen militärischen Doktrin und gemeinsamen Einsatzregeln im Rahmen einer zivil-militärisch integrierten Sicherheitspolitik.[29]

- Studien des Instituts der Europäischen Union für Sicherheitsstudien (*European Institute for Security Studies, ISS*, www.iss.europa.eu), Paris, das die EU in Sachen ESVP berät, wie z.b. das *European Defense Paper* zur Sicherung der Ölversorgung mit militärischer Unterstützung (siehe Punkt 4.4.2)
- Die Vereinten Nationen (UN) sind für die deutsche Friedens- und Sicherheitspolitik unter dem Gesichtspunkt der Multilateralität von wachsender Bedeutung: Die Peace Building Commission (PBC), Organ sowohl der Generalversammlung als auch des Sicherheitsrates, ist im Rahmen des UN-Reformprozesses 2005 beschlossen worden. Die Generalversammlung der UN hat mit dem Beschluss des Reformgipfels vom 15.9.2005 zum Schutz von Bevölkerungen vor Genozid, Kriegsverbrechen, ethnischen Säuberungen und Verbrechen gegen die Menschlichkeit (Responsibility to protect, R2P[30]) eine Debatte über die Einführung einer neuen völkerrechtlichen Norm verstärkt, die die seit 1648 gültige absolute Souveränität von Staaten mit Ausnahmen versieht. Bei den Teil-Verantwortlichkeiten der internationalen Staatengemeinschaft aus der R2P (responsibility to protect, to react, to rebuild dominiert eindeutig das präventive Element.[31]

Ausbau der zivilen Konfliktbearbeitung in Deutschland

Das in den letzten Jahren entstandene nichtmilitärische zivile Instrumentarium in Deutschland wird den weltweiten Anforderungen strukturell, finanziell und personell (noch) nicht gerecht, obwohl in den Einzelplänen der Ministerien AA, BMZ, BMVg, BMWI, des Forschungsministeriums und des Bundeskanzleramtes im Jahre 2007 insgesamt 3,268 Mrd. EUR für Maßnahmen der zivilen Krisenprävention, Konfliktlösung und Friedenskonsolidierung bereitstanden.[32] Das unzureichende System der zivilen Konfliktbearbeitung in Deutschland besteht aus:
- den staatlichen und zivilgesellschaftlichen Institutionen und Einrichtungen der Entwicklungszusammenarbeit. Der Etat des Bundesministeriums für wirtschaftliche Zusammenarbeit und Entwicklung (BMZ) stieg im Jahre 2008 um 15 Prozent auf 5,2 Mrd. EUR.
- dem Zentrum für Zivile Friedenseinsätze (ZIF), gegründet 2002, dem Auswärtigen Amt zugeordnet, beauftragt mit der Personalrekrutierung, der Vorbereitung und dem Training von zivilem Personal für internationale Friedenseinsätze für OSZE, UNO und EU mit bisher mehr als 1000 Deutschen und Internationalen in

Kursen, mehr als 1000 ausgewählten Personen aus dem ZIF-*Stand-by*-Expertenpool und 200 zivilen deutschen Experten,[33]
- der Deutschen Stiftung Friedensforschung (DSF), im Jahre 2000 als Einrichtung zur Förderung der Friedensforschung gegründet. Ende 2007 hatte die von der Politik unabhängige Stiftung ein Kapital von 27,06 Mio. EUR. Mit den Zinsen werden wissenschaftliche Vorhaben, Konferenzen und der wissenschaftliche Nachwuchs gefördert.
- dem Zivilen Friedensdienst (ZFD), einem gemeinsamen Werk des Bundesministeriums für wirtschaftliche Zusammenarbeit und Entwicklung (BMZ) und der anerkannten Träger des Entwicklungsdienstes im Rahmen des Entwicklungshelfergesetzes seit 1999 für Fachkräfte der zivilen Konfliktbearbeitung mit bisher insgesamt 872 Fachkräften (2008: 134 Fachkräfte unter Vertrag) und einer Förderung von 18,4 Mio. EUR (2008) und 25 Mio. EUR (2009). Um den ZFD zu einem wirksamen Instrument zu machen, sind 500 Friedensfachkräfte und 40 bis 45 Mio. EUR nötig.
- „Zivik", einem Programm des Instituts für Auslandsbeziehungen (IFA) seit 2001, das mit Mitteln des Auswärtigen Amtes internationale Friedensprojekte von Nichtregierungsorganisationen fördert (2007: 2,1 Mio. EUR, 2008: 4 Mio. EUR),
- der Arbeitsgemeinschaft Entwicklungspolitische Friedensarbeit (FriEnt) von staatlichen und zivilgesellschaftlichen Institutionen (BMZ, Gesellschaft für Technische Zusammenarbeit, Heinrich-Böll-Stiftung, Evangelischer Entwicklungsdienst, Misereor, Konsortium Ziviler Friedensdienst, Plattform Zivile Konfliktbearbeitung/Institut für Entwicklung und Frieden) seit 2001 zur Förderung der Friedensarbeit als Teil der Entwicklungspolitik (Informations- und Wissensdrehscheibe, Plattform für Vernetzung, Beratung und Kompetenzvermittlung)
- Zur Umsetzung des Aktionsplanes „Zivile Krisenprävention" (2004) ist der Ressortkreis der beteiligten Ministerien unter der Federführung des Auswärtigen Amtes mit einem zivilgesellschaftlichen Beirat eingerichtet worden.
- Die Plattform Zivile Konfliktbearbeitung, 1998 gegründet, ist das deutsche Netzwerk von gegenwärtig 132 Einzelpersonen und 61 Organisationen als Nichtregierungsorganisationen aus den Bereichen Friedensarbeit, Konfliktbearbeitung, Mediation, Menschenrechtsarbeit, Entwicklungszusammenarbeit und Wissenschaft.[34]

- International geschätzt wegen ihrer Qualität in Friedensmissionen sind deutsche Polizeibeamte. Inzwischen waren gut 5000 deutsche Polizistinnen und Polizisten in weltweiten Polizeieinsätzen der EU und der UNO. Von den 5.000 Polizisten im Rahmen des Zivilen Krisenmanagements der EU hat Deutschland 910 Beamte zugesagt.

Im Vergleich zu den nicht-militärischen Kräften ist die Bundeswehr wesentlich besser ausgestattet. Der Haushalt des Bundesministeriums der Verteidigung (BMVg) umfasst 2008 29,5 Mrd. EUR, eine Milliarde mehr als 2007. Die Bundeswehr hat sich seit dem Beginn ihres „Transformationsprozesses" 1993 zu einem der größten Truppensteller für internationale Friedensmissionen mit bisher insgesamt über 200.000 Soldatinnen und Soldaten entwickelt, derzeit in zehn internationalen Operationen präsent.[35] 2007 waren ca. 7.200 Soldatinnen und Soldaten im Auslandseinsatz. Die Auslandseinsätze der Bundeswehr kosteten im Jahre 2006 ca. 893,8 Mio. EUR.[36] Die Bundeswehr verbraucht für ihre bis zu 500 Soldaten im Regionalen Wiederaufbauteam (PRT) in Kunduz und Feisabad, für das neue Militärcamp in Kunduz (mit 30 Mio. EUR errichtet) und die große Zahl der gepanzerten Fahrzeuge, Transportflugzeuge und Hubschrauber ca. 100 Mio. EUR an laufenden Kosten pro Jahr. In den drei Nord-Ost-Provinzen Afghanistans finanziert das BMZ z. Zt. 30 bis 50 deutsche bzw. internationale Fachkräfte mit 15 Mio. EUR zur Verbesserung der wirtschaftlichen Rahmenbedingungen und Strukturen, Entwicklung der Wasserwirtschaft, Grund- und Berufsbildung und der Frauenförderung.[37] Der besseren Ausstattung der Bundeswehr steht keine vergleichbar gemessene Leistung gegenüber.

4. Entscheidend für ein Gesamtkonzept: Durchbruch des „Vorranges für Zivil"

Ob und wie ein Beitrag zu einer weltweiten friedlichen Ordnung mit zivilen Mitteln erreicht werden kann – gegen militärische und privatisierte Gewalt, ist die Kardinalfrage zur Herstellung auch eines deutschen Gesamtkonzeptes zur Friedens- und Sicherheitspolitik, dass dieses Prädikat verdient. Als eines der Ergebnisse des konziliaren Prozesses für Gerechtigkeit, Frieden und die Bewahrung der Schöpfung kann mit der Denkschrift das Motto festgehalten werden „Wenn du den Frieden willst, bereite den Frieden vor." Das legt den unbedingten „Vorrang für zivil" fest.

Es gibt gegenwärtig jedoch keinen kohärent gesteuerten Einsatz von außen- und entwicklungspolitischen, wirtschaftspolitischen und umweltpolitischen Mitteln zur Friedensförderung. Der nach dem Aktionsplan 2004 (Aktion 135) eingesetzte Ressortkreis Krisenprävention der beteiligten Bundesministerien und der Einbezug von „relevanten nichtstaatlichen Akteuren" über den Beirat (Aktion 147) haben bisher keinen bemerkenswerten Steuerungseffekt bewirkt. Denn die fachlich divergierenden Interessen der Ressorts der Bundesregierung sind bisher nicht zu einer gemeinsamen Strategie gebündelt. Die Akteure der Zivilgesellschaft sind politisch zu schwach.

Der Afghanistan-Konflikt lehrt uns beispielhaft, welche komplexen Probleme zu bewältigen sind:

- Ein überzeugendes Konzept der „zivil-militärischen Zusammenarbeit" existiert bisher nicht. Gemeinsame zivile und militärische Ausgangsanalysen und Zielperspektiven fehlen. Der Versuch einer ressortübergreifenden kohärenten Kooperation der „zivil-militärischen Zusammenarbeit" in dem *Provincial Reconstruction Team* (PRT) in Nord-Afghanistan zwischen BMVg, AA und BMZ hat bisher hinsichtlich der Wirkungen in den Bereichen Sicherheit und Stabilisierung, Wiederaufbau und *Institution Building* (Demokratie, Polizei, Rechtsstaatlichkeit) nicht überzeugt.[38]
- Die Probleme im transatlantischen Verhältnis zwischen den USA und Europa schlagen auch auf Afghanistan durch. Die *Operation Enduring Freedom* (OEF), von den USA geführt, und die *International Security Assistance Force* (ISAF), von der NATO geführt, sind mit unterschiedlichen Zielsetzungen angelegt und werden auf unterschiedliche Weise ausgeführt. OEF und ISAF werden zunehmend vermischt (gemeinsamer US-Oberbefehl, Nutzung deutscher Tornado-Aufklärung).
- Die Friedens- und Sicherheitspolitik leidet unter einem Mangel an öffentlicher Dynamik. Positive Beispiele ziviler Aufbauleistung haben es schwer, sich gegen Berichterstattung über militärisches Handeln durchzusetzen. Der Ausbau des „Friedensjournalismus" ist überfällig.

5. Was ist zu tun?

In der Politik, in der Politikwissenschaft und in der Zivilgesellschaft existieren bereits Entwürfe für Gesamtkonzepte, die im Folgenden nur kurz referiert werden können.

So forderte die Vorsitzende des Verteidigungsausschusses des Bundestages Ulrike Merten im März 2008 eine nationale Sicherheitsstrategie[39], wie schon früher der ehemalige Verteidigungsminister Struck. Markus Meckel MdB SPD, stellvertretender außenpolitischer Sprecher der SPD-Bundestagsfraktion und Andreas Weigel MdB SPD, Mitglied des Verteidigungsausschusses, riefen am 22.11.2005 zur Bildung einer Enquetekommission zur Reform der Sicherheitspolitik auf. Autoren der Friedrich-Ebert-Stiftung[40] werben für eine Enquete-Kommission und ein knapp formuliertes Strategiepapier nicht als Schlusspunkt, sondern als Ausgangspunkt für weitere Debatten. Bündnis 90/Die Grünen hat eine „Friedens- und sicherheitspolitische Kommission" eingerichtet. Die grüne EFA-Fraktion im Europäischen Parlament hat im Januar 2008 eine grüne Sicherheitsstrategie für Europa verabschiedet.[41] Ein Gesamtkonzept deutscher Friedens- und Sicherheitspolitik haben die Politikwissenschaftler Peter Croll (Bonn International Center for Conversion, BICC), Tobias Debiel (Institut für Entwicklung und Frieden, INEF, Duisburg) und Stephan Klingebiel (Deutsches Institut für Entwicklungspolitik, Bonn) vorgelegt.[42] Vergleichbare Konzepte stammen vom Institut für Entwicklung und Frieden (INEF), Duisburg[43] sowie von der Kommission „Europäische Sicherheit und Zukunft der Bundeswehr" am Institut für Friedensforschung und Sicherheitspolitik an der Universität Hamburg (IFSH)[44] Die International Association of Lawyers Against Nuclear Arms (IALANA) aus dem zivilgesellschaftlichen Raum arbeitet an einem Memorandum "Die staatliche friedenspolitische Infrastruktur stärken."[45] Neu ist der Beschluss der CDU/CSU-Bundestagsfraktion vom 6. Mai 2008 „Eine Sicherheitsstrategie für Deutschland", in dem ein „nationaler Sicherheitsrat" für eine effektive Sicherheitspolitik als „politisches Analyse-, Koordinierungs- und Entscheidungszentrum" gefordert wird.[46] Unverbunden daneben steht das vom Kabinett am 16.7.2008 beschlossenen Weißbuch zur Entwicklungspolitik" (13. Entwicklungspolitischer Bericht).[47]

Mit Winfried Nachtwei[48] MdB B90/Die Grünen sehe ich u.a. folgende Schlüsselprobleme und wichtige Schritte für die Entwicklung einer integrierten Friedens- und Sicherheitsstrategie mit dem Primat der zivilen Krisen- und Gewaltvorbeugung:

- Wiederbelebung des politischen Willens zur Stärkung der zivilen Konfliktbearbeitung durch parlamentarische Initiativen
- Kohärente politische Führung, ressortübergreifende Strukturen und Kapazitäten (Informationsnetzwerk, ressortübergreifende Steuerung)
- deutliche Stärkung der personellen und finanziellen Infrastruktur
- Klärung des Verhältnisses von zivilen und militärischen Akteuren
- Vorrangige Einbeziehung von zivilen Aspekten in alle Entscheidungen zu Mandaten für Auslandseinsätze
- Aufbau von Kapazitäten für eine Friedensberichterstattung („Friedensjournalismus").

Anmerkungen

1   Kurzfassung des Vortrages bei der Lippischen Landeskirche und der Arbeitsgemeinschaft Solidarische Kirche am 10.3.2008 in Detmold
2   Siehe einen früheren Versuch dazu in: Evangelische Kirche im Rheinland (Hrsg.), Argumentationshilfe zur Friedensarbeit – Ein gerechter Friede ist möglich, Düsseldorf, 2005
3   Bundesministerium der Verteidigung (Hrsg.), Weißbuch 2006 zur Sicherheitspolitik Deutschlands und zur Zukunft der Bundeswehr, Oktober 2006
4   www.number-10.gov.uk/output/Page15102.asp
5   Vgl. www.auswaertiges-amt.de/www/de/außenpolitik/friedenspolitik/ziv_km/aktions plan_html
6   Bundesregierung, Aktionsplan „Zivile Krisenprävention, Konfliktlösung und Friedenskonsolidierung", 2004, S. 11
7   Weißbuch, S. 11, S. 30
8   Weißbuch, S. 29
9   Weißbuch, S. 76
10 Stefanie Flechtner, In neuer Mission. Auslandseinsätze und die deutsche Sicherheitspolitik, Kompass 2020, Friedrich-Ebert-Stiftung, 2007, S. 4
11 Lothar Brock, Der erweiterte Sicherheitsbegriff: Keine Zauberformel für die Begründung ziviler Konfliktbearbeitung, in: Friedenswarte 2004, Band 79, Heft 3-4, S. 323; Harald Müller, „Das Leben selbst ist lebensgefährlich." Kritische Anmerkungen zum „erweiterten Sicherheitsbegriff", HSFK-Standpunkte Nr. 4/1997; Corinna Hauswedell, Das große Versprechen: „Erweiterte Sicherheit", in: Reinhard Mutz, Bruno Schoch, Corinna Hauswedell, Jochen Hippler und Ulrich Ratsch (Hrsg.), Friedensgutachten 2006, S. 63 ff.

12 Deutsche Gesellschaft für die Vereinten Nationen DGVN (Hrsg.), Kulturelle Freiheit in unserer Welt der Vielfalt, Kurzfassung des Berichtes über die menschliche Entwicklung 2004, Berlin
13 Tobias Debiel, Dirk Messner, Franz Nuscheler (Hrsg.), Globale Trends 2007. Frieden Entwicklung Umwelt, Fischer, 2006, S. 16; Human Security Centre, The University of British Columbia, Canada, Human Security Report 2005, War and Peace in the 21st Century, 2005, S. VIII
14 Weißbuch, S. 28
15 Friedenspapier der Gustav-Heinemann-Initiative e.V., Beschluss des Vorstandes vom 2.2.2005, www.Gustav-Heinemann-Initiative.de
16 Vgl. Vulnerability and Security, Commission on International Affairs in Church of Norway Council on Ecumenical and International Relations, ISBN 827545-0446, 2002, S. 14, 15; Geiko Müller-Fahrenholz, Friede für Erdlinge – Persönliche Überlegungen für eine ökumenische Friedenskonvokation, in: Kairos Europa (Hrsg.), Wirtschaften im Dienst des Lebens. Leitfaden für ein künftiges Engagement für gerechten, lebensdienlichen Frieden. Optionen zur Unsetzung der Beschlüsse von Freising und Porto Alegre, 2006, S. 7ff.
17 Wissenschaftlicher Beirat der Bundesregierung Globale Umweltfragen (WBGU), Welt im Wandel: Sicherheitsrisiko Klimawandel, 2007, www.wbgu.de; vgl. auch Jochen Steinhilber, aaO, S. 46 ff.
18 Dirk Messner, Globalisierung, Global Governance und Perspektiven der Entwicklungszusammenarbeit, in: Franz Nuscheler (Hrsg.), Entwicklung und Frieden im 21. Jahrhundert, Bonn 2000, S. 267-294
19 Christoph Weller, Kein Frieden ohne Global Governance. Zur transnationalen Dimension von Gewaltkonflikten, Wissenschaft & Frieden, Nr. 4/2003, S. 23 ff.
20 Vgl. Jochen Steinhilber, S. 38 ff., vergleichbare Zahlen bei Andreas Zumach, Die kommenden Kriege. Ressourcen, Menschenrechte, Machtgewinn. Präventivkrieg als Dauerzustand? Kiepheuer & Witsch, 2005, S. 115 ff.
21 Andreas Zumach, Die kommenden Kriege. Ressourcen, Menschenrechte, Machtgewinn. Präventivkrieg als Dauerzustand? Kiepheuer & Witsch, 2005, S. 132 f.
22 Weißbuch 2006, S. 37: „Für die überschaubare Zukunft wird eine glaubhafte Abschreckungsfähigkeit des Bündnisses neben konventioneller weiterhin auch nuklearer Mittel bedürfen. Der grundlegende Zweck der nuklearen Streitkräfte der Bündnispartner ist politischer Art: Wahrung des Friedens, Verhinderung von Zwang und jede Art von Krieg."
23 www.atomwaffenfrei.de (Zugriff 26.9.2007)
24 Gemeinsame Konferenz Kirche und Entwicklung, Rüstungsexportbereicht 2007 der GKKE, vorgelegt von der GKKE-Fachgruppe Rüstungsexporte, 2008
25 Stefanie Flechtner, Hauptsache im Einsatz? Zur Konzeption der europäischen Sicherheitspolitik, Friedrich-Ebert-Stiftung, Internationale Politikanalyse Frieden und Sicherheit, 2006, S. 10

Ulrich Frey

26 Tilman Evers, Verhinderte Friedensmacht. Die EU opfert ihre zivilen Stärken einer unrealistischen Militärpolitik, Le Monde diplomatique, deutschsprachige Ausgabe, September 2006, S. 9
27 Civilian Head Line Goal 2010, angenommen von der „Ministerial Civilian Capabilities Improvement Conference" und „noted" vom General Affairs and External Relations Council am 19.11.2007 (doc. 14823/07); Der Zusammenschluss europäischer Nichtregierungsorganisationen (NRO) für die zivile Konfliktbearbeitung, das European Peace Building Liaison Office (EPLO), Brüssel), hat die vorhergehende Civilian Headline Goal 2008 kommentiert und den Ausbau der zivilen Fähigkeiten für Friedensmissionen im Rahmen der ESVP gefordert (Konsultationen mit den NRO, Nutzung von organisatorischer Expertise der NRO, Personalrekrutierung, Training): Comments on the Contribution of NGOs to the EU Civilian Headline Goal 2008, EPLO Policy Paper, Juni 2007, www.eplo.org
28 Einzelheiten bei: Gruppe Friedensentwicklung der Arbeitsgemeinschaft Entwicklungspolitische Friedensarbeit, Das EU-Stabilitätsinstrument und die Peace Building Partnership, Briefing Nr. 7 12/2007, www. frient.de; Einzelheiten zur Nutzung der Peace Building Partnership unter: www.ec.europa.eu/external_relations/news/pbp.htm
29 So vorgeschlagen von Stefanie Flechtner, In neuer Mission. Auslandseinsätze und die deutsche Sicherheitspolitik, Friedrich Ebert Stiftung, Bonn/Berlin, 2007, S. 18
30 Vereinte Nationen, Ergebnisdokument des Weltgipfels 2005, Ziffern 138 und 139, www.dgvn.de
31 Vgl. Symposium der Stiftung Entwicklung und Frieden (SEF) und des Bonn International Center for Conversion (BICC) a, 29./30.11.2007 „Die ‚Schutzverantwortung' (R2P): Fortschritt, leeres Versprechen oder Freibrief für ‚humanitäre' Intervention?", Dokumentation, www.sef.de, 2008; SEF, Telma Ekiyor (West Africa Civil Society Institute) und Mary Ellen O'Connel (University of Notre Dame, Indiana/USA) in: The Responsibility to Protect, a way forward – or rather part of the problem?, SEF, Foreign Voices Nr. 1, February 2008, www.sef.de
32 Winfried Nachtwei MdB, Veröffentlichung „Viel beschworen, wenig bekannt: Zivile Krisenprävention, Konfliktlösung und Friedenskonsolidierung, März 2008, www.nachtwei.de, S. 7
33 Winrich Kühne, Deutschland und die Friedenseinsätze – vom Nobody zum weltpolitischen Akteur, Zentrum für Internationale Friedenseinsätze, Berlin, Dezember 2007
34 Zu empfehlen: www.konfliktbearbeitung.net als Portal zur zivilen Konfliktbearbeitung
35 Stefanie Flechtner, aaO, S. 8
36 Auskunft des BMVg vom 27.2.2008
37 Herbert Sahlmann, Menschliche Sicherheit im Schatten des Militärs – am Beispiel ziviler Entwicklungsarbeit in Afghanistan, in: Bund für soziale Verteidigung, Menschliche Sicherheit – Baustein der gewaltfreien Gesellschaft oder Persilschein für Interventionen? Dokumentation der BSV-Jahrestagung 2007, ISSN 1439-2011

38 Vgl. „Impulse" Nr. 6/2007 über einen Studientag des INEF und der Plattform Zivile Konfliktbearbeitung zu Provincial Reconstruction Teams in Afghanistan auf der Grundlage von 40 Auswertungen, www.frient.de/Materialien
39 Generalanzeiger, Bonn, „Generäle zeichnen positives Bild vom Hindukusch", 10.3.2008
40 Jochen Steinhilber, Kompass 2020, Deutschland in den internationalen Beziehungen. Ziele, Instrumente, Perspektiven, Friedrich-Ebert-Stiftung, 2007, S. 37; Stefanie Flechtner, In neuer Mission. Auslandseinsätze und die deutsche Sicherheitspolitik, Kompass 2020, Friedrich-Ebert-Stiftung, 2007, S. 19
41 Siehe Angelika Beer, Europäische Sicherheitsstrategie im Umbruch, Februar 2008, www.angelika-beer.de (Zugriff 21.2.2008; Entschließung des Europäischen Parlaments zur Umsetzung der Europäischen Sicherheitsstrategie im Kontext der ESVP (2006/2033(INI)
42 Peter Croll, Tobias Debiel, Stephan Klingebiel, Plädoyer für eine integrative deutsche Sicherheitsstrategie. Warum die Bundesregierung sich im europäischen Kontext mit zivilen Akzenten in der Sicherheitsstrategie stärker profilieren sollte, April 2007, www.bicc.de/publications
43 Christoph Weller, Aktionsplan Zivile Krisenprävention der Bundesregierung – jetzt ist dynamische Umsetzung gefordert. Eine Zwischenbilanz nach drei Jahren, INEF Policy Brief 2/2007, S. 14
44 www.ifsh.de
45 Unveröffentlichtes Manuskript vom 10.4.2007 nach einem Vortrag von Dr. Peter Becker, Vorsitzender der IALANA, bei der Mitgliederversammlung des Forums Ziviler Friedensdienst am 24.11.2006
46 www.cducsu.de; Andreas Schockenhoff, „Die Debatte ist eröffnet ... und Streit erwünscht. Warum Deutschland eine Sicherheitsstrategie braucht", in: Internationale Politik, Mai 2008, S. 89 f
47 www.bmz.de
48 Winfried Nachtwei MdB, Veröffentlichung „Viel beschworen, wenig bekannt: Zivile Krisenprävention, Konfliktlösung und Friedenskonsolidierung, März 2008, www.Nachtwei.de, S. 17

Ulrich Frey

Staatliches Gewaltmonopol und privatisierte Gewalt – Dilemmata der Legitimität

Protokoll des Workshop III
Referenten: Prof. Dr. Dieter Senghaas und Prof. Dr. Herbert Wulf
Moderation: Dr. Corinna Hauswedell

Die wesentlichen Diskussionspunkte und Ergebnisse der Arbeitsgruppe sind im Folgenden aus den einführenden Referaten und deren nachfolgender Diskussion abgeleitet.

1. Das staatliche Gewaltmonopol wird durch die Privatisierung von Gewalt gefährdet

Wulf definiert das staatliche Gewaltmonopol nach Max Weber so: „Der Schlüssel zum modernen Nationalstaat „westfälischer" Prägung ist das Monopol legitimierter, organisierter Gewalt. Eine der zentralen Funktionen des modernen Staates ist die Garantie der Sicherheit für seine Bürger durch Rechtstaatlichkeit, die Max Weber als zivilisatorische Errungenschaft qualifizierte. Der Staat in Europa wurde der Monopolist über „legitime physische Gewaltsamkeit". Im heutigen modernen Staat beruht die Herrschaft über die Instrumente der legitimen Gewaltanwendung auf der Legalität der Herrschaft. Die politische Führung wird demokratisch kontrolliert und muss sich für ihre physische Gewaltanwendung verantworten; Herrschaft ist auf *good governance* gegründet."

Gefährdet wird das staatliche Gewaltmonopol durch
a. privatisierte Gewalt von unten (bottom-up). So usurpieren z.B. Warlords staatliche Gewalt für ihre privaten Zwecke zu Lasten des Staates. Dadurch entstehen

rechtsfreie Räume, was wiederum militärische Interventionen des eigenen Staates oder anderer Staaten zur Folge hat.
b. Privatisierung von Gewalt von oben (top-down) durch Deregulierung von Krieg. Markante Beispiele sind die nach Zahl und Umfang zunehmenden *Private Military Companies* (PMC). Sie führen in privater Unternehmerschaft gewerbsmäßig Aufträge aus dem Aufgabenkreis des staatlichen Militärs aus. Im Irak z. B. werden 180.000 private „contractors" als Angestellte von Blackwater und anderen privaten Sicherheitsfirmen im Auftrag des US-Verteidigungsministeriums und des Außenministeriums vermutet – gegenüber derzeit ca. 162.000 US-amerikanischen Soldaten.

2. **Wie erklärt sich diese Deregulierung der staatlichen Verantwortung und wie ist sie zu bewerten?**

Militärische, wirtschaftliche, gesellschaftspolitische und ideologisch-konzeptionelle Aspekte sind im Prozess der Kommerzialisierung oder Privatisierung nach Wulf von zentraler Bedeutung:

- die Möglichkeit der Rekrutierung qualifizierter Militärfachleute, die nach dem Ende des Kalten Krieges in vielen Armeen demobilisiert wurden;
- die Reduktionen im Militärbereich, die zu Personalabbau und Engpässen führten;
- die veränderte Art der Kriegsführung und der Einsatz von High-Tech Waffen, die von den Streitkräften nicht mehr bedient und gewartet werden können;
- die Nachfrage schwacher oder in Bedrängnis geratener Regierungen, die sich durch die Privatarmeen schützen lassen wollen;
- die verstärkte Nachfrage nach dem Einsatz der Streitkräfte bei humanitären Interventionen, die auch die Nachfrage nach privaten Akteuren befördern;
- die verstärkte Nachfrage im „Krieg gegen den Terror", die sowohl zu erhöhten Anforderungen für die Streitkräfte führte als auch zum Einsatz von Spezialisten privater Firmen;
- die öffentliche Meinung zum Einsatz der Streitkräfte, die Regierungen veranlasst, lieber auf Angestellte von Firmen zurückzugreifen, als die „boys and girls" in den Streitkräften einzusetzen;

- die normativ positiv besetzte Politik der Privatisierung, nach der der Staat generell „verschlankt" und möglichst viele Funktionen vom Privatsektor übernommen werden sollen – auch im militärischen Bereich.

Ökonomisch erklärt sich die Privatisierung von militärischer Macht aus dem Kampf um Inklusion und Exklusion bei der Ausübung politischer Macht. Das staatliche Gewaltmonopol und das Monopol der Ökonomie lag in Europa nach Jahrhunderte langen „Ausscheidungskämpfen" (Senghaas) in der Epoche des Absolutismus schließlich allein bei der Staatsmacht des Fürsten („L'état c'est moi" – „La guerre c'est moi"). Im Zuge der Emanzipation der Gesellschaft entstand eine Pluralität von Kräften und Identitäten, die Anteile an der Macht suchten, also nach Inklusion strebten. Zivilisiert und über Kompromisse wurde diese Entwicklung z.B. durch parlamentarische Entscheidungsprozesse gesteuert. Im Zeichen von Kapitalismus und Globalisierung gelingt es aber nicht mehr, alle um Macht, Einfluss und Ressourcen konkurrierenden Kräfte zu inkludieren, z.B. nicht diejenigen, die in afrikanischen Ländern Rohstoffe für sich ausbeuten wollen. Gesellschaften werden so gespalten. Als Ausgeschlossene (Exkludierte) gebrauchen sie private Gewalt, z.B. in Bürgerkriegen, um ihre Gewinne aus Rohstoffen zu sichern. Exklusion fördert also die Anwendung von privater Gewalt und in der Folge die Entstehung von Gewaltökonomien mit privaten Armeen oder Söldnern.

Die Privatisierung militärischer Aufgaben ist eine schlüpfrige schiefe Ebene. Der Betrieb von Kantinen der Bundeswehr durch private gewerbliche Pächter ist als „outsourcing" betriebswirtschaftlich noch nachvollziehbar. Die Privatisierung der Rüstungsindustrie ist niemandem aufgefallen. Wo ist heute die Grenze zu ziehen? Wohl ist sie zu ziehen z.B. bei der Reparatur von Militärgerät, beim Auftanken von Flugzeugen in der Luft, bei der Ausbildung von Militärpersonal oder beim Betrieb von Gefängnissen durch private Firmen (wie „Abu Graib" in Bagdad/Irak durch Personal, das keinem zivilen Strafgericht unterliegt), weil dadurch dem staatlich kontrollierten Militär Kompetenzen entzogen werden und rechtsstaatliche Sanktionsmöglichkeiten verloren gehen.

3. Wie ist der Privatisierung von Gewalt zu begegnen?

Es braucht Regeln in Form staatlichen Rechtes, um ein staatliches Gewaltmonopol zu garantieren. Das Gewaltmonopol ist auf mehreren Ebenen gleichzeitig gefährdet: auf der globalen, der regionalen, der nationalen und der lokalen Ebene. Dementsprechend muss es nach Wulf in diesem Mehrebenenschema auch eingerichtet werden. Die nationale Ebene reicht nicht mehr aus. Auszuüben ist das Gewaltmonopol von unten nach oben („bottom-up") in subsidiärer Weise: Was lokal nicht zu regeln ist, muss auf nationaler Ebene geklärt werden, usw. auf der regionalen und globalen Ebene. Die Normen für die Regelung sind allerdings nach dem Supramitätsprinzip „top – down" zu setzen, also ausgehend von der oberen auf die unteren Ebenen abwärts. Diese visionäre Vorstellung ist noch zu realisieren.

Als Ansatzpunkte zur Herstellung eines öffentlich-staatlichen Gewaltmonopols, das diese drei Ebenen verbindet, wurden u.a. diskutiert:

- Als Beitrag auf der lokalen Ebene zu würdigen ist z.B. der erfolgreiche Kampf zivilgesellschaftlicher Gruppen auf der Insel Bougainville (Papua-Neuguinea) gegen die rücksichtslose Ausbeutung von Kupfer im Tagebau.
- Auf der nationalen Ebene zu klären ist z.B. der Status von Söldnern und Kombattanten und deren Strafbarkeit oder die Ahndung von Menschenrechtsverletzungen.
- Auf der globalen Ebene voranzubringen ist die Reorganisation des Sicherheitsrates der Vereinten Nationen, um dessen Oligopol zu brechen.

Workshop IV

Kulturelle Differenz *und* Versöhnung – Die Herausforderung der Toleranz

Leif H. Seibert

Kulturelle Differenz *und* Versöhnung – Die Herausforderung der Toleranz

Einführungsvortrag

„Kulturelle Differenz *und* Versöhnung – Die Herausforderung der Toleranz" lautet der Titel dieses Workshops, und an dem damit programmatisch vorgegebenen Dilemma möchte ich mich nun im Folgenden orientieren. Bemerkenswert ist dabei, dass der Titel nicht nur die Leitfrage aufzeigt, mit der wir uns nun beschäftigen werden, nämlich wie kulturelle Differenz und Versöhnung gemeinsam gedacht und realisiert werden können, sondern außerdem auch gleich die Lösung des Dilemmas anzeigt: Toleranz. Ich werde nun zwar einerseits die Leitfrage aufnehmen, andererseits aber auch versuchen zu zeigen, weshalb ich denke, dass die tatsächliche Überwindung des Widerspruchs zwischen Differenz und Versöhnung eine weitaus größere Herausforderung ist, als man vielleicht angesichts des Titels unseres Workshops glauben möchte.

Bevor ich mit meinen Ausführungen beginne, möchte ich noch darauf hinweisen – Sie gewissermaßen vorwarnen –, dass ich den Themenkomplex von Religion und Gewalt bzw. Gewaltverzicht, Religion und Konflikt, Religion und Frieden primär aus religionssoziologischer und nicht aus theologischer Perspektive untersuche; dadurch bedingt ist meine Leseart der Friedensdenkschrift anders geprägt, und vor diesem Hintergrund fallen auch meine Würdigung und Kritik der Friedensdenkschrift anders aus als die eines Lesers, der eine stärker theologische Perspektive einnimmt. Der Unterschied wird vor allem darin zum Ausdruck kommen, dass ich zwar davon überzeugt bin, dass die eindeutige Verknüpfung von Religions- und Friedensbegriff, wie sie in der Denkschrift vorgenommen wird, in der normativen Wissenschaft zwar richtig (und wichtig) ist, bei einer deskriptiven Beschreibung von Religion als sozialem Phänomen jedoch kontrafaktisch und der Erkenntnis abträglich ist, denn es ist leicht zu zeigen, dass Religionen in Konflikten sowohl deeskalierend als auch eskalierend wirksam werden können.[1]

Wenn ich im Folgenden also die Aussagen der Friedensdenkschrift prüfe, so tue ich dies insbesondere im Blick auf die Frage, welche Stärken und Schwächen der – ich paraphrasiere – *sicherheitspolitische* Friedensbegriff der christlichen Friedensethik im Blick auf die praktische Friedensarbeit in religiösen Konflikten aufweist. Dabei beziehe ich mich hauptsächlich auf die Situation in Bosnien-Herzegovina (BiH); mit anderen Worten: ich betrachte das Konflikt- und Versöhnungspotenzial von Religionen in einer fragmentierten Gesellschaft im Kontext eines so genannten „Neuen Kriegs" bzw. ethnopolitischen Konflikts.

Unter einem „Neuen Krieg" verstehe ich einen bewaffneten Konflikt, der sich unter anderem durch eine große Asymmetrie der beteiligten Kombattanten, eine zunehmende Ökonomisierung der Kampfhandlungen und eine in großem Maße vom unmittelbaren Kriegsgeschehen betroffene Zivilbevölkerung auszeichnet. Die Grenzziehung zu alten oder zwischenstaatlichen Kriegen im herkömmlichen Sinne ist dabei keineswegs so scharf, wie es eigentlich wünschenswert wäre, sondern kann allenfalls punktuell vollzogen werden (wenn bspw. eine Privatperson per Internetauftritt einem Staat den Krieg erklärt).[2] Als ethnopolitisch bezeichnet man Konflikte, in denen eine hohe Kongruenz zwischen Volksgruppe und politischem Interesse besteht, das sich in gewalttätigen Auseinandersetzungen äußert, in denen die involvierten Kriegsparteien zugleich Volksgruppen sind.[3]

Etwa seit Mitte der 60er Jahre nimmt die Zahl der ethnopolitisch motivierten Identitätskonflikte im Vergleich zu bloßen Interessenkonflikten weltweit überproportional zu. Als besonders anfällig für derartige Konflikte haben sich Transitionsgesellschaften (transitional states) erwiesen, und ein besonderes Augenmerk kommt darüber hinaus Demokratisierungsprozessen im Zuge solcher Transitionen zu: Demokratisierung als Prozess ist notwendig undemokratisch – denn die Verwirklichung der Demokratie steht noch bevor – und ist in der Regel ein durch Eliten angeleiteter Prozess der Machtverteilung bzw. -umverteilung.[4] Im Rahmen einer Demokratisierung, die ja darauf abzielt, die legitime Macht dem Volk zu verleihen, ergibt sich natürlich notwendiger Weise die Frage: Wer ist *das Volk*, dem nun diese legitime Macht zugesprochen werden soll?

Der Verteilungskampf um legitime Macht wird dadurch im Zuge einer Demokratisierung immer zugleich zum Kampf um die Legitimierung des Volkes. Üblicherweise vollziehen sich derartige Legitimierungskämpfe auf kultureller (symbolischer) Ebene; es bilden sich Volksgruppen heraus, die sich auf der Grundlage unterschiedlicher Sprache, Religion, Geschichte oder Kunst voneinander abgrenzen. Im Gegenzug können wir eine Ethnisierung bzw. Nationalisierung von Kultur beobachten, die üblicherweise durch entsprechende Eliten (Bildungselite, Kulturelite etc.) angeleitet wird. Im Zuge derartiger Auseinandersetzungen werden identitätsstiftende kulturelle Güter (materiell und immateriell) also zu gesellschaftspolitischen Machtmitteln im allerweitesten Sinne.

Betrachtet man vor diesem Hintergrund bspw. den aggressiven Nationalismus im Bosnienkrieg, so liegt auf der Hand, dass dieser fest in religiöser Symbolik verwurzelt ist. Da die beteiligten Volksgruppen (Bosniaken, Serben, Kroaten) in Jugoslawien eine gemeinsame Sprache, Geschichte und Kunst, nicht aber eine gemeinsame Religion (bzw. Konfession) geteilt hatten, war es keineswegs verwunderlich, dass der Kampf um die Legitimität des Volkes – im Sinne von: die Bosniaken und nicht die Serben, die Kroaten und nicht die Bosniaken, die Serben und nicht die Kroaten – vordergründig im Feld der Religion ausgetragen wurde.[5]

Wir sehen also, dass Religion in sozialen Machtkämpfen vor allem als Ressource von Bedeutung ist, insofern Spezialisten ihr religiöses Vermögen – im doppelten Sinne des Wortes – als Machtmittel, als religiöses Kapital (Bourdieu) einsetzen: religiöse Institutionen und Funktionäre werden so zu Multiplikatoren gesellschaftlicher Interessen und können das gesellschaftspolitische Engagement der Laien in unterschiedlichem, mitunter aber sehr hohen Maße beeinflussen. Es gibt gute Gründe anzunehmen, dass die graduelle Stärke der religiösen Einflussnahme unter anderem von den Faktoren der gesellschaftlich wahrgenommenen Authentizität oder Glaubwürdigkeit einer religiösen Organisation und ihrer Arriviertheit abhängt, die sich vor allem in ihrer Institutionalität niederschlägt. In diesem Sinne wäre ein besonders starker Akteur eine kirchliche Institution mit hohem gesellschaftlichen Ansehen; ein sehr schwacher Akteur wäre eine charismatische Sekte, die noch dazu verpönt ist. Freilich sind dies nur abstrakte Extrempositionen, zwischen denen sich ein riesiges Spektrum unterschiedlicher Akteurstypen aufspannt; wichtig für unsere Betrachtung religiöser Friedensarbeit ist dabei zunächst, dass Religion immer mit sozialer Einflussnahme verbunden ist; dass jedoch Richtung – deeskalierendes oder eskalierendes Engagement – und Stärke der Einflussnahme in Abhängigkeit von Umgebungsfaktoren in höchstem Maße variieren können. In diesem Sinne ist die Problemlösungskapazität religiöser Akteure stets kontextuell zu beurteilen, mit anderen Worten: es geht darum, wie es um die Problemlösungskapazität religiöser – oder hier genauer: christlicher – Friedensethik in verschiedenen Praxisbezügen (wir wollen das gleich näher am Beispiel Bosniens erörtern) bestellt ist.

Vor dem Hintergrund dieser Beobachtungen wollen wir nun schauen, wie sich die Friedensdenkschrift den Herausforderungen interreligiöser Friedensarbeit zu stellen versucht. Ich möchte dazu zunächst die in meinen Augen wesentlichen Punkte der in ihr präsentierten christlichen Friedensethik umreißen, um dann nach der *Umsetzbarkeit* dieser Ethik in der praktischen Friedensarbeit zu fragen.

Ich hatte eingangs den Friedensbegriff der Denkschrift als einen sicherheitspolitischen Friedensbegriff bezeichnet: Frieden durch Recht oder Gerechter Friede ist der Begriff, unter dem die Autoren normative Aussagen subsumieren, die für einen gewaltfreien Pluralismus, Versöhnung, Integration, aber auch eine Stärkung kultureller Identitäten stehen. Favorisiert wird also ein integratives Gesellschaftsmodell, das auf juristischer und moralischer Gleichheit basiert – hier wird insbesondere die Wichtigkeit und Universalität der Menschenrechte betont – und letztlich auf die Überwindung interethnischer und interreligiöser Schranken und Spannungen (strukturelle Gewalt) ausgerichtet ist (vgl. bspw. Abschnitt 3.1., insbes. 3.1.2.). Auch auf die potentiellen Gefahren einer derartigen Gesellschaft wird hingewiesen, indem dem gegenüber zugleich gefordert wird, kulturelle (Arten-)Vielfalt nicht nur zu ermöglichen, sondern sogar zu fördern (vgl. bspw. Abschnitt 3.4.), um zu verhindern, dass Integration zu Assimilation wird: eine ethnisch blinde Gesellschaft (Horowitz) gewährleistet keinen Minderheitenschutz.

Damit aber sind wir wieder beim Titel unseres Workshops angelangt: Kulturelle Differenz *und* Versöhnung gilt es miteinander zu vereinbaren, so lautet zumindest die Forderung der Friedensdenkschrift: Einerseits müssen kulturelle Differenzen delegitimiert werden, um die Einheit der Gesellschaft zu gewährleisten, andererseits müssen sie *legitimiert* werden, um die Vielheit in dieser Einheit zu garantieren.

Wie aber kann angesichts dieses Widerspruchs das Programm der Friedensdenkschrift praktisch umgesetzt werden? Um uns der Antwort auf diese Frage anzunähern, werfen wir nun einen kurzen Blick auf die aktuelle Situation in Bosnien, oder genauer: auf die religiöse Friedensarbeit, die zurzeit in Bosnien vonstatten geht: Die aktuelle Situation in Bosnien-Herzegovina kann als Zentralbeispiel für *post-conflict peace building* nach einem Neuen Krieg gelten: Viele der im Rahmen der Jugoslawienkriege geprägten Begriffe und Konzepte (bspw. humanitäre Intervention, *positiv peace*) sind für die laufende Debatte um Konflikttransformation bis heute bestimmend.

Die religiöse bzw. interreligiöse Situation in Bosnien zeichnet sich durch eine derart starke Ethnisierung von Religion, dass es auch nicht falsch wäre, im Umkehrschluss von konfessionalisierten Ethnien zu sprechen. Die Gesellschaft ist insgesamt stark fragmentiert, was sich unter anderem auch in einem kooperativ-segmentär strukturierten politischen System niederschlägt. Die interreligiösen Beziehungen in Bosnien sind insgesamt dysfunktional und stark belastet durch die Gräueltaten im Krieg. Die fremden Glaubensgemeinschaften zugeschriebenen threat ratings sind dementsprechend ungewöhnlich hoch.[6]

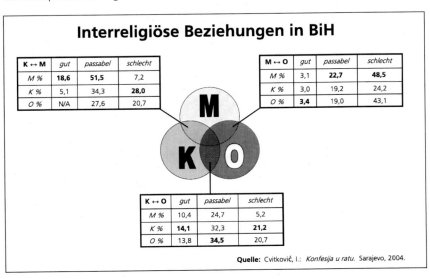

Quelle: Cvitković, I.: *Konfesija u ratu*. Sarajevo, 2004.

Praktische Friedensarbeit in Bosnien ist deshalb zu einem nicht unerheblichen Teil zugleich interreligiöser Dialog. Das Spektrum der Aufgaben und Tätigkeiten umfasst dabei ein weites Feld, das in der Friedensdenkschrift durchaus korrekt, wenn auch leider nur knapp und rhapsodistisch beschrieben wird (177). Im Kontext Bosniens besonders hervorzuheben wären Solidaritätsbekundungen, religiöse Aufklärung und jegliches Engagement, das auf ein Senken der *threat ratings* abzielt.[7]

Ein großes Problem in diesem Zusammenhang ist, dass die Problemlösungskapazitäten religiöser Akteure in allen gesellschaftlichen *tracks* (Lederach) stark eingeschränkt sind. Weite Teile der lokalen Bevölkerung sehen in den (institutionalisierten) Religionen eher einen Unruhe- als einen Friedenstifter; ein Priester, der einst Waffen gesegnet und ethnische Hybris gepredigt hat, kann heute nur schwerlich als Fürsprecher von Toleranz und Pluralismus auftreten. Darum scheint die Hauptverantwortung für religiös motiviertes *peacebuilding* von der religiösen Elite an die gesellschaftliche Basis übergegangen zu sein, wo Kleinstgruppen und sektenartige Gemeinschaften versuchen, einen Friedensbildungsprozess *from the ground up* zu organisieren. Eine Zivilgesellschaft im engeren Sinn ist in Bosnien jedoch bislang kaum etabliert (Zivilsektor). Wir erleben somit ein Machtvakuum im religiösen Feld: Es sind keine authentischen und arrivierten Akteure vorhanden; religiöses Engagement bleibt somit weitgehend heteronom bestimmt und anfällig für Kompromittierung, u.a. durch nationale Intelligenzia (vgl. Abbildung a.d. folgenden Seite).

Vor diesem Hintergrund ist insbesondere der Mangel an Effizienz ein Hauptproblem bei der Umsetzung praktischer Friedensarbeit. Ein wesentliches Ziel religiös motivierten Engagements für den Frieden sollte deshalb auf Methoden zur engeren Zusammenarbeit (Netzwerkbildung) ausgerichtet sein; mit anderen Worten: es gilt, möglichst viele handlungskompetente (lokale) Akteure zu identifizieren, die durch ein glaubwürdiges Auftreten als Multiplikatoren für Friedensbemühungen fungieren können, und die gewissermaßen ‚an einem Strang ziehen'. Gleichzeitig müssen außerdem Methoden gegen Radikalisierte (*spoiler*) gefunden werden, um die Leistungsfähigkeit des Friedensengagements (Glaubwürdigkeit) und die Attraktivität für Kooperationen zu steigern.[8]

Solange nämlich Friedensbemühungen bloß partikulare, unkoordinierte Einzelleistungen bleiben, können sie nur schwerlich eine gesamtgesellschaftliche Wirkung entfalten. Mehr noch: Das ethische Dilemma der gleichzeitigen Legitimation und Delegitimation kultureller Differenzen wird unreflektiert in die Friedensarbeit übernommen, wenn nämlich unterschiedliche Akteure mit gleichermaßen guten aber unterschiedlich gewichteten Absichten in den Prozess eingreifen. Schlimmstenfalls kommt es so zu Blockaden und Konflikten *zwischen den Friedensstiftern selbst*, insbesondere in solchen Situationen – wie bspw. in Bosnien –, in denen keiner der Beteiligten wirklich dazu in der Lage ist, einen weitreichenden Prozess *anzuleiten*.9

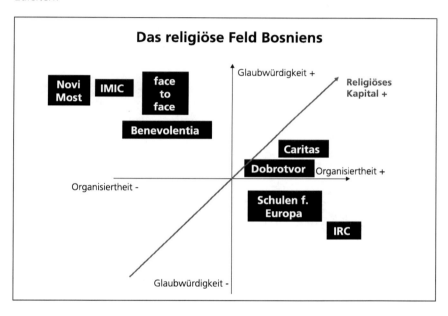

Das Dilemma der christlichen Friedensethik ist also identisch mit dem Dilemma jeglicher Ethik: konsequent moralisches Handeln ist nur in einer durchgängig moralisch bestimmten Gesellschaft möglich; ansonsten werden widersprüchliche Anforderungen an den Akteur gestellt, und dieser sieht sich zu situativen Entscheidungen genötigt. Das mag bisweilen praktikabel sein, verhindert jedoch das Entstehen von Handlungs- und Erwartungssicherheit und birgt das Risiko einer Kollision verschiedener Konzepte.

Nötig wäre deshalb in meinen Augen eine eindeutige friedensethische Kursfestlegung, die, obgleich sie das Dilemma nicht lösen kann, es dennoch reflektiert und um ihre eigenen Schwächen weiß; oder anders ausgedrückt: die nicht nur in der Toleranz die Lösung sieht, sondern auch die Grenzen der Toleranz mit im Blick hat.

Anmerkungen

1 Vgl. hierzu bspw. Appleby, R. S. (2001): "Religion as an Agent of Conflict Transformation and Peacebuilding." in: Crocker, C.A. et. al. (Hg.): Turbulent Peace. The Challenges of Managing International Conflict. USIP Press, S. 821-840.
2 Zum Begriff des Neuen Kriegs vgl. bspw. Münkler, H. (2004): Die neuen Kriege. Reinbek, S. 13-58.
3 Zum Begriff des ethnopolitischen Konflikts vgl. bspw. Ropers, N. (1995): „Die friedliche Bearbeitung ethno-politischer Konflikte. Eine Herausforderung für die Staaten – und die Gesellschaftswelt." in: Calließ, J. (Hg.): Peaceful settlements of conflicts. A joint task for international organisations, governments and civil society. (Bd. 2) Loccum, S. 502-523.
4 Vgl. Fox, J. (2004): "The rise of religious nationalism and conflict: ethnic conflict and revolutionary wars, 1945-2001." in: Journal of peace research, 41/6, S. 715-732.
5 Vgl. bspw. Ramet, S. (1999): Balkan Babel: The Disintegration of Yugoslavia from the Death of Tito to the Ethnic War. Boulder. oder Sells, M. A. (1996): The Bridge Betrayed: Religion and Genocide in Bosnia. Berkeley.
6 Vgl. bspw. Goodwin, S. R. (2006): Fractured Lands, Healing Nations. A Contextual Analysis of the Role of Religious Faith Sodalities Towards Peace-Building in Bosnia-Herzegovina. Frankfurt a.M.
7 Vgl. ebd. oder Belloni, R. (2001): "Civil Society and Peacebuilding in Bosnia and Herzegovina." in: Journal of Peace Research, 38(2), S. 163-180.
8 Die Frage nach der relativen sozialen Positionierung verschiedener religiöser Friedensakteure zueinander und den damit verbundenen Allianzperspektiven und Konfliktlinien ist dann auch eine der wesentlichen Forschungsfragen des Bielefelder Projekts „Das Ethos religiöser Friedenstifter" von Heinrich Schäfer.
9 Caspersen, N. (2004): "Good Fences Make Good Neighbours? A Comparison of Conflict-Regulation Strategies in Postwar Bosnia." in: Journal of Peace Research, 41(5), S. 569-588.

Burkhard Luber

Kulturelle Differenz *und* Versöhnung – Die Herausforderung der Toleranz

Input für die Diskussion

Ich beginne mit dem empirischen Befund: Multikulturelle Gesellschaften sind international eher der Normalfall als die Ausnahme.

Zweitens gehe ich von einem Konsens hier im Saale aus, dass alle Versuche, ethnisch reine Gesellschaften zu schaffen, gefährlich sind, weil sie ständig neue Grenzziehungen nach sich ziehen und dabei Vertreibungen von Menschen und neuen Revanchismus in Kauf nehmen.

Aus diesen beiden Punkten ziehe ich folgende Konsequenz: Statt in riskanter Weise nach neuen Grenzziehungen zugunsten ethnisch reiner Staaten zu rufen, ist es wichtiger, die *Realitäten* multi-ethnischer Staaten *anzuerkennen* und Bedingungen zu schaffen, damit ethnische Minderheiten in einem Staatsgebiet angemessen toleriert werden.

Das heißt, dass ihnen die Freiheiten garantiert werden, die sie für ihre kulturelle, sprachliche, erzieherische und religiöse Identität benötigen und dass ihnen eine angemessene Beteiligung an der politischen Willensbildung eingeräumt wird.

Allerdings darf eine solche Identitätsverwirklichung die Gesamtgesellschaft nicht so überstrapazieren, dass das Gemeinwesen in seiner Existenz bedroht wird.

In multi-ethnischen Gesellschaften besteht also ein *Spannungsverhältnis*: Die verschiedenen Ethnien in einem Staat müssen zwar das Recht haben, ihre kulturelle Identität leben zu können. Das ist jedoch kein absolutes Recht, losgelöst von der Gesamtgesellschaft. Allein schon die Tatsache, dass es oft mehrere solcher Ethnien in einem Staat gibt, macht ein gegenseitiges Tolerieren notwendig. Die Identitätsverwirklichungen einzelner Gruppen darf keine solche Dynamik entwickeln, dass dadurch die Gesellschaft zerbricht.

Burkhard Luber

Es stellt sich also die Frage, wie das Spannungsverhältnis zwischen gewünschter *Identitätsverwirklichung* einzelner Gruppen und dem notwendigen Minimum an staatlicher und *gesellschaftlicher Kohäsion* konstruktiv bearbeitet werden kann.

Meine Antwort auf diese Frage erfolgt in zwei Schritten:

Zunächst schildere ich ein gelungenes Beispiel für ein Minderheitenregime auf dem Balkan. Darauf aufbauend thematisiere ich das Spannungsverhältnis generell.

Im ersten Schritt stütze ich mich auf meine beruflichen Erfahrungen im Gebiet Ost-Slawonien, ein Grenzgebiet, das im äußersten Osten Kroatiens, nordwestlich vom Staat Serbien liegt. Im Rahmen meiner beruflichen Aktivitäten mit und für NGOs in Südosteuropa war ich dort viele Jahre involviert.

Ost-Slawonien, das bereits vor dem Krieg unbestritten ein Teil der damaligen noch Teil-Republik Kroatien in Ex-Jugoslawien gewesen ist, blieb nach dem kroatisch-serbischen Krieg von Serbien okkupiert. Im Zuge des Dayton-Abkommens einigten sich Tudjman und Milosevic, das Gebiet wieder in das kroatische Staatwesen zu integrieren. Zu diesem Zwecke wurde dort 1996-1997 eine UN-Übergangsverwaltung installiert.

In Ostslawonien mit einer Fläche von 2300 qkm wohnten 1993 160.000 Menschen, 80 Prozent Kroaten, 15 Prozent Serben, der Rest andere Minoritäten. Nachfolgend nenne ich kurz einige Beispiele, mit denen die UN-Verwaltung in ihrer Re-Integrierungspolitik versucht hat, sowohl den Identitätswünschen der SerbInnen Rechnung zu tragen als auch das Ziel der Angliederung dieses Gebietes an die neue unabhängige Republik Kroatien zu erreichen.

1. *Entmilitarisierung*: Unter Kontrolle der UN wurden – teilweise mit einem „Money for Weapons"-Programm, bei dem die Abgabe von Waffen mit Bargeld belohnt wurde – alle in Ostslawonien aufgehäuften Waffen konfisziert und zerstört.
2. *Gemeinsame Sicherheit*: Das militärische Gewaltmonopol in Ost-Slawonien wurde ausschließlich von UN-Soldaten wahrgenommen. Die Polizeigewalt wurde zunächst mit einem Dreifachprofil durchgeführt: Polizeistreifen und Grenzkontrollen wurden unter Vorsitz von UN-VertreterInnen paritätisch von Kroaten und Serben durchgeführt. Später ging die Polizeihoheit auf Kroatien über, das aber seinerseits gehalten war, serbische Polizisten in angemessener Zahl einzustellen.

3. *Serbischer Identitätserhalt:* Im Zuge der Integration Ost-Slawoniens in den kroatischen Staat bearbeitete die UN die speziell sensiblen Bereiche, die im Zuge des Auseinanderfallens des ehemaligen Jugoslawiens entstanden waren und besonders die serbische Minderheit verunsicherten: Beurkundung der Besitzverhältnisse von Grund- und Hauseigentum; Sicherung der in Ex-Jugoslawien erworbenen Rentenansprüche; Ausstellung neuer, international anerkannter Pässe.

Außerdem achtete die UN besonders darauf, dass für die SerbInnen identitätsstiftende symbolträchtige Bereiche erhalten blieben: Alle Ortsschilder wurden neu in kyrillischer und lateinischer Beschriftung aufgestellt. Es konnten serbische Kindertagesstätten eingerichtet werden, in den Grundschulen war Serbisch Unterrichtssprache, serbische Friedhöfe standen unter besonderem UN-Schutz.

Solche Politik war im Zuge des im neuen Kroatien geschürten Nationalismus durchaus mutig. Immerhin konnte man zeitgleich in Zagreber Buchhandlungen Bücher ausgelegt sehen, mit Listen der „guten", nämlich kroatischen und „bösen", nämlich serbischen Wörter.

Nach dieser Darstellung einiger Durchführungspraktiken der UN-Übergangsverwaltung in Ost-Slawonien komme ich nun *allgemeiner* auf das Spannungsverhältnis zwischen dem Wunsch nach Identitätsverwirklichung von Ethnien einerseits und dem notwendigen Minimum an gesellschaftlicher Kohäsion andererseits zurück. Ich tue dies an Hand folgender zwei Leitfragen:

Erste Leitfrage: Welches sind Gesellschaftsbereiche, denen eine solche Bedeutung für die Identitätsverwirklichung einer Minderheit zukommt, dass ethnische Gruppen auf sie ein Anrecht haben sollten? Anders formuliert: Bei welchen Bereichen können dem Staatswesen gestalterische Konzessionen gegenüber den Minderheiten abverlangt werden, die für die Minderheiten wichtig sind und deren Erfüllung die Kohäsion des Gemeinwesens nicht gefährdet?

Zweite Leitfrage: Welches sind Gesellschaftsbereiche, in denen Minderheiten dem Staat *übergreifende*, für alle StaatsbürgerInnen gültige Regelungen konzedieren müssen? Anders formuliert: Auf welche Identitätsvollzüge müssen Minderheiten verzichten, weil ihre Verwirklichung zu große Sprengkraft für die Gesamtgesellschaft mit sich bringen würde?

Einige Antworten:
1. *Sprache, ggf. auch Schrift:* man denke an die simultan vorhandene lateinische und kyrillische Schrift im ehemaligen Jugoslawien. Sprache ist sicherlich ein ganz wesentliches identitätsstiftendes Medium. Ihr Gebrauch sollte Minderheiten auf jeden Fall in der Familie und in der frühkindlichen Erziehung bis zu einem schulischen Niveau gewährt werden, wo verbindlich die Amtssprache gelernt werden muss.
2. *Religion, kulturelle Überlieferungen (wie Literatur und Musik) und geschichtliche Tradition* sind gleichfalls identitätsstiftende Bereiche für Ethnien. Auch hier sollte der Staat Gestaltungen ermöglichen, allerdings nur soweit, wie die Ausübung in Toleranz und in erster Linie in Referenz zur eigenen Kultur erfolgt, ohne Diskriminierung gegen andere.
3. *Das Rechtswesen:* Auch in Gesellschaften mit verschiedenen Kulturen und Religionen muss das Rechtswesen *allgemeingültige* Verbindlichkeit haben. Anders ist Rechtssicherheit und Rechtsfrieden nicht möglich. Bei einer Fragmentierung der Rechtsordnung entlang religiöser „Grenzen" (so wie sie z.B. in Nigeria praktiziert wird), fürchte ich, dass dabei die gesamtgesellschaftliche Kohäsion langfristig gesprengt wird. Dies insbesondere, wenn Rechtskonflikte zwischen Angehörigen *unterschiedlicher* Religionen im gleichen Staat bearbeitet werden müssen.
4. Im Bereich der *Politik*, insbesondere bei der parlamentarische Meinungsbildung kann eine *Misch*strategie angezeigt sein. Keinesfalls darf es Einschränkungen beim staatlichen Gewaltmonopol geben, die Implosion der Gesellschaft wäre die Folge. Möglich ist allerdings zum Zwecke der Honorierung von Minderheitsinteressen, rigide formelle Regulationen der Machtverteilung aufzulockern. So z.B. durch Einrichten eines Minderheiten-Bonus, der das Erreichen parlamentarischer Vertretungen für die Minderheiten an ein *niedrigeres* Niveau von WählerInnenstimmen bindet als ein durchgängiges Verhältniswahlrecht.
Ebenso können für Minderheiten eine definierte Zahl von Ministerposten in der Regierung garantiert werden. Wenn die verschiedenen Ethnien in einer Gesellschaft zahlenmäßig gleich groß sind, ist auch an ein sinnvolles partielles Rotationsprinzip auf Regierungsebene zu überlegen.
5 *Chancengleichheit im Beruf*: Während der kulturelle und religiöse Bereich, wie oben beschrieben, durchaus zufriedenstellende Profilierungen für Minderheiten

eröffnet, ohne dass diese die Gesamtgesellschaft destabilisieren, können solche im Bereich von Berufs- und *Karrierechancen* nicht vorgenommen werden. Allerdings muss der Staat einen rechtlichen Rahmen für die Berufswelt vorgeben, der Diskriminierungen von Minderheiten bei Stellen-Ausschreibungen und Stellen-Vergaben möglichst auch unterbindet. 1993 war es z.B. in Kroatien durchaus üblich, LehrerInnen mit serbischem Vornamen nicht in kroatischen Schulen anzustellen.

Nachdem ich das Spannungsverhältnis zwischen dem Wunsch ethnischer Identitätsbildung und dem Anspruch gesamtgesellschaftlicher Stabilität etwas aufgeschlüsselt habe, abschließend noch ein anderes Modell für unser Thema:

Für die angemessene Reaktion auf dieses Spannungsverhältnis kann ich mir eine Haltung vorstellen, die ich *„Multiple Loyalitäten"* nennen möchte. Danach sollten die verschiedenen ethnischen Gruppen in einem Staat eine gleichzeitige, balancierte, dreifache Loyalität aufbauen und unterhalten:

- *Lokale Loyalität:* Zur Familie, Ethnie, Kultur
- *Gesamtgesellschaftliche Loyalität:* Zum Staat, in dem sie wohnen
- *Mondiale Loyalität:* Zur Globalisierung, wie sie das Leben jenseits von Ethnie und Staat bestimmt

Den drei Bereichen in diesem multiplen Loyalitäts-Modell können verschiedene gesellschaftliche und kulturelle Bereiche zugeordnet werden:
- *Zur lokalen Loyalität:* Die Familie/Ethnie, die Muttersprache, ggf. eigene Schrift, die literarische und kulturelle Tradition, die Religion, die elementare Schulerziehung
- *Zur gesamtgesellschaftlichen Loyalität:* Der Staat, das höhere Schulsystem, die Rechtsordnung, das politische System, die Amts- und Verkehrssprache
- *Zur mondialen Loyalität:* Die Globalisierung, mit der darin enthaltenen Erfahrung internationaler Interdependenz, was online vermittelter Kulturaustausch, Kommunikation und Information betrifft. Bei diesem Loyalitätssegment bin ich mir unsicher ob es eher kritisch (weil identitätsgefährdend) zu betrachten ist, wie es Abschnitt 96 der Denkschrift sieht, oder ob sich in der internationalen elektronischen Kommunikation (email, SMS, chatrooms, online Netzwerke wie

You Tube oder My Space) langfristig neue Möglichkeiten der (Kommunikations-) Toleranz entwickeln, bei der sowohl lokale Loyalität erhalten werden kann als auch Chancen transnationaler Kommunikation genutzt werden können.

In der Praxis bestehen natürlich vielfältige Berührungspunkte zwischen diesen drei Loyalitätsbereichen, sie beeinflussen einander und können auch konfligieren. Deshalb wird man stets nach tragfähigen Kompromissen Ausschau halten müssen. Besonders wichtig ist dabei, sich gegen alle Propaganda zu wehren, deren Ziel es ist, die eine Loyalität zugunsten einer anderen Loyalität absolut infrage zu stellen.

Die politische Relevanz der Denkschrift

Podiumsdiskussion

Die politische Relevanz der Denkschrift

Einleitende Statements von Hans-Christian Biallas, Ulla Mikota, Paul Schäfer, Nikolaus Schneider und Dieter Senghaas

Hans-Christian Biallas

Ich bin Landespolitiker. Ich bin innenpolitischer Sprecher. Das heißt, ich beschäftige mich in erster Linie mit der inneren Sicherheit und nicht so sehr mit der äußeren. Wobei es natürlich die eine oder andere ähnliche Fragestellung gibt, auch im Hinblick auf den Einsatz der Staatsgewalt. Mit ihren Grenzen, mit ihren rechtsstaatlichen Grenzen, die auch gesetzt sind, die es nahe legen, dass man sich auch mit solchen Themen beschäftigt, wie sie heute hier zur Debatte stehen.

Ich will Ihnen einige Gedanken dazu von mir vortragen. Ich erhebe keineswegs Anspruch auf Vollständigkeit, sondern für mich war es ganz spannend, mal diese Denkschrift zu lesen, nachdem ich die Vorgängerdenkschrift auch kennen gelernt habe. Damals noch auch in meiner Funktion als Mitglied der EKD-Synode. Da war das Thema, das vorweg, erheblich spannungsgeladener als das heute der Fall ist. Und ich tippe mal, wenn wir anlässlich der Denkschrift, also der Vorgängerdenkschrift hier eine solche Tagung durchgeführt hätten, und das ist ja damals auch so gewesen, da konnte man sich eines Riesenandranges gewiss sein. Das Thema war einfach sehr viel kontroverser als das jetzt hier der Fall ist.

Dies als Vorbemerkung. Nun zur Sache selbst.

Die juristische und geistige und auch geistliche Auseinandersetzung mit militärischen Interventionen ist ja eine im Laufe der Geschichte stets geführte Debatte. Ich will nicht nur Thomas von Aquin hier nennen, sondern könnte noch eine ganze Reihe anderer vom Mittelalter her nennen, die sich mit der Frage des gerechten

Podiumsdiskussion

Krieges beschäftigt haben. Grundsätzlich kann man die von Thomas von Aquin aufgestellten Voraussetzungen ja auch in der Gegenwart anwenden. Der hat damals gesagt, wenn man überhaupt von gerechtem Krieg sprechen kann, bedürfe es immer einer Autorisierung, sprich eines Mandates. Er hat gesagt, zweitens, es muss um die gerechte Sache gehen. Das heißt, es muss Beseitigung von Unrecht das Ziel sein. Und drittens, mit einem militärischen Engagement muss beabsichtigt sein, das Gute zu fördern. Wie gesagt, im Grundsatz kann man diese Voraussetzungen auf heutige Verhältnisse sicher weiterhin übertragen.

Da sich jedoch die Arten der Herausforderungen und Bedrohungen geändert haben und zugleich auch vielschichtiger geworden sind, muss man eben doch von Zeit zu Zeit prüfen, ob mit den zugrunde liegenden Maßstäben die neuen Sachverhalte bewertet werden können. Daran habe ich zumindest den einen oder anderen Zweifel. Eine solche Darstellung der aktuellen Herausforderungen, eine Prüfung, ob die hergebrachten Forderungen und Vorgaben helfen, den in der Welt lauernden Gefahren begegnen zu können, um dem Ziel eines dauerhaften Friedens näher zu kommen, nimmt die nun vorliegende neue Denkschrift oder Friedensschrift des Rates der evangelischen Kirche in Deutschland vor. Die weltpolitische Situation hat sich in der Tat im Vergleich zu der Vorgängerdenkschrift grundlegend geändert. Darauf geht ja auch das Vorwort zum Beispiel ausführlich ein. Ich will das jetzt nicht ganz zitieren. Aber es wird eben zunächst einmal analysiert, wie sich die Lage im Laufe der vergangenen Jahrzehnte grundlegend geändert hat. In Sonderheit nach dem Ende des Kalten Krieges. Mit der Hoffnung, dass damit auch viele Probleme von heute auf morgen verschwunden sind. Und mit der Einsicht, dass daraus Probleme erwachsen sind, mit denen nicht alle und vor allen Dingen auch viele, die ganz große Hoffnungen hatten, dass eine neue Friedenszeit weltweit einbricht, von Enttäuschungen geprägt sind.

Die Friedensschrift stellt eine Fortentwicklung dar. Was wir in der CDU und CSU ausdrücklich begrüßen und unterstützen. Sie schafft es, auf rund 130 Seiten die Vielschichtigkeit der heutigen Anforderungen an eine gerechte Politik für das Ziel eines umfassenden Friedens in allen Facetten zu beleuchten.

Ich glaube schon, dass die Friedensschrift helfen kann, die Debatte um die richtigen Wege zur Vorbeugung drohender Gewalt in der Welt oder zu einer Befriedung eskalierter Situationen zu versachlichen. Denn polemische und populistische

Podiumsdiskussion

Debatten sind das schlechteste Mittel, um den unter Krieg und Gewalt leidenden Menschen zu helfen. Verschiedentlich gewinne ich in den politischen Debatten den Eindruck einer Unterstellung, die Bundesrepublik würde mit einem Hurra Soldaten in Einsätze senden. Ich will sehr deutlich sagen, was ich positiv finde: zunächst, dass gerade im Deutschen Bundestag, der ja die Entscheidungen über Militäreinsätze fällen muss, sehr engagiert diskutiert wird, das wird Herr Schäfer ja nachher aus seiner Sicht sicherlich auch durchaus bestätigen. Und was ja anders geworden ist als vor etwa 20 Jahren, ist, dass gerade auch die beiden großen Volksparteien in dieser Frage eben nicht mehr grundsätzlich unterschiedlicher Auffassung sind. Es gibt einen großen Konsens über die Parteigrenzen hinweg, bis hinein auch in das Lager der Bündnis 90/Grünen und der FDP. Die einzigen, die da eine völlig andere Haltung vertreten, sind die Linken. Und deswegen ist es ja auch schön, dass diese Minderheitenposition hier in Loccum, wie das hier alte Tradition ist, heute zu ihrem Recht kommt.

In diesem Zusammenhang möchte ich noch auf einen Sachverhalt hinweisen, weil das gerade aktuell ist. Die CDU/CSU-Bundestagsfraktion hat vor wenigen Wochen unter dem Titel ‚Sicherheitsstrategie für Deutschland' einen Beschluss gefasst und ihn auch veröffentlicht.

In der politischen Diskussion, und das ist ja häufig so, dass man sich dann nur ein Thema rauspickt, ist der gesamte Sachverhalt leider etwas untergegangen. Es ist politisch diskutiert worden ja nur die Frage nach einem nationalen Sicherheitsrat. Dass man sagt, das will der Schäuble und alle anderen wollen es nicht und die CDU will es, die SPD will es nicht. Das war ein Aspekt. Darüber hinaus enthält aber dieses Papier gleiche und weitere Forderungen, wie sie auch in der Denkschrift formuliert sind. Ich will einige Themen ansprechen. Da geht es zum Beispiel um die Folgen des Klimawandels, die zu bewältigen sind. Es geht darum, zivilmilitärisches Instrumentarium zur Krisenbewältigung und Krisenprävention im Ausland zu stärken.

Ein weiteres Kapitel widmet sich der Frage, wie UNO und OSZE gestärkt und Kooperationen unterstützt werden können. Das sind ja alles Fragen, die auch in der Denkschrift behandelt werden. Insofern wollte ich darauf hinweisen, dass auch in der politischen Diskussion, unter anderem auch angeregt durch diese Denkschrift, diese Fragen eine Rolle spielen.

Podiumsdiskussion

Gründe für Unruhen und Aufstände, Unterdrückung, Völkermorde und Kriege sind zu vielschichtig, um eine mögliche militärische Intervention als Ultima Ratio nur mit einem Ja oder Nein zu beantworten. Die Denkschrift setzt sich umfassend damit auseinander und wirbt sogar um Verständnis bei den Befürwortern oder Gegnern militärischer Einsätze. Und ich denke, dass das auch im Vergleich zu der Vorgängerdenkschrift, die ich auch durchaus für hochinteressant zu lesen fand, ein gewisser Wandel ist. Weil hier versucht wird, auch unterschiedliche Positionen anzuhören und das Verbindende hervorzuheben und weniger das Trennende. Das ist nicht einfach. Schon gar nicht, wenn man auf das Wort der Kirche sich einlassen will. Die Kirche ist nicht Vorreiter einer besonderen zugespitzten Position. Darauf verzichtet ausdrücklich, wenn ich das richtig verstanden habe, die Denkschrift. Und sie versucht, aufzuspüren, warum aufgrund eines langen Beratungs- und auch Abwägungsprozesses die einen eben zu einem Ja oder die anderen zu einem Nein kommen.

So wirbt die Denkschrift in Kapitel zwei, drei ‚Das Gewissen schützen und beraten' um die Achtung des Gewissens von Menschen, die Waffengewalt ablehnen, aber auch um die Achtung des Gewissens der Menschen, die bereit sind, sich an der Ausübung von Waffengewalt zu beteiligen. Schließlich räumt die Denkschrift ein, dass es Situationen gibt, in denen die Anwendung von Gegengewalt zu Schutz von Recht und Leben unausweichlich ist. Die Friedensschrift lässt hier keinen alleine und stürzt denjenigen nicht in eine Gewissensnot, der einerseits christlich verwurzelt ist und Gewalt eigentlich ablehnt, aber dennoch im Einzelfall zum Entschluss kommt, dass Waffengewalt als Ultima Ratio auf der Grundlage des Grundgesetzes und des Völkerrechtes notwendig ist. Ich erinnere daran, welchen Aufschrei der Empörung, aber auch welche Zustimmung, weil wir nun gerade in Loccum sind und er hier seinen Ruhestand lebt, Bischof Hirschler anlässlich des Irak-Krieges mit seiner Äußerung hervorgerufen hat, dass dieser Krieg ein „schrecklicher Weise notwendiger Krieg" sei. Sie werden sich sicherlich daran erinnern. Es gab viel Empörung, wie ein Bischof so etwas sagen kann. Aber es gab auch eine sehr, wie ich finde, interessante und ernst zu nehmende Auseinandersetzung über die Motive, die ihn dazu geführt haben, das so zu formulieren.

Die Hinweise zur Gewissenserforschung in diesem Kapitel richten sich ausdrücklich an Kriegsdienstverweigerer und Menschen, die sich für einen militärischen

Podiumsdiskussion

Dienst entscheiden. Die grundlegenden Ausführungen zum Gewissen dürfen und müssen aber auch für alle Parlamentarier gelten, die über die Anwendung von Gegengewalt zu beraten und zu beschließen haben. Ich weiß von vielen Kollegen aus dem Deutschen Bundestag, dass es mit zu den schwierigsten Entscheidungen und auch Gewissensentscheidungen gehört, junge Soldaten in Länder der Welt zu schicken, sei es Afghanistan oder sei es auch nur der Kosovo. Ich habe da selber auch die Soldaten einmal besucht.

Wenn die Politik diese Entscheidungen fällt, die ja im Grunde genommen auch damit verbunden sind, dass man den Leuten klar sagen muss: Ihr begebt euch in Lebensgefahr, ist eine weit reichende Entscheidung. Das heißt, die Gewissensentscheidung ist auch eine Entscheidung, dass wir Soldaten eben, nicht wie es damals gewesen ist, für den Verteidigungsfall ausbilden und eine Verteidigungsarmee unterhalten, die Angriffe von außen in Deutschland abwehrt, sondern jetzt ja Kriseninterventionskräfte, man kann es so sagen, weltweit zum Einsatz kommen. Ich komme selber, das haben Sie ja gesagt, aus Cuxhaven. Da sind stationiert die Marineflieger, Marinefliegergeschwader 3, die am Horn von Afrika rund um das Jahr immer wieder vertreten sind. Die sind nicht in Kampfeinsätzen, aber die führen Beobachtungs- und Aufklärungsflüge am Horn von Afrika durch.

Die Denkschrift weicht der konkreten Frage nicht aus, unter welchen Voraussetzungen als letztes Mittel Recht erhaltende Gewalt angewendet werden darf. Zugleich werden diesen Voraussetzungen weitere Grenzen gesetzt. Es wird die Zustimmung sicherlich aller hier Anwesenden finden, wenn ich sage, einen gerechten Krieg kann es nicht geben. Schließlich werden immer Menschen zu Tode kommen. Und daher trifft der Begriff der Recht erhaltenden Gewalt mehr den Kern eines militärischen Einsatzes zur Schaffung eines gerechten Friedens. Das halte ich in dieser Denkschrift für eigentlich den zentralen Punkt.

Der Katalog an zu prüfenden Voraussetzungen findet meine Zustimmung. Jede Entsendung militärischer Einheiten ist auf der Grundlage einer Einzelfallentscheidung zu treffen. Wie es ja auch der Fall ist. Dabei müssen alle Hintergründe eines Konfliktes, sowie die Gründe für die Notwendigkeit genauestens betrachtet und abgewogen werden. Für die Abgeordneten der Union wage ich zu behaupten, dass bei den in der Vergangenheit getroffenen Entscheidungen die genannten Kriterien berücksichtigt worden sind.

Podiumsdiskussion

Ein Letztes und dann höre ich auch auf. Die Frage zur politischen Relevanz der Denkschrift. Ich räume ein, das habe ich vorhin ja auch schon angedeutet, für die Landespolitik gilt das sicherlich nur mittelbar. Insofern wäre es auch ganz gut gewesen, wenn einer aus der Bundestagsfraktion hier zu Gast gewesen wäre. Aber es ist ja auch da Sitzungswoche. Außen-, Entwicklungs- und Verteidigungspolitik sind Angelegenheiten der Bundespolitik. Aber für die Bundespolitik ist diese Denkschrift in der Tat von einer hohen politischen Bedeutung. Aktuell ist ja der Fall Burma. Hätte man politisch und militärisch eingreifen sollen, wenn die Militärregierung weiterhin die Hilfslieferungen für die Not leidende Bevölkerung verweigert hätte? Ich verweise mal darauf, dass diese Denkschrift ja so einen Fall genau nicht ausschließt. Das ist ausdrücklich dort im Zitat Absatz 111 am Ende, auf Seite 75 genannt. Dort heißt es, eine Ausnahme vom Prinzip der militärischen Nichtintervention kann erst dann in Betracht kommen, wenn ein Staat nicht einmal seine primäre Funktion, nämlich die des Lebensschutzes der Bevölkerung und der Aufrechterhaltung eines minimalen Rechtszustandes erfüllt.

So denke ich, gibt es eine Menge Entscheidungskriterien, die sich aus dieser Denkschrift, aus dieser Friedensschrift ableiten. Dafür bin ich sehr dankbar, dass die Kirche diese Arbeit leistet. Aber es ist mit einer Denkschrift wie mit der Bergpredigt, man kann mit der Bergpredigt die Welt und ein Land nicht regieren. Das geht nicht. Aber es gibt eine Fülle von Denkanstößen, von Maßnahmen, die ergriffen werden können, um Menschen verantwortlich zusammen zu führen. Und dafür bin ich sehr dankbar. Auch wenn der eine oder andere enttäuscht ist, dass die Zuspitzung fehlt in die eine oder andere Richtung. Aber dazu wird sicherlich dann Herr Schäfer, wie ich das mir so vorstellen kann, nachher einiges sagen.

Ich glaube, es sind anderthalb Minuten zu lang geworden. Aber das liegt daran, dass ich vom Manuskript abgewichen bin. Dafür bitte ich um Verständnis. Vielen Dank.

***

Podiumsdiskussion

Ulla Mikota

Vielen Dank für die Gelegenheit, hier einige Anmerkungen und Kommentare aus Sicht des Bundesministeriums für wirtschaftliche Zusammenarbeit und Entwicklung zur Friedensdenkschrift einbringen zu können. Das BMZ dankt der EKD für die mit einem solchen Werk verbundenen Anstrengungen und für die Offenheit und Einladung zur kritischen Diskussion.

Das BMZ begrüßt die Denkschrift als wichtigen Beitrag für die aktuelle friedenspolitische Diskussion. Sie spricht viele wichtige, auch kontroverse Aspekte an und bietet einen sehr guten Referenzrahmen zur weiteren Auseinandersetzung, aber auch zur politischen Unterstützung. Denn nach wie vor ist die Evangelische Kirche einer der bedeutendsten Akteure und Kooperationspartner in der Debatte um Frieden und Gerechtigkeit. Noch sehr viel besser könnte das in der Denkschrift steckende Potenzial allerdings genutzt werden und wirken, wenn sie weiter offen kommuniziert und nicht als fertiges Produkt für die nächsten Jahre gesehen würde. Außerdem sollte für die breitere Diskussion eine Kurzversion in einer leichter verständlichen Sprache erstellt werden.

Die Denkschrift spiegelt die Komplexität friedenspolitischer Prozesse, nimmt jedoch eine sehr starke Gewichtung einzelner Aspekte vor. Dies betrifft vor allem den zu starken Fokus auf das internationale Rechtssystem als Schlüssel für mehr Gerechtigkeit und Frieden. Auch aus entwicklungspolitischer Perspektive hat das Recht einen kaum zu überschätzenden Stellenwert. In der Denkschrift kommt es sehr abstrakt und „top down" rüber. Es fehlen Begrifflichkeiten und Klärungen, um welche Rechtsträger oder -trägerinnen es sich handelt. Es fehlt die Auseinandersetzung um Fragen von „Empowerment", wie „Ownership" derjenigen, denen Recht und Gerechtigkeit widerfahren soll. Es fehlt die Frage nach der Verantwortlichkeit, wenn Recht nicht zugänglich oder sogar aktiv verweigert wird. Wir vermissen die Position zur Rechtsstaatlichkeit in den Partnerländern, die in der entwicklungspolitischen Friedens- und Sicherheitspolitik fundamentale Bedeutung hat. Es sind unseres Erachtens die Menschenrechte, inklusive der wirtschaftlichen, sozialen und kulturellen Rechte (WSK-Rechte), die im Mittelpunkt eines Rechtsfokus stehen müssten, die in der Denkschrift aber dem allgemeinen Recht untergeordnet erscheinen.

Podiumsdiskussion

Sehr positiv ist, dass die Denkschrift ausdrücklich auf die Partizipation und die Eigenverantwortung der Konfliktparteien und der Betroffenen als Voraussetzung für einen dauerhaften Frieden setzt. Auch wenn dies in der Denkschrift nicht weiter ausgeführt wird, sehen wir hier einen engen Zusammenhang mit der Ursachenanalyse von Konflikten und dabei auch mit der Herstellung von Transparenz. Besonders zu nennen ist dazu die sog. „Extractive Industries Transparency Initiative" (EITI). Diese Initiative hat zum Ziel, dass „transparent" wird, mit welchen Geldern, mit welchen Instrumenten, mit welchen Praktiken heute Rohstoffe in bestimmten Ländern gefördert werden und wer davon wie profitiert. Rohstoffe waren und werden auch zukünftig immer wieder Konfliktursache und damit Bedrohung des Friedens sein.

Die Denkschrift positioniert sich auch zur Schutzverantwortung unter dem Stichwort „Responsibility to protect" (R2P), wie sie von den Vereinten Nationen beschlossen wurde. Wir haben in den letzten beiden Tagen dazu ja schon mehrfach intensiv diskutiert. Das BMZ begrüßt diesen Ansatz sehr, tut sich allerdings auch mit der Frage schwer, wie diese Schutzverantwortung in die Praxis umzusetzen ist – auch unter friedenspolitischen Aspekten. Damit muss sich auch die Evangelische Kirche über das positive Postulat zu R2P hinaus auseinandersetzen. Bei dieser schwierigen Frage sind gesellschaftliche Diskurse und Koalitionen äußerst wichtig – insbesondere hinsichtlich der Kirchen mit ihrer hohen Glaubwürdigkeit.

Ein weiteres aktuelles Konzept der internationalen Friedens- und Sicherheitsdiskussion, das auch in der Denkschrift seinen deutlichen Niederschlag gefunden hat, ist das der „Menschlichen Sicherheit". Aber auch wenn das Konzept der „Menschlichen Sicherheit" aus entwicklungspolitischer Sicht sehr einleuchtend ist, gibt es zwischen verschiedenen politischen Akteuren zahlreiche Diskussionen um seine politische Anerkennung. Es bräuchte also einer intensiven politischen Diskussion dazu, die in der Denkschrift jedoch leider fehlt. Notwendig ist die Auseinandersetzung mit den „verwandten" Konzepten einer „erweiterten" oder einer „umfassenden Sicherheit", wie sie v.a. im „Weißbuch zur Sicherheitspolitik Deutschlands und zur Zukunft der Bundeswehr" 2006 steht.

In der Denkschrift geht es vor allem um zivile Konfliktbearbeitung und eigentlich weniger um Krisenprävention. Was aus unserer Sicht ein zu eingeschränkter Blick in einer Friedensdenkschrift ist. Dies soll und kann sich natürlich nicht gegenseitig ausschließen. Auch als BMZ versuchen wir alle Mittel ziviler Konfliktbearbeitung zu nutzen und zu stärken. Ich möchte da nur den „Zivilen Friedensdienst" erwähnen. Aber wir versuchen vor allem auch die Krisenprävention zu stärken, z.b. durch systematische Analysen von Ländern anhand von Krisenindikatoren.

Zwei Kernthemen aus der aktuellen Entwicklungspolitik möchte ich noch erwähnen, die in der Denkschrift unseres Erachtens zum Thema „Frieden und Konflikte" fehlen. Das ist einmal das „Do no harm-Prinzip". Also: das „Richte-keinen–Schaden-an-Prinzip" - was immer du tust. Damit wird der übergreifende Anspruch formuliert, dass alle Politikfelder sich der Frage stellen müssen, was die Wirkungen und möglicherweise auch negativen „Nebenwirkungen" ihrer Aktivitäten sind. Denn aus diesen entstehen eventuell wieder neue Konflikte.

Last but not least stellen wir fest, dass die Situation und Rolle der Frauen in der Denkschrift viel zu kurz kommt. Sie ist an nur wenigen Stellen genannt. Dabei wissen wir heute, dass Geschlechtergerechtigkeit kein Thema ist, was man irgendwann noch additiv dazu packt, sondern ein Querschnittsthema ist. Dass dies in der Denkschrift nur eine ganz geringe Rolle spielt, ist umso bedauerlicher, da die Frage von „Recht(en)" in der heutigen Diskussion um Geschlechtergerechtigkeit, auch im Blick auf Frieden und Gewalt gegen Frauen in Konflikten mit das wichtigste Thema ist. Hier muss die Denkschrift in ihrer Umsetzung deutlich nachlegen! Dabei freuen wir uns auf intensive Diskussionen und Zusammenarbeit.

***

Paul Schäfer

In unserer säkularisierten Gesellschaft nehmen die großen christlichen Kirchen einen wichtigen Platz ein: Als ein Faktor, der geistig-moralische Orientierungen zur öffentlichen Debatte stellt und entsprechendes Handeln der Politik einfordert, sind sie unverzichtbar. Besonders dort, wo es in großem Umfang um Leben und Tod, bei der Frage Krieg oder Frieden also, sind sie gefragt. Daher ist es sehr verdienstvoll, wenn sich die EKD – nach der Katholischen Kirche – in einer Denkschrift mit den heutigen Friedensgefährdungen und mit politischen Auswegen aus diesen Krisen und deren ethischen Grundlagen auseinander setzt.

Podiumsdiskussion

Ich will die Frage nach der politischen Relevanz der EKD-Denkschrift aber vor allem aus einer anderen Perspektive heraus beleuchten: Diese friedenspolitische Einmischung ist bitter nötig, wenn wir uns die gegenwärtige internationale Lage anschauen. Es ist gut, sich gerade als linker Politiker dabei nicht zuletzt auf Erkenntnisse der Friedensforschung zu stützen. In diesem Falle sind für mich die Einschätzungen und Vorschläge der größeren Einrichtungen der Friedensforschung, wie sie in den Friedensgutachten zusammengefasst sind, von besonderer Bedeutung. Im Friedensgutachten 2008 heißt es: „Seit der Jahrtausendwende leben wir in einer Periode präzedenzloser Hochrüstung. Weltweit verschlingen Streitkräfte und Rüstung mehr Mittel als zu Zeiten des Ost-West-Konflikts. Die neue Hochrüstung kann bedrohlicher werden als der Kalte Krieg." Dieser Trend wird in direktem Zusammenhang gesehen mit dem Versuch der führenden Industriestaaten, ihre jeweiligen Machtambitionen auch global durchzusetzen und sich dabei auf militärische Potenziale zu stützen. Namentlich werden die USA für ihr Bestreben kritisiert, ihre Vorherrschaft durch eine rigoros unilaterale Politik abzusichern. Die Autoren sprechen insgesamt von der „Rückkehr zur Renaissance klassischer Macht- und Militärpolitik".

Als weiteres, nicht völlig neues, aber sich dramatisch zuspitzendes Problemfeld wird der Konflikt um knapper werdende Ressourcen genannt. Das dieser Punkt auch mit dem heute besonders heftig diskutierten Thema „Klimawandel und Folgen" eng verknüpft ist, liegt auf der Hand. Der Streit um Ressourcen und deren Aneignung spielte in der Vergangenheit immer auch eine Rolle in verschiedenen bewaffneten Konflikten. Heute droht die klimabedingte Ressourcenverknappung zu einem gewichtigen Faktor innerhalb gewaltträchtiger Konfliktlagen zu werden. Man denke nur an den Kampf um Wasser und Weidegründe in Darfur. Und ganz entscheidend: Die sich abzeichnende „Endlichkeit" der Ölförderung ruft geradezu verzweifelte Anstrengungen der Hauptverbraucher hervor, sich einen möglichst großen Anteil an der Restmenge zu sichern. Der Überfall der USA auf den Irak ist ohne dieses Motiv nicht denkbar. Nun soll der NATO, einem militärisch ausgerichteten Interessenbündnis einer „exklusiven" Staatengruppe also, die Aufgabe zu teil werden, die prekärer werdende Energie- und Ressourcenversorgung durch sog. globale Sicherheitspartnerschaften zu sichern. Dies schließt im herrschenden Verständnis auch nötigenfalls den Einsatz militärischer Gewalt ein. Das wäre nichts als ein Spiel mit

Podiumsdiskussion

dem Feuer. Dass damit auch die längst überfällige Einleitung einer alternativen Energiepolitik blockiert würde, sei nur knapp erwähnt.

Um es zusammenzufassen: Das was sich viele nach der Zeitenwende 1989 erhofft haben, die Friedensdividende, die Konzentration auf eine globale und nachhaltige Entwicklungspolitik, ist ausgeblieben. Stattdessen scheinen wir uns wieder in einer verhängnisvollen Spirale der Gewalteskalation und der Rüstungswettläufe zu befinden, aus der kein Entrinnen möglich scheint. Die mögliche Verschärfung der Interessenkonflikte um knapper werdende Ressourcen muss in diesem Lichte als besonders brisant und gefährlich angesehen werden.

In dieser Situation ist eine Denkschrift sehr wichtig, die das Rad wieder in die andere Richtung drehen will: Gerade die Länder, die heute über die größten Rüstungspotenziale verfügen, müssen positiv vorangehen und Abrüstungsschritte einleiten. Sie müssen aufhören, sich von militärischer Überlegenheit und einer Politik der Stärke die Lösung der heutigen Weltprobleme – Klima, Energie, Terrorismus, Unterentwicklung – zu versprechen. Sicherheit ist heute nur noch gemeinsam mit allen Beteiligten erreichbar, und auf dem Weg der Kooperation und nicht der Konfrontation. Diese Grundgedanken prägen auch die Denkschrift. Damit wird ein wichtiger Kontrapunkt in einer sicherheitspolitischen Debatte gesetzt, die sich allzu selbstgewiss auf die globale Durchsetzung der „westlichen Werte" abstützt und sich dabei auf Militärmacht und deren Perfektionierung verengt. Allerdings zeigt die bisherige Erfahrung mit der öffentlichen Wirkung der Denkschrift, dass die Kirche ihre abrüstungspolitische Botschaft entschiedener und lauter verkünden muss. Sonst droht die Aufforderung zum Umdenken in der allgemeinen Konsensbeschwörung – für Miteinander und Entmilitarisierung seien doch schließlich alle – schlicht unterzugehen. Dabei enthält die Denkschrift genug Widerborstiges, das allemal eine breitere Resonanz verdient hätte. Nehmen wir nur die fast krankhafte Fixierung mancher Polit- und Militärstrategen darauf, dass wir weiter und noch lange an der Existenz der atomaren Terrorwaffen festhalten müssten. Die Evangelische Kirche wäre hier gut beraten, in diesen Fragen eine kontinuierliche Aufklärungsarbeit zu entfalten und sich in streitbare Auseinandersetzungen zu begeben. Die katholische Einrichtung *Justitia et Pax* gibt dafür ein gutes Beispiel, wie so etwas aussehen könnte.

Ein Zweites ist unbedingt positiv festzuhalten: Mit dem Leitbild des Gerechten Friedens haben Katholische wie Evangelische Kirche den Nagel auf den Kopf getroffen. Damit ist eine wichtige Orientierungshilfe für künftige außen- und sicherheitspolitische Debatten, aber auch für zivilgesellschaftliches Engagement gegeben.

In den heute ganz überwiegend vorherrschenden Konflikten geht es nicht zuletzt darum, dass die lebensnotwendigen Ressourcen ungerecht verteilt sind, dass in nicht wenigen Ländern die Mehrzahl der Menschen von der Teilhabe an ökonomischer und politischer Macht ausgeschlossen ist. Folgerichtig finden gewaltförmige Konflikte vor allem innerhalb von Gesellschaften statt – allerdings mit grenzüberschreitender Ausstrahlung. Wer diese Konflikte eindämmen und schließlich beenden will, muss Vorschläge entwickeln, wie diese Konfliktursachen bearbeitet werden könnten. Gerechtigkeit ist dabei der Schlüssel zum Erfolg. Und nicht zu vergessen: In Gerechtigkeit steckt auch das Wort Recht. Die Denkschrift der EKD setzt insoweit ein wichtiges Gegengewicht zum sicherheitspolitischen Mainstream, als die Wahrung des Völkerrechts nicht nur als ein wünschenswerter Handlungsmaßstab, sondern als kategorischer Imperativ einer Weltfriedensordnung gesetzt wird.

Es ist das Verdienst der Denkschrift, dass der Zusammenhang zwischen dauerhaften Friedensstrukturen und nachhaltiger Entwicklung als unabweisbar dargelegt wird. Und dass man sich dabei nicht scheut, darauf zu verweisen, wie westliche bzw. „nördliche" Politik allzu oft der Durchsetzung eigener Interessen dient, statt einen wirklichen Interessenausgleich zwischen den Wohlhabenden und den Armen herbeizuführen. Dass an dieser Stelle auch die nach wie vor deutlich überdimensionierten Waffenpotenziale der reichen Industriestaaten und der schändliche Export von Rüstungsgütern angeklagt werden, ist völlig richtig. Und mindestens ebenso wichtig: Die Sicherung eigener Wirtschaftsinteressen durch militärische Eingreifoptionen wird eindeutig verworfen; stattdessen ein durchgängig kooperativer Ansatz in den Internationalen Beziehungen eingefordert. Dies ist vor dem Hintergrund aktueller NATO-Strategiedebatten, aber auch bundesdeutscher Papiere zur Sicherheitspolitik mehr als überfällig.

Die Antworten auf die in einem umfassenden Sinne zu verstehenden „Ressourcenfrage" sind vielschichtig: So geht es um die Beendigung des einseitig auf fossile Energien setzenden Wachstumspfad, und um kooperative Arrangements über den Zugang und die Nutzung zu Wasser, Boden und Rohstoffen. Aber gleichrangig auch um die Realisierung der demokratischen Teilhabe der Menschen an der Gestaltung ihrer Gesellschaft. Ohne Menschenrechte und demokratische Partizipa-

Podiumsdiskussion

tion ist eine dauerhafte Lösung der Entwicklungsprobleme der Gegenwart nicht vorstellbar. Auch dieser essentielle Konnex ist in der Denkschrift akzentuiert. Es wäre gut, wenn von der Denkschrift positive Anregungen für das engere Zusammenwirken von Eine Welt-Initiativen, Menschenrechtsaktivisten und Friedensgruppen ausgingen. Damit könnte eine Ausstrahlung der Denkschrift weit über die innerkirchliche Debatte hinaus erreicht werden. Wichtig und wünschenswert wäre auch, dass für die Evangelische Kirche nicht nur das geschriebene Wort gilt, sondern sich diese Denkschrift auch in konkreten Maßnahmen manifestiert.

Es ist gefragt worden, ob die Denkschrift bissig und zugespitzt genug sei, um wirklich gesellschaftliche Debatten über die deutsche Sicherheitspolitik auslösen zu können. Ob ein provokativer Text einen solchen Diskurs nach sich ziehen würde, erscheint mir zwar fraglich, aber ein Problem bleibt. Wer wolkig bleibt, wo konkrete Kritik und Handlungsvorschläge gefragt sind, beraubt sich möglicherweise tatsächlich des Stachels, der nötig ist, um überhaupt in die öffentliche Auseinandersetzung zu kommen.

Dass sich die Evangelische Kirche in der Kommentierung sehr konkreter politischer Entwicklungen und Ereignisse eher Zurückhaltung auferlegt, ist nachvollziehbar. Doch wird mit dem Tribut an die innerkirchliche Pluralität zugleich die zentrale Schwachstelle der Denkschrift offenbar. Wer es vermeidet, wichtige Akteure, die für akute wie strukturelle Friedensgefährdungen mitverantwortlich sind, beim Namen zu nennen, steht in der Gefahr, Dinge zu verkleistern, wo es nötig wäre, die Adressaten der Kritik unmissverständlich zu benennen und herauszufordern. So müssten neben der NATO-Nukleardoktrin ungeschminkt genannt werden, die Schnellen Eingreifverbände von NATO und EU, die Umrüstung der Bundeswehr zu einer Interventionsarmee oder die laufenden Militäreinsätze usw. usf.

Es ist gut, wenn die Denkschrift die offiziellen Begründungen (Menschenrechte, Abschreckung, Demokratie, Krieg gegen den Terror) für die heutigen Kriege und Militärinterventionen hinterfragt. Nur ist es aus unserer Sicht notwendig, noch einen Schritt weiterzugehen: Worin liegen die eigentlichen Wurzeln dieser Politik der Stärke? Die sich verschärfenden Kämpfe um internationalen Einfluss, um den bestmöglichen Zugriff auf Energiequellen und Naturressourcen und um kulturelle Hegemonie, die nicht zuletzt ihre Ursachen in der Wirtschaftsverfassung und der inneren Gesellschaftsordnung der bestimmenden Nationen haben, betrachten wir als

Podiumsdiskussion

eine zentrale Konfliktquelle in der Welt von Heute und Morgen. Ohne die sich daraus ergebende Kritik imperialer Machtpolitiken besteht die Gefahr, dass friedenspolitisches Engagement ins Leere läuft. Wir sehen in diesem Zusammenhang auch die Europäische Union in ihrer gegenwärtigen Verfasstheit mit kritischen Augen. Sie ohne jegliche Einschränkung „als Garantiemacht für Frieden und Stabilität in Europa" zu bezeichnen, wie in der Denkschrift geschehen, deckt sich nicht mit unserer Wahrnehmung. Es wäre ein lohnenswertes Ziel die EU in diese Rolle zu bringen. Doch gegenwärtig wird diese supranationale Institution Schritt um Schritt aus einer zivilen Gemeinschaft zu einem Machtzentrum ausgebaut, dass sich nicht zuletzt auf militärische Interventionskräfte weltweit stützen will.

Bei aller Kritik sollte dennoch festgehalten werden: Die Denkschrift enthält genügend praktische Ansatzpunkte, die dazu beitragen können – wenn sie von möglichst vielen Menschen aufgegriffen werden – eine „friedenspolitische Wende" in Gang zu setzen. Es muss also um mehr gehen, als die Denkschrift zu einem Ausgangspunkt neuer sicherheitspolitischen Debatten zu machen. Auch dies wäre hilfreich. Die an den Evangelischen Akademien stattfindenden Auseinandersetzungen sind in diesem Rahmen ja ein guter Anfang. Ebenso wichtig erscheinen mir zugleich vielfältige Aktivitäten, angeregt durch die Denkschrift, die auf eine konsequente Politik der Entmilitarisierung und Zivilisierung gerichtet sein müssten. Um nur beispielhaft zu nennen: Das Ringen um nukleare Abrüstung, um die Neuaufnahme von Verhandlungen zur konventionellen Rüstungsreduzierung in Europa, eine möglichst restriktive Rüstungsexportpolitik, der Ausbau des Instrumentariums zur zivilen Konfliktbewältigung und vieles mehr. Hier werden wir alle in den nächsten Jahren erheblich gefordert sein.

***

Nikolaus Schneider

Herzlichen Dank für die Einladung. Ich möchte eine Bemerkung vorweg machen. Die Zustandsbeschreibung der Welt und auch die Zustandsbeschreibung unseres Landes müssen um eins ergänzt werden: Die Erfahrungen des Dritten Reiches und das katastrophale Versagen politischer, wirtschaftlicher, kirchlicher, allgemein ge-

Podiumsdiskussion

sellschaftlicher Eliten in dieser Zeit, die barbarischen Folgen von Rechtlosigkeit, die katastrophalen Folgen von der Verherrlichung und der Anbetung von Macht und Gewalt. Das ist etwas, was die bundesrepublikanische Gesellschaft ausgezeichnet hat in der Zeit nach dem Krieg. Ich weiß aus meiner eigenen Jugend, dass es in meinem Elternhaus undenkbar gewesen wäre, meinem Vater zu sagen, dass ich zur Bundeswehr gehe, aufgrund seiner eigenen Kriegserfahrungen und seiner Prägung. Und als ich mit einer CVJM-Uniform ins Haus kam, hat er mich fast rausgeschmissen. Nach dem Motto: Uniformen kommen mir nicht ins Haus. Das ist eine Prägung, die ganz tief da ist. Und ich glaube, das hat die Mentalität unserer Kirche und auch das starke Engagement der Friedensgruppen geprägt. Wir haben hier eine Änderung. Ich will diese Änderung auch wieder biographisch sagen.

Eine meiner drei Töchter hat ein freiwilliges soziales Jahr im Kosovo gemacht. Und zwar Jugendarbeit in einer Gegend, wo die beiden Volksgruppen vertreten waren und sie hat versucht, mit Jugendlichen beider Volksgruppen zu arbeiten, um gegenseitige Kenntnis und Vertrauen aufzubauen. Einer der ersten Anrufe meiner Tochter begann mit dem Satz: „Papa, du wirst es nicht glauben, die einzig Vernünftigen hier sind die von der Bundeswehr." Und das Mädchen war anders erzogen.

Bei mir traf die Aussage meiner Tochter auf ein neues Nachdenken über den Umgang mit den Realitäten der Gewalt. Daraus folgte eine andere Sicht auf das Militärische. Das muss ich Ihnen ganz deutlich sagen. Ich bin ganz neu ins Nachdenken gekommen über diese Fragen. Ich denke nur, und jetzt knüpfe ich wieder an das Vorherige an, was gerade das Spezielle unseres Landes ist, was wir an Erfahrungen gesammelt haben, darf in dieser Neuorientierung nicht verloren gehen. Nämlich die Skepsis gegenüber der Anbetung von Macht und Gewalt, die Verherrlichung des Militärischen. Daraus ergeben sich Wertschöpfungen in Sachen Recht und Entwicklung. Das darf nicht verloren gehen. Ich glaube, dass Deutschland nach wie vor eine besondere Stimme zu erheben hat in der Völkergemeinschaft aufgrund dieser speziellen Erfahrung. Ich glaube, das dürfen wir nicht preisgeben. Wie wir das angemessen tun, darum muss gerungen werden.

Das zweite ist: was kann man von so einer Denkschrift erwarten und was macht eine solche Denkschrift aus? Das geht jetzt auf Arnd Henze und auch auf die allgemeine Kritik ein, die da geäußert wurde. Ich glaube, dass Huber Recht hat in sei-

Podiumsdiskussion

nem Vorwort, wenn er sagt, dass wir als Kirche versuchen, gesellschaftlichen Konsens herzustellen. Und man möge das bitte nicht gering schätzen. Der gesellschaftliche Konsens ist ein hohes Gut. Und ich finde es verdienstvoll und wichtig, dass wir uns darum bemühen. Die kritische Frage muss allerdings bleiben: Kommen die prophetischen Elemente unserer Tradition und der Heiligen Schrift angemessen vor oder nicht? Können sie sich also durch das, was wir darstellen, entwickeln und entfalten? Oder können sie es nicht. Von der Kammer und vom Rat zu erwarten, dass das eine Vereinigung von Propheten ist, geht an der Realität vorbei. Aber warum ist Frau Senghaas-Knobloch Prophetin? Und ich nehme das auch für mich in Anspruch. Warum? Einfach, weil wir in einer bestimmten Tradition stehen, die wir einbringen. Aber die wir so einbringen, dass sie kompatibel wird mit allen anderen Traditionen. Nämlich auch mit den priesterlichen Traditionen. Wenn wir das aufs Prophetische verkürzen, sind wir vermutlich ein richtig schöner Stachel. Aber welche Wirksamkeit wir entfalten, das ist die Frage.

Soviel unter diesen Vorbedingungen zu Ihren Fragen. Ich unterstelle noch einmal, dass Sie mein Statement kennen. Das ist ja in den Unterlagen (abgedruckt im Anhang). Deshalb lese ich es nicht noch einmal vor. Ich will jetzt einfach noch einmal etwas zu den Fragen sagen und ein bisschen zuspitzen.

Ist das bissig genug? Tja. Ich finde, die Bissigkeit könnte sich darin äußern, dass diese Denkschrift doch von klaren, einfachen Grundsätzen und Maximen lebt. Und sich darin auch Bissigkeit entfalten kann. Dadurch, dass klar und einfach formuliert ist. Und dass Dinge auf den Begriff gebracht werden. Häufig muss das gar nicht mehr sein, als dass man sagt, was ist. Und das in einer Weise, die auch einleuchtend ist. Also, wenn wir sagen: wer aus dem Frieden Gottes lebt, tritt für den Frieden in der Welt ein; dass wir sagen: wer den Frieden will, der muss den Frieden vorbereiten. Ich finde, das sind Sätze, die durchaus bissig sind. Weil nämlich die Realität eine andere ist. Wenn Sie den Mitteleinsatz für militärische Forschung und für Rüstung betrachten, dann ist das ein Satz, der ausgesprochen bissig ist. Oder zumindest ist er anschlussfähig, so dass man ihn in konkrete, bissige Politik umsetzen kann. Und das tun wir ja auch. Wir haben den letzten Rüstungsbericht gehabt, der deutlich gemacht hat, wie die Rüstungsausgaben ansteigen. Dass die Vereinigten Staaten, doppelt so viel ausgeben wie alle anderen zusammen. Stimmt das so? Das ist der helle Wahnsinn. Aber es ist Ausdruck dessen, dass da wirklich auf Rüstung

Podiumsdiskussion

gesetzt wird. Und eben auf Macht. Und wir sagen, dass das der falsche Weg ist. – Bissig genug?

Deutschland ist Nummer drei bei Rüstungsexporten. Wohin wird exportiert? In Europa: am meisten in die Türkei. In Afrika: am meisten nach Südafrika. Aber auch in andere Gebiete, die durchaus schwierig sind. Für diese Fälle fordern wir, dass zumindest keine Hermesbürgschaften mehr für Rüstungsexporte gegeben werden. Ich glaube, dafür ließe sich eine sehr sinnvolle Initiative entwickeln, die sogar eine Chance hätte, parteienübergreifend getragen zu werden.

Wir wissen, wie Politik funktioniert. Wenn man über diese Sache diskutiert, bin ich sehr sicher, dass man einen Gesprächspartner in allen Fraktionen finden wird. Denn Hermesbürgschaft heißt ja, ich stütze Rüstungsexport. Ich subventioniere ihn. Und ich subventioniere sogar die Empfänger dieser Waffen.

Ein weiterer Punkt ist die Asymmetrie. Die Denkschrift macht die Asymmetrie unseres Verhaltens und unseres Denkens sehr deutlich. Ich will damit sagen: Wir denken den Vorrang für Gewaltfreiheit. Wir handeln aber faktisch ganz anders. Der militärische Einsatz wird finanziell um ein Vielfaches dessen gefördert als nichtmilitärische Handlungsoptionen. So ist die Realität. Das spricht diese Denkschrift, finde ich, ganz überzeugend an. Also: so viel zum Thema bissig.

Die Schrift ist anknüpfungsfähig. Sie kann so konkret zugespitzt werden, dass sie auch wirklich in Politik umgesetzt werden kann.

Ist sie visionär genug? Da weiß ich auch nicht. Dazu haben wir hier am Panel schon einiges gehört.

Frauenfrage: Unsere Erfahrung in der Entwicklungspolitik besagt ja, wo Entwicklungspolitik Frauenentwicklung betreibt, also da, wo sie besonders auf Frauen als Kooperationspartnerinnen für die Entwicklung setzt, kriegen wir ganz andere Entwicklungsschübe. Das nicht zu bemerken, ist in der Tat ein schwacher Punkt.

Ist sie konkret genug? Noch einmal: Sie liefert Anknüpfungspunkte. Ist sie besonders relevant? Fachlich gesehen absolut. Sie ist einfach gut. Sie knüpft an das, was bisher erarbeitet wurde, an. Sie ist theologisch hervorragend ausgewiesen. Und sie ist anschlussfähig an viele Politikbereiche, auch an viele Forschungsbereiche.

Sie ist auf der Höhe der Zeit und hat von daher eine Relevanz. Sie fragen natürlich nach einer anderen Relevanz. Nach der gesellschaftlichen und der politischen Relevanz. Diese Frage richtet sich an uns. In wieweit nehmen die Landeskirchen das

Podiumsdiskussion

Anliegen der Schrift auf, inwieweit nehmen es unsere Friedensinstrumente auf. Wieweit nehmen wir sie in unsere Pädagogik hinein? Das muss tatsächlich geschehen. Das ist auch eine Aufgabe der Landeskirche. Wir haben alle unsere Institute, die so etwas leisten können. Und wir haben unsere Gemeinden und unsere Kirchenkreise. Wir müssen sie runterbrechen. Dann wird sie Relevanz entfalten. Weil sie dann zivilgesellschaftlich wirksam werden wird. Und sie wird über die Zivilgesellschaft auch eine politische Verbreitung und ein politisches Gewicht gewinnen. Sie wird ferner auch in der Politik diskutiert. Die Fraktionen diskutieren sie, die Parteien. Also: Relevanz ist durchaus gegeben.

Ist sie verbesserungswürdig? Ich habe einen Punkt, den hätte ich wirklich gerne weiter entwickelt. Das ist die Frage des Umgangs mit Nuklearwaffen. Nuklearwaffen sind keine Waffen, sondern sie sind Massenvernichtungsmittel. Immerhin sind wir ein Stückchen weiter, die Drohung ist nicht mehr erlaubt. Das sagt die Denkschrift ausdrücklich. Aber was die Anwendungsmöglichkeit angeht, ist sozusagen noch ein Fenster oder die Tür ein Stück weit offen geblieben. Diese Tür hätte ich lieber ganz und deutlich geschlossen. Gerade angesichts der Lage in der Welt, wie sie ist, Das ist fast ein konfessorisches Moment: wir als Kirchen haben zu der Anwendung von Nuklearwaffen keine andere Möglichkeit als Nein zu sagen.

Prägende Begrifflichkeiten habe ich eben genannt: Wer den Frieden will, muss den Frieden vorbereiten und ihn stark machen. Gerade angesichts des bisherigen Grundsatzes: „Wer den Frieden will, muss den Krieg vorbereiten." Das haben wir ja auch im Lateinunterricht gelernt und das prägt. Unterschätzen Sie das nicht. Und wenn das gelingt, einen neuen Satz – wer Frieden will, muss Frieden vorbereiten – zur Selbstverständlichkeit im Denken und im Empfinden zu machen, dann wären wir einen Riesenschritt weiter.

Und den Satz, den Sie genannt haben, Herr Biallas, den finde ich auch bärenstark: Es geht um die rechtserhaltende Funktion von Gewalt. Wenn wir uns darauf verständigen können, dass Gewalt an Recht gebunden wird – also nicht nur, dass Recht Gewalt ermächtigt, sondern dass Gewalt auch zur Rechtserhaltung dienen muss – sind wir einen Schritt weiter.

Das sind Punkte, die ich wirklich für Highlights halte und an denen wir weiter arbeiten müssen und auf diese Weise ihre Relevanz ausweisen werden.

***

Podiumsdiskussion

Dieter Senghaas

Ich habe zunächst eine Frage, die ich eigentlich am ersten Abend den anwesenden katholischen und evangelischen Theologen, Herrn Härle und Herrn Justenhoven, stellen wollte. Ich habe nicht nur die EKD-Denkschrift intensiv studiert, sondern aus Anlass dieser Konferenz auch noch einmal das Hirtenwort über die Friedensproblematik der Deutschen Katholischen Bischofskonferenz aus dem Jahre 2000. In der Tat gibt es zwischen den beiden Dokumenten eine große Übereinstimmung. In der ersten Sitzung zu Beginn dieser Tagung wurde von 99 Prozent gesprochen. Aber es ist interessant, dass die jeweiligen theologischen Begründungen, die in separaten Abschnitten abgehandelt werden, doch sehr unterschiedlich sind. Dies ist ein Sachverhalt, den wir hier bisher überhaupt noch nicht diskutiert haben. Das katholische Dokument versucht die theologische Begründung der Aussagen zum Frieden gewissermaßen historisch-genetisch aus der Perspektive des Alten Testaments und hin zum Neuen Testament herzuleiten. Das EKD-Dokument bemüht sich mehr um eine systematische Verortung und ist, wenn ich das recht sehe, exklusiver auf das Neue Testament bezogen. Meine Frage ist nun, ob diese unterschiedlich akzentuierte Einbettung der Friedensargumentation theologischer Provenienz eigentlich irgendeine Bedeutung hat für das, was anschließend in großer Übereinstimmung im Hinblick auf die Beurteilung der derzeitigen Weltlage artikuliert wird. Anders formuliert: Ist der theologisch argumentierende Vorspann eigentlich relevant für all das, was danach kommt und was wir hier in der gesamten Konferenz diskutiert haben? Oder ist der Vorspann einfach erforderlich, weil es sich jeweils um ein kirchliches Dokument handelt – aber im Grunde genommen wäre er dann jeweils nur eine Art von Ornament. Was also ist die Rückkopplung zwischen theologischer Einbettung und aktueller Lagebeurteilung? Dies ist eine Frage, die wir vielleicht noch hier, ggf. auch an anderer Stelle einmal diskutieren sollten.

Ein Zweites möchte ich anmerken. 1995 habe ich im Suhrkamp Verlag einen Sammelband veröffentlicht, der den Titel trägt *Den Frieden denken. Si vis pacem, para pacem* (edition suhrkamp 1952). In diesem Buch habe ich Texte, die nach 1945 veröffentlicht worden sind, abgedruckt, insofern es sich um prinzipielle Beiträge zu einem Konzept konstruktiven Friedens handelte. Einer dieser Beiträge stammt von Georg Picht aus dem Jahre 1971 und ist betitelt *Was heißt Frieden?* In diesem Bei-

Podiumsdiskussion

trag entwickelt Picht ein Friedenskonzept in dreifacher Hinsicht, indem er nämlich Frieden, positiv bestimmt, abhängig sieht von einer dreifachen Schutzverantwortung: Schutz vor Gewalt, Schutz vor Not und Schutz der Freiheit. Eva Senghaas und ich hatten später dann den drei Dimensionen eine vierte hinzugesetzt: Schutz vor Chauvinismus und somit Schutz kultureller Vielfalt (*Leviathan*, Heft 2, 1992, S. 230ff.). Diese friedenstheoretisch relevanten Schutzdimensionen sind nun bekanntlich in die neue EKD-Denkschrift eingeflossen; im übrigen auch eine grundlegende Formel von Ernst-Otto Czempiel, der Anfang der 1970er Jahre Frieden als Ergebnis abnehmender Gewalt und zunehmender sozialer Gerechtigkeit definierte. Warum die Erinnerung? Diese und andere Überlegungen konzeptueller Orientierung kamen mitten in der Zeit des Kalten Krieges, der Abschreckungskonstellation und der sie begleitenden Rüstungsdynamik zustande. Es ging damals, tagespolitisch betrachtet, um die ideologische Abfederung des Ost-West-Konfliktes, um Rüstungskontrolle und weit ausgreifend natürlich auch um Abrüstung – alles, wie wir wissen, schwierige Vorhaben, die nur teilweise erfolgreich waren. Mit dem Ende des Ost-West-Konfliktes wurden aber jene konstruktiven Friedenskonzeptionen, die während des Ost-West-Konfliktes und kurz danach artikuliert wurden, unmittelbar relevant, was sich nunmehr in politisch-programmatischen Leitperspektiven von der Art der EKD-Denkschrift dokumentiert. Aus der Perspektive der Friedensforschung ist diese Übernahme sachhaltiger Konzepte in auch tagespolitisch relevante Dokumente nur zu begrüßen.

Natürlich gibt es auch Differenzen oder Spannungen zwischen den Erkenntnissen der Friedensforschung und dem, was in dem EKD-Dokument niedergelegt wurde. Der einzig wirklich gravierende Punkt ist hier die Einschätzung der Abschreckungsproblematik und also der Rolle von Nuklearwaffen in der derzeitigen internationalen Politik. Hier konnte sich bekanntlich die Gruppe, die die EKD-Denkschrift verfasste, nicht einigen, insbesondere im Hinblick auf den unterstellten potentiellen *politischen* Nutzen von Nuklearwaffen qua Abschreckungspotential. Ich werde der Dokumentation dieser Tagung eine eigene Stellungnahme unterbreiten; hier nur so viel: Abschreckung führt bekanntlich aufgrund des unglaublichen Zerstörungspotentials von Nuklearwaffen zur Selbstabschreckung, und Selbstabschreckung wird nach aller Erfahrung zu bewältigen versucht durch die Aufgliederung bis hin zur Miniaturisierung der Nuklearwaffen in Militärpotentiale, die als kriegsführungsfähig eingeschätzt werden. Aus Abschreckung wird Kriegsführungsabschreckung. Deshalb die unglaubliche Proliferation in dieser Waffenkategorie in quantitativer und qualitativer Hinsicht. Es gibt aus diesem Zirkel keinen Ausweg außer durch totale nukleare Abrüstung, wie sie inzwischen ja auch von ehemaligen Repräsentanten der Abschreckungspolitik wie Henry Kissinger u.a. als dringlich gefordert wird! Hier also sollte auch in der EKD intensiv weiterdiskutiert werden.

Es gibt weitere Problemstellungen, die zu diskutieren wären. Z.B. die Frage, ob in den Beziehungen zwischen den USA und China eine sogenannte Hegemoniekrisen-Problematik im Entstehen ist, d.h. eine potentielle Kollisionskonstellation zwischen einer relativ absteigenden und einer relativ aufsteigenden Macht im Hinblick auf das Privileg, die Rahmenbedingungen der Weltpolitik nachdrücklich zu gestalten. Erwächst aus dieser Konstellation ein machtpolitischer Zusammenprall, oder entwickelt sich eine multipolare Mächtekonstellation (ergänzt um Brasilien, Indien, Russland, Südafrika und evtl. andere Staaten)? Oder entwickelt sich günstigstenfalls sogar so etwas wie ein Mächtekonzert, in dessen Rahmen Konflikte abgefedert blieben und weitreichende globale Probleme (Klima etc.) leidlich gemeinsam bearbeitet würden? Auch diese Problematik wäre eingehend zu diskutieren, wie übrigens eine ganz merkwürdige Erscheinung neueren Datums: die Beziehungen Chinas zu Afrika mit quasi neokolonialen Folgewirkungen.

Zusammenfassend würde ich also betonen: Die Grundpositionen, die in der EKD-Denkschrift artikuliert wurden, sind nicht nur überzeugend, sondern auch zukunftsweisend (dies insbesondere auch im Hinblick auf die Rolle, die dem internationalen Recht zugewiesen wird). Angesichts eines sozialen Wandels mit oft dramatischem Ausmaß und nicht prognostizierbaren politischen Folgen werden immer wieder neue konkrete Lagebeurteilungen erforderlich werden. Dies ist jedoch gleichermaßen eine Herausforderung für die Wissenschaften, die Kirchen und natürlich insbesondere auch die Politik.

Anhang

Nikolaus Schneider

Statement*

Die globalisierte und multikulturelle Welt, in der wir seit dem Ende des Kalten Krieges leben, bedarf einer neuen, zeitgemäßen Friedensethik aus christlicher Verantwortung. Deshalb hat der Rat der Evangelischen Kirche in Deutschland (EKD) zu Beginn der jetzigen Amtsperiode die Kammer für Öffentliche Verantwortung damit beauftragt, eine neue, umfassende und grundsätzliche Ausarbeitung zum Thema „Frieden" vorzubereiten. Im Hintergrund dieses Auftrags standen Erfahrungen, die in den Neunzigerjahren etwa in Afrika (Ruanda) oder auf dem Balkan gemacht wurden – aber auch der 11. September 2001 mit seinen Hintergründen und politischen Folgen.

Der Rat hatte dabei eine klare, dem Evangelium gemäße und verantwortliches Handeln ermöglichende friedensethische Orientierung im Sinn, die keineswegs auf die Fragen militärisch gestützter Friedenssicherung und militärischer Interventionen beschränkt ist, die sich aber auch auf Beispiele wie den Kosovokrieg 1999, die Afghanistanintervention 2001 oder den Irakkrieg 2003 anwenden lässt. Zu den großen Friedensgefährdungen unserer Zeit zählt insbesondere auch der moderne internationale Terrorismus. Die Frage ist, wie dieser und anderen akuten Gefahren für den Weltfrieden auf rechtsförmige, wirksame und nachhaltige Weise begegnet werden kann.

Die Denkschrift vertritt einfache und klare Grundsätze und Maximen. Die folgenden hebe ich ausdrücklich hervor: Wer aus dem Frieden Gottes lebt, tritt für den Frieden in der Welt ein. Wer den Frieden will, muss den Frieden vorbereiten. Friede ist nur dann nachhaltig, wenn er mit Recht und Gerechtigkeit verbunden ist. Gerechter Friede setzt in der globalisierten Welt den Ausbau der internationalen Rechtsordnung voraus. Staatliche Sicherheits- und Friedenspolitik muss von den Konzepten der „Menschlichen Sicherheit" und der „Menschlichen Entwicklung" her gedacht werden.

Nikolaus Schneider

Diese einfachen Leitgedanken verbinden sich mit konkreten Handlungsoptionen. So ist etwa mit der geforderten Rechtsförmigkeit einer internationalen Friedensordnung der Anspruch verknüpft, dass diese Rechtsordnung dem Vorrang ziviler Konfliktbearbeitung verpflichtet ist und die Anwendung von Zwangsmitteln an strenge ethische und völkerrechtliche Kriterien bindet. Auch die Herausforderung durch den modernen internationalen Terrorismus rechtfertigt deshalb keine Wiederbelebung der Lehre vom „gerechten Krieg". Vielmehr bewährt sich gerade in einer solchen Situation die Ausrichtung aller friedenspolitischen Überlegungen an der Leitidee des „gerechten Friedens".

Durchgängig wird in der Denkschrift die Notwendigkeit der Prävention hervorgehoben; gewaltfreien Methoden der Konfliktbearbeitung wird der Vorrang zuerkannt; den zivilen Friedens- und Entwicklungsdiensten wird für die Wiederherstellung, Bewahrung und Förderung eines nachhaltigen Friedens eine wichtige Rolle zugeschrieben. Mit dieser Grundorientierung bringt die Evangelische Kirche in Deutschland ihre Stimme in die politische wie in die ökumenische Diskussion ein. Sie versteht diese Denkschrift deshalb auch als einen Beitrag zu der vom Ökumenischen Rat der Kirchen ausgerufenen Dekade zur Überwindung von Gewalt (2001 - 2010).

In Denkschriften soll, wenn dies möglich ist, ein auf christlicher Verantwortung beruhender, sorgfältig geprüfter und stellvertretend für die ganze Gesellschaft formulierter Konsens zum Ausdruck kommen. Es ist daher von großer Tragweite, dass die Kammer der EKD für Öffentliche Verantwortung den Entwurf des vorliegenden Textes einstimmig verabschieden konnte und dass auch der Rat der EKD ihn einstimmig bejaht hat. Besonders hervorheben möchte ich, dass in ihm – abweichend von den sog. „Heidelberger Thesen" des Jahres 1959, an denen unter anderem der in diesem Jahr verstorbene Physiker und Philosoph Carl Friedrich von Weizsäcker mitgearbeitet hat – die Auffassung vertreten wird, die Drohung mit dem Einsatz nuklearer Waffen sei in der Gegenwart friedensethisch nicht mehr zu rechtfertigen. Über die friedenspolitischen Folgerungen aus dieser Aussage konnte die Kammer für Öffentliche Verantwortung keine letzte Übereinstimmung erzielen. Doch dass ein ethischer Konsens unterschiedliche Abwägungen hinsichtlich seiner politischen Konsequenzen zulässt, ist nicht ungewöhnlich.

Nikolaus Schneider

Mit dem Leitgedanken des gerechten Friedens, der die Schrift wie ein roter Faden durchzieht und die einzelnen Themenbereiche miteinander verbindet, greift die Denkschrift eine wichtige theologische Tradition auf und führt sie weiter. Man kann in der Sache an den Reformator Martin Luther anknüpfen und an dessen Intervention anlässlich der Fehde um das kleine Städtchen Wurzen im Jahr 1542 denken. Als eine gewaltsame Auseinandersetzung drohte, erinnerte Luther die beiden betroffenen Fürsten an ihre vorrangige Pflicht, sich für den Frieden einzusetzen. Er schlug den Weg der Verhandlung vor, ebenso ein Schiedsgericht, also eine unabhängige, rechtsförmige Instanz der Vermittlung. Sollte eine gütliche Einigung nicht zu Stande kommen, so hielt er auch Gehorsamsverweigerung für denkbar, um den Frieden zu erhalten. Luthers Äußerungen zeigen, dass er dem Frieden den Vorrang zuerkannte und für seine Bewahrung auf Prävention, Verhandlungen und rechtsförmige Lösungen setzte. Sein Vermittlungsversuch war übrigens erfolgreich. Die Beteiligten konnten im April 1542 ein friedliches Osterfest feiern.

Auch bei nüchterner Betrachtung der Realität nach Chancen des Friedens Ausschau zu halten – das ist auch der Geist dieser neuen Friedensdenkschrift. Sie führt die Tradition friedensethischer Urteilsbildung in unserer Kirche unter neuen Bedingungen weiter. Diese Tradition hat in den Zeiten der deutschen Teilung in der Ostdenkschrift von 1965 und der Friedensdenkschrift von 1982 besonderen Ausdruck gefunden; in den Kirchen der DDR hat sie sich besonders in der Friedensdekade, in der großen Wirksamkeit des Zeichens „Schwerter zu Pflugscharen" und in der beherzten Absage an Geist, Logik und Praxis der Abschreckung Ausdruck verschafft. Heute entwickeln wir eine Friedensethik, die unterschiedliche Strömungen unter dem Leitbegriff des gerechten Friedens zusammenführt. Die EKD will damit ihren Beitrag zur friedensethischen Urteilsbildung wie zu praktischen Friedensbemühungen unter den Bedingungen des 21. Jahrhunderts leisten.

Anmerkung

*   Eingereicht für die Tagungsmappen

Andreas Siemens

Andacht zu Epheser 2,17-19 am 3. Juni 2008

Liebe Gemeinde, lassen Sie uns heute Morgen in Rücksicht auf das Kirchenjahr einige Verse aus dem Epheserbrief bedenken.

Da bekommen wir eine steile Aussage: die Christenheit ist eine Größe, in der Frieden herrscht. Das ist eine ganz zentrale Folge des Kommens Jesu Christi, dass auch einander herzlich abgeneigte Menschen Gestalten des Friedens werden. Weil sie durch den einen Geist Gottes, in dessen Wirkraum sie durch die Predigt Jesu gekommen sind, Zugang zu dem einen Gott und Vater haben, können sie einander das Bürgerrecht, mehr noch, sogar das Hausrecht gewähren. Sie können es einander gewähren, weil es ihnen zuvor und grundlegend durch Jesus Christus gewährt worden ist.

Frieden ist es, was wir durch den Glauben bekommen – oder sollten wir vorsichtiger sagen: bekommen sollten? Ist es erlaubt, von der Realität des Friedens in einer irdischen Gemeinschaft zu reden? Es ist wohl so, dass die evangelische Tradition der Christenheit hier ihre Zweifel hat. Und für diesen Zweifel gibt es gute Gründe.

Auf der anderen Seite entbirgt die römische Tradition der Christenheit hier eine große Zuversicht. Die Kirche ist das anschaulich-greifbare Gegenbild zur Welt, die noch nicht in den Bereich des Friedens Gottes gelangt ist. Durch Gottes Gnade gibt es mitten in dieser gefährdeten Welt eine Gemeinschaft, eben die Gemeinschaft der Christen, in der es bereits Wirklichkeit ist, dass Menschen einander Frieden geben können, weil sie aus dem Frieden Gottes leben. Das Wort der deutschen Bischöfe „Gerechter Friede" aus dem Jahre 2000 nimmt auf dem Grunde dieser Sicht diesen Vers aus dem Epheserbrief in seine Argumentationslinie auf. Zwischen den verfeindeten Gruppen der Juden und der Heiden, den an Gott Glaubenden und den anderen Letztgrößen Zugewandten kann in Christus Frieden einkehren, genauer ist Frieden eingekehrt. Diesen neuen Friedenszustand unter Menschen stellt die Kirche Jesu Christi deswegen dar, weil sie in Christus den Frieden mit Gott bekommen hat, der Kraft und Voraussetzung des Friedenhaltens untereinander ist.

Andreas Siemens

Die Kirche Jesu Christi kann von da aus geradezu in Anspruch nehmen, für die Welt das Sakrament des Friedens zu sein. Die Kirche dient der Welt, indem sie einerseits den Frieden bereits besitzt und vermittelt, also in ihn hineinruft, andererseits indirekt, indem sie durch ihr Vorbild der Welt hilft, sich an einer ungewohnten und überraschenden Möglichkeit ein Beispiel zu nehmen. Indem die Welt sich zeigen lässt, wie Frieden aussieht und gelingen kann, lernt sie, Frieden zu entwickeln und zu bewahren.

Evangelischen Ohren klingt solches Denken fremd. Übernimmt sich dabei die Kirche nicht, wenn sie sich auf die neue Welt Gottes sieht, als die Welt, in der das Gegenbild zur schwierigen und gefährdeten Alltagswelt nicht nur aufleuchtet, sondern wirklich ist? Zum ökumenischen Gespräch gehört, wenn es denn ernst gemeint ist, dass man versucht, sich der Sichtweise der Mitchristen auszusetzen. Anders gesagt, es geht dann wohl darum, die eigenen Bedenken zunächst zurückzustellen und mit aller möglichen Anstrengung zu hören und zu bedenken, was die andere Seite zu sagen habe.

Mindestens das Anliegen der römisch-katholischen Aussage sollte evangelischen Ohren nicht fremd sein. Die Kirche Jesu Christi ist eine Gemeinschaft von Menschen, in der Gottes Frieden und also eine Leben in Frieden erfahren werden kann. Die Christenheit erhebt nicht nur den Anspruch, eine Gemeinschaft des Friedens zu sein, sondern sie vermag deshalb in ihre Gemeinschaft zu rufen, weil dort der Friede, nach dem wir alle suchen, erfahren werden kann. Das gilt jedenfalls dann, wenn die Kirche Jesu Christi sich unterscheidet von einer civitas platonica, also einem bloßen Gedankenentwurf davon, wie die friedliche und friedensstiftende Gemeinschaft aussehen könnte, wenn da nicht die häßlichen irdischen Bedingungen wären, die diesem Gedankenentwurf die Verwirklichung verwehren.

Das ist wohl nicht zu bestreiten, dass unser Abschnitt aus dem Epheserbrief nicht von einem idealen Bilde der Friedensgemeinschaft redet, sondern von einem sichtbaren, erlebbaren, einem vorhandenen Zusammenleben von Menschen in der Gemeinde, die vorher einander nicht mochten und leiden konnten. Die Rede von der unsichtbaren Kirche, auf die evangelischer Glaube gern zu sprechen kommt, ist angesichts des Epheserbriefes mindestens eine Verlegenheitsauskunft. Wenn die Kirche Jesu Christi nicht in der Lage ist, eine Friedensgemeinschaft darzustellen, wird sie den Anforderungen der neutestamentlichen Botschaft nicht gerecht.

Andreas Siemens

Möchten wir es uns daher gesagt sein lassen, dass es im Glauben darum geht, eine Friedensgemeinschaft darzustellen. Menschen, die einander fremd waren, die nicht miteinander leben mochten und sich gegenseitig das Lebensrecht absprachen, erfahren im Glauben das Wunder, dass sie einander Bürgerrecht und Hausrecht gewähren können, weil sie durch Christus zu einer Einheit zusammengefügt worden sind. Das will in unser aller Leben spürbar, erkennbar, erfahrbar werden. Denn was gilt oder doch gelten soll, das will in Erscheinung treten. Davon möchte uns die Predigt Jesu jedenfalls überzeugen, dass wir in der Kirche in einer wirklichen Friedensgemeinschaft leben dürfen. Und wenn das nun nicht erfahrbar ist oder so viele Erfahrungen dem widersprechen? Dann wird es wohl darum gehen, die Mitchristen erst recht mit den Augen des Glaubens anzusehen. Die mir von mir aus ärgerlichen Mitchristen sind von Christus in seine Friedensgemeinschaft hineingestellt. Darum ist es an mir, mit ihnen in Frieden zu leben. Das gilt natürlich nicht einseitig, sondern für uns alle.

Beschreiben wir damit nicht in Wahrheit doch einen Zustand, den es auf Erden, unter menschlichen Bedingungen, nicht gibt? Gewiss, so kann man das sehen; so sehen es viele, die in der Kirche Jesu Christi sind, manchmal mehr durch ihr Verhalten als durch ihr Reden. Und dennoch gilt, dass man sich im Glauben damit nicht zufrieden geben kann. Christliches Miteinanderleben zeichnet sich dadurch aus, dass Menschen unterschiedlicher Herkunft, Sichtweise und Charakter einander anzunehmen in der Lage sind, nicht weil sie von Haus aus Sympathie füreinander hegen, sondern weil sie auf dem Grund der gleichen Zugehörigkeit zu Christus füreinander Mitgefühl entwickeln. Das möchten wir uns jedenfalls im Glauben angelegen sein lassen: miteinander im Frieden zu leben. Wenn uns dies gelingt, im Kleinen und im Großen, dann hat das, so dürfen wir gewiss sein, Ausstrahlung auf die Welt, auch wenn wir vielleicht Anlass haben, über die Möglichkeiten einer direkten Beteiligung an der Herstellung des Friedens in der Welt zurückhaltend zu denken. Ohne die Möglichkeiten der Kirche überhöhen zu wollen, darf doch gesagt werden, dass sie zum Frieden in der Welt beiträgt, wenn sie in sich selbst zu einer überzeugenden Darstellung des ihr geschenkten Friedens gelangt.

Tagungsprogramm

■ **Montag, 2. Juni 2008**

15:30   Anreise der Teilnehmer/innen

16:00   **Begrüßung und Eröffnung**
Dr. Corinna **Hauswedell**, Loccum

16:15   **Den „Konziliaren Prozess" weiterdenken?**
Zielbestimmung und öffentliche Wahrnehmung der Denkschrift
Einführung: Bischof Martin **Schindehütte**, Hannover
Kommentar: Arnd **Henze**, WDR, Köln

18:30   Abendessen

19:30   **Annäherungen an „Frieden" und „Gerechtigkeit" I**
Ein theologisches Gespräch über „Gerechter Frieden" (2000)
und die Denkschrift der EKD zwischen
Prof. Dr. Wilfried **Härle**, Universität Heidelberg, und
PD Heinz-Gerhard **Justenhoven**, Institut für Theologie und Frieden, Hamburg
Moderation: Dr. Corinna **Hauswedell**

Tagungsprogramm

■ Dienstag, 3. Juni 2008

08:30 Einladung zur Morgenandacht, anschl. Frühstück

09:30 **Annäherungen an „Frieden" und „Gerechtigkeit" II**
Parallele Workshops

I: **Menschenrecht *und* Völkerrecht – Normenbildung im Umbruch**
Prof. Dr. Lothar **Brock**, Universität Frankfurt
PD Hans Joachim **Heintze**, Ruhr-Universität Bochum
Rapporteur: Dominik **Steiger**, Universität Potsdam
Moderation: Dr. Corinna **Hauswedell**

II: **Militärische Intervention *und* Schutzverantwortung – Sicherheitskonzepte auf dem Prüfstand**
Prof. Dr. Eva **Senghaas-Knobloch**, Universität Bremen
Dr. Christoph **Schwegmann**, Planungsstab, Bundesministerium der Verteidigung
Rapporteur: Horst **Scheffler**, Militärdekan a.D., Arbeitsgemeinschaft Dienst für den Frieden, Zornheim
Moderation: Uwe **Trittmann**, Evangelische Akademie Villigst

12:30 Mittagessen, anschl. Möglichkeit zur Besichtigung des 1163 gegründeten Zisterzienser-Klosters Loccum
15:30 Kaffeetrinken

16:00 Parallele Workshops

III: **Staatliches Gewaltmonopol *und* privatisierte Gewalt – Dilemmata der Legitimität**
Prof. Dr. Herbert **Wulf**, Pinneberg
Prof. Dr. Dieter **Senghaas**, Bremen
Rapporteur: Ulrich **Frey**, Bonn
Moderation: Dr. Corinna **Hauswedell**

Tagungsprogramm

IV: **Kulturelle Differenz *und* Versöhnung –
Die Herausforderung der Toleranz**
Leif **Seibert**, Universität Bielefeld
Dr. Burkhard **Luber**, Nienburg
Rapporteurin: Dr. Lidwina **Meyer**, Evangelische Akademie Loccum
Moderation: Uwe **Trittmann**, Evangelische Akademie Villigst

18:30   Abendessen

19:30   Diskursiver Austausch der Workshop-Ergebnisse, eingeleitet durch die Rapporteure

■ **Mittwoch, 4. Juni 2008**

08:30   Einladung zur Morgenandacht, anschl. Frühstück

09:30   **Die politische Relevanz der Denkschrift**
Podiumsdiskussion mit einführenden Statements
Hans-Christian **Biallas**, MdL/CDU, Hannover
Dr. Ulla **Mikota**, Bundesministerium für wirtschaftliche Zusammenarbeit und Entwicklung, Bonn/Berlin
Paul **Schäfer**, MdB/Linke, Berlin
Präses Nikolaus **Schneider**, Evangelische Kirche im Rheinland, Düsseldorf
Prof. Dr. Dieter **Senghaas**, Bremen

Anschließend Diskussion mit dem Plenum
Moderation: Dr. Corinna **Hauswedell**

12:30   Ende der Tagung mit dem Mittagessen

Kurz-Biografien der Autorinnen und Autoren

Hans-Christian Biallas, MdL/CDU
Geboren 1956 in Hannover; Studium der Theologie und Rechtswissenschaften in Göttingen, Amsterdam und Kiel; 1983 bis 1994 Gemeindepastor in Altenbruch; mehrere Jahre Mitglied der Landessynode in Hannover und Mitglied der Synode der EKD; 1994 gewählt in den Niedersächsischen Landtag; Innenpolitischer Sprecher der CDU-Landtagsfraktion und Vorsitzender des AK für Inneres und Sport

Ulrich Frey
Langjähriger Geschäftsführer der Aktionsgemeinschaft Dienst für den Frieden (AGDF), Mitglied des Ausschusses für Außereuropäische Mission und Ökumene der Ev. Kirche im Rheinland und des Initiativkreises der Plattform Zivile Konfliktbearbeitung. Schwerpunkte der publizistischen Arbeit sind Friedensethik, Friedenspolitik, zivile Konfliktbearbeitung und Europapolitik.

Prof. Dr. Wilfried Härle
Geboren am 06.09.1941 in Heilbronn. Studium der Evangelischen Theologie in Heidelberg und Erlangen. Promotion in Bochum (1969); Habilitation in Kiel (1973); Dozentur in Groningen/NL (1977-78); Professuren in Marburg (1978-1995) und jetzt in Heidelberg (seit 1995). Lehrstuhlbezeichnung: Systematische Theologie/Ethik. Mitglied der Enquete-Kommission des Deutschen Bundestages „Ethik und Recht der modernen Medizin"; Vorsitzender der Kammer für Öffentliche Verantwortung der EKD, verantwortlich für die Abfassung der Denkschrift „Aus Gottes Frieden leben – für gerechten Frieden sorgen".

PD Dr. Hans Joachim Heintze
Promovierte 1977 zum Dr. jur.; danach *visiting scholar* an der Johns Hopkins University of Washington; Referendar bei der UNESCO in Paris; Stipendiat des Max-Planck-Instituts Heidelberg; 1987 Habilitation; forschte an der Ruhr-Universität Bochum im Bereich Weltraumrecht; seit 1990 Hochschuldozent an dem Institut für Friedenssicherungsrecht und Humanitäres Völkerrecht in Bochum; seit 1993 Red-

akteur der Zeitschrift „Humanitäres Völkerrecht – Informationsschriften", neben Lehrtätigkeit in Bochum auch solche in Venedig, Brasilia, Sarajewo.

Arnd Henze

geb. 25.9.1961, Stellvertretender Auslandschef des WDR, ist seit Mai 1992 außenpolitischer Fernsehredakteur und Reporter beim WDR. Dort ist er u.a. zuständig für den ARD-Weltspiegel und für die redaktionelle Betreuung der ARD-Studios Washington und New York. Zahlreiche Dokumentationen, Reportagen und Sondersendungen wurden von ihm redaktionell verantwortet, darunter viele, die mit bedeutenden deutschen und internationalen Fernsehpreisen ausgezeichnet wurden.

Im Rahmen der Evangelischen Kirche leitet Arnd Henze seit fünfzehn Jahren das „Dellbrücker Forum", das sich in dieser Zeit weit über Köln hinaus als Ort kontroverser außen-, innen- und gesellschaftspolitischer Diskussionen etabliert hat. Darüber hinaus wird Arnd Henze bundesweit als Moderator gesellschaftlicher Streitthemen sowie als Referent zu außenpolitischen Fragen eingeladen. Als Lehrbeauftragter am Institut für Internationale Politik der Universität Köln beschäftigt er sich unter anderem mit dem Einfluss der Medien auf internationale Ereignisse.

PD Dr. Heinz-Gerhard Justenhoven

Geboren 1958 in Köln; studierte Theologie und Philosophie an der Philosophisch-theologischen Hochschule St. Georgen; dort Promotion zum Dr. theol.; während des Studiums als Stipendiat an der Universität von Milwaukee; seit 1995 Direktor des Institus für Theologie und Frieden, Hamburg; 2006 Habilitation im Fach Moraltheologie an der Universität Freiburg; seit 1995 Lehrbeauftragter an der Helmut-Schmidt-Universität der Bundeswehr, Hamburg; Visiting Professor in Kenia und Chicago; Mitglied im Beirat der Bundesakademie für Sicherheitspolitik (2000-2005) und im Beirat Deutsche Stiftung Friedensforschung, Osnabrück (2000- 2004).

Dr. Burkhard Luber

Promotion in Friedensforschung; 1974-1985 Studienleiter am Internationalen Freundschaftsheim Bückeburg. 1985-2007 Mitarbeiter bei der Stiftung „Die Schwelle" in Bremen; Schwerpunkte: Projekte, Trainings und Beratung für Nichtregierungsorganisationen in Südosteuropa

Kurz-Biografien der Autorinnen und Autoren

Dr. Ulla Mikota

geboren 1952 in Lauterbach/Hessen, promovierte nach 14 Jahren Berufstätigkeit als Sekretärin und dem Studium der Politologie an der Johann-Wolfgang-Goethe-Universität, Frankfurt am Main (Stipendiatin der Hans-Böckler-Stiftung) auf dem zweiten Bildungsweg zum Thema „Die Dritte Welt in der Gewerkschaftspresse" bei Prof. Andreas Buro. Sie ist Absolventin des 45. Lehrgangs der Akademie der Arbeit (Frankfurt am Main) und des 70. Trade Union Programms der Harvard University. Seit mehr als drei Jahrzehnten engagiert sich Dr. Mikota in verschiedenen Bereichen der Entwicklungs-politik, z.b. von 1993 bis 1996 als Leiterin des Projektes „Frauen in der Weltwirtschaft" bei der Evangelischen Frauenarbeit in Deutschland. Von 1996 bis Februar 2008 war sie Geschäftsführerin von VENRO, dem Verband Entwicklungspolitik deutscher Nicht-regierungsorganisationen. Seit Februar 2008 ist sie Unterabteilungsleiterin der Abteilung Frieden und Demokratie; Menschenrechte; Vereinte Nationen im Bundesministerium für wirtschaftliche Zusammenarbeit und Entwicklung.

Paul Schäfer, MdB/Linke

Geboren 1949 in Mainz; Studium der Politikwissenschaft und der Soziologie in Mainz und Marburg; dort engagiert in der Hochschulpolitik; ehemaliger Redakteur der Zeitschrift „Wissenschaft und Frieden"; in den neunziger Jahren wissenschaftlicher Referent zweier Bundestagsabgeordneter; Mitglied der DKP, später SPD und seit 2000 der PDS, seit 2003 Landesvorsitzender der PDS in Nordrhein-Westfalen; seit 2005 Mitglied des deutschen Bundestags

Horst Scheffler

Jahrgang 1945, evangelischer Pfarrer, Militärdekan a. D.; in der evangelischen Militärseelsorge von 1976 bis 1984 in Koblenz als Standortpfarrer und Dozent am Zentrum Innere Führung (ZInFü); von 1984 bis 1988 in München als Wissenschaftlicher Direktor am Sozialwissenschaftlichen Institut der Bundeswehr (SOWI) und von 1988 bis 2002 in Mainz als Leitender Militärdekan (Ev. Wehrbereichsdekan); danach ab 2002 in Potsdam als Leitender Wissenschaftlicher Direktor am Militärgeschichtlichen Forschungsamt (MGFA); seit 2007 Vorsitzender der Aktionsgemeinschaft Dienst für den Frieden (AGDF).

Kurz-Biografien der Autorinnen und Autoren

Bischof Martin Schindehütte

wurde 1949 geboren und wuchs im dörflichen-landwirtschaftlichen Milieu Nordhessens auf. Nach dem Abitur studierte er Theologie und Sozialpädagogik in Wuppertal, Göttingen und Hamburg. Während seiner Zeit als Gemeindepfarrer engagierte er sich über eine intensive Gemeindearbeit hinaus in theologischen und sozialethischen Problemfeldern, unter anderem in Fragen der Wissenschaftsethik und der Friedensethik. Seine Studien und sein Engagement für den öffentlichen Diskurs über zentrale gesellschaftliche Fragen konnte er als Studienleiter an der Evangelischen Akademie Hofgeismar vertiefen.

Anschließend war er als Oberkirchenrat für die Evangelische Kirche in Deutschland für die Probleme der Asyl- und Flüchtlingsarbeit, die Integration ausländischer Arbeitnehmer und für die Friedensarbeit tätig. Von 1995 bis 2002 war er Leitender Pfarrer der Evangelischen Altenhilfe Gesundbrunnen in Hofgeismar, einem großen diakonischen Träger im Bereich der Altenhilfe und der geriatrisch-rehabilitativen Medizin.

Ab November 2002 war er Geistlicher Vizepräsident des Landeskirchenamtes der Evangelisch-Lutherischen Landeskirche Hannover, seit September 2006 Auslandsbischof der Evangelischen Kirche in Deutschland.

Präses Nikolaus Schneider

geboren 1947. Beruflicher Werdegang: 1976 Ordination; 1976-1977 Pastor im Hilfsdienst; 1977-1984 Gemeindepfarrer, Duisburg-Rheinhausen; 1984-1991 Diakoniepfarrer, Moers; 1991-1997 Gemeindepfarrer, Moers; 1987-1997 Superintendent des Kirchenkreises Moers; 1997-2003 Vizepräses der Evangelischen Kirche im Rheinland; seit April 2003 Präses der Evangelischen Kirche im Rheinland; seit 2005 Vorsitzender des Aufsichtsrats des Evangelischen Entwicklungsdienstes (EED); Mitglied des Rates der Evangelischen Kirche in Deutschland (EKD). Diverse Publikationen.

Dr. Christoph Schwegmann

(* 1971) arbeitet seit Januar 2006 im Planungsstab des Bundesministeriums der Verteidigung. Zuvor, von 2002 bis 2005, war er Persönlicher Referent und Büroleiter von Bundesminister Volker Rühe, in dessen Amtszeit als Vorsitzender des Auswärtigen Ausschusses im Deutschen Bundestag. Von 2000 bis 2002 Mitglied der Forschungsgruppe Sicherheitspolitik der Stiftung Wissenschaft und Politik, Berlin. Studierte Politik und Germanistik an den Universitäten Mannheim und Swansea (Großbritannien) und promovierte 2003 mit einer Arbeit über die Jugoslawien Kontaktgruppe in den Internationalen Beziehungen. Daneben publizierte er vor allem über militärische Stabilisierungseinsätze von NATO und EU. Forschungsstipendien führten ihn nach Washington, Paris und London.

Leif H. Seibert

hat an der Universität Hannover Religionswissenschaft und Philosophie studiert und ist nun wissenschaftlicher Mitarbeiter im DFG-Forschungsprojekt „Das Ethos religiöser Friedenstifter" an der Universität Bielefeld. Seine Arbeits- und Forschungsschwerpunkte sind Religion und Konflikt bzw. Religion und Frieden, Theorien und Methoden der Religionssoziologie und Deutscher Idealismus.

Prof. Dr. Dr. h.c. Dieter Senghaas

geb. 1940. Professor für internationale Politik und internationale Gesellschaft, insbesondere Friedens-, Konflikt- und Entwicklungsforschung am Institut für Interkulturelle und Internationale Studien an der Universität Bremen. Zahlreiche Schriften, u.a. Weltwirtschaftsordnung und Entwicklungspolitik (Frankfurt(Main 1977); Die Zukunft Europas (Frankfurt/Main 1986); Europa 2000. Ein Friedensplan (Frankfurt/Main 1990); Zum irdischen Frieden. Erkenntnisse und Vermutungen (Frankfurt/Main 2004) [Oxford/New York 2007].

Prof. Dr. Eva Senghaas-Knobloch

Sozialwissenschaftlerin mit dem Schwerpunkt Arbeitsforschung am Forschungszentrum Nachhaltigkeit der Uni Bremen; aktuelle Forschungsinteressen an sozialer Nachhaltigkeit in der Globalisierung und *culture of peace*; stellv. Vorsitzende der EKD-Kammer für öffentliche Verantwortung, verantwortlich für die Abfassung der Denkschrift „Aus Gottes Frieden leben – Für gerechten Frieden sorgen".

Andreas Siemens

Pastor, Evangelische Akademie Loccum

Kurz-Biografien der Autorinnen und Autoren

Dominik Steiger
Wissenschaftlicher Mitarbeiter am Lehrstuhl für Staats-, Europa- und Völkerrecht der Universität Potsdam, Stipendiat der Konrad-Adenauer-Stiftung, studierte Rechtswissenschaften in Regensburg, Aix-en-Provence und Potsdam und promoviert über das Thema „Das völkerrechtliche Folterverbot und der 'Krieg gegen den Terror'". Seine letzte Veröffentlichung ist die Monographie „Die CIA, die Menschenrechte und der Fall Khaled el-Masri."

Prof. Dr. Herbert Wulf
leitete von 1994 bis 2001 das Internationale Konversionszentrum Bonn (BICC) und ist derzeit Research Associate am BICC und Adjunct Senior Researcher am Institut für Entwicklung und Frieden (INEF), Universität Duisburg/Essen. Neuere Veröffentlichungen: Internationalisierung und Privatisierung von Krieg und Frieden, Nomos Verlag, Baden-Baden 2005 sowie Challenging the Weberian Concept of the State: The Future of the Monopoly of Violence, Occasional Paper 9, Dezember 2007, The Australian Centre for Peace and Conflict Studies, http://www.wulf-herbert.de/ACPACS-occ-paper9.pdf.

Teilnehmerinnen und Teilnehmer

Bauck, Winfried, Lehrer, Wilhelm-Busch-Gymnasium, Stadthagen
Biallas, MdL, Hans-Christian, Cuxhaven
Boer, Hermann de, Superintendent, Ronnenberg
Bonus, Werner, Diakon, Göttingen
Brock, Dr. Lothar, Professor, Hess. Stiftung für Friedens- und Konfliktforschung, Frankfurt
Finckh, Ulrich, Pfarrer i.R., Vorstandsmitglied Sozialer Friedensdienst Bremen, Bremen
Fischer, Christian, Militärdekan, Ev. Pfarrer, Evangelisches Kirchenamt für die Bundeswehr, Berlin
Frey, Ulrich, Bad Honnef
Hauswedell, Dr. Corinna, Evangelische Akademie Loccum, Rehburg-Loccum
Hawerkamp, Wilhelm, Kranenburg
Härle, Dr. Wilfried, Professor, wilfried.haerle@wts.uni-heidelberg.de, Universität Heidelberg Wiss.-Theol. Seminar, Heidelberg
Heintze, PD Dr. Hans Joachim, Ruhr-Universität Bochum Institut für Friedenssicherungsrecht und Humanitäres Völkerrecht, Bochum
Held, Michael, Arbeits- und Koordinierungsstelle PRAKTISCHE SCHRITTE für Gerechtigkeit, Frieden und Bewahrung der Schöpfung, Bad Hersfeld
Henze, Arnd, Auslandsredakteur, WDR-Fernsehen Programmgruppe Ausland, Köln
Justenhoven, PD Dr. Heinz-Gerhard, Direktor, Institut für Theologie und Frieden, Hamburg
Klüppel, Manfred, Lehrer, Garbsen
Kopka, Horst, Webmaster, Hannover
Köllner, Hartmut, Pfarrer i.R., Meschede
Kruckow, Caroline, Referentin für Frieden und Entwicklung, Evangelischer Entwicklungsdienst, Bonn
Leibold, Susanne, Soz.-Pädagogin, Mitglied Friedenskreis der Jakobi-Kirchengemeinde, Hannover
Linkmann, Walter, Evangelisches Kirchenamt für die Bundeswehr, Berlin

Teilnehmerinnen und Teilnehmer

Luber, Dr. Burkhard, Nienburg
Meierrose, Jürgen, Kaufmann, Osnabrück
Meyer, Dr. Lidwina, Evangelische Akademie Loccum, Rehburg-Loccum
Mikota, Dr. Ulla, Bundesministerium für wirtschaftl. Zusammenarbeit und Entwicklung UAL 21, Bonn
Pape, Manfred, Geschäftsführer, Volksbund Deutsche Kriegsgräberfürsorge e.V. LV Niedersachsen, Hannover
Schäfer MdB, Paul, Obmann, Die Linke im Deutschen Bundestag, Berlin
Scheffler, Horst, Militärdekan a.D., Zornheim
Schindehütte, Martin, Bischof, Vizepräsident des Kirchenamtes der EKD und Leiter der Hauptabteilung IV, Hannover
Schneider, Nikolaus, Präses, Evangelische Kirche im Rheinland, Düsseldorf
Schütze, Dr. med. Reinhard, Internist/Psychotherapie, Norderstedt
Schwegmann, Dr. Christoph, Bundesministerium der Verteidigung Planungsstab, Bonn
Seibert, Leif, Universität Bielefeld Abt. Theologie Fak. für Geschichtswissenschaft, Bielefeld
Senghaas, Dr. Dieter, Professor, Bremen
Senghaas-Knobloch, Dr. Eva, Professorin, Hochschullehrerin, Bremen
Servaes, Sylvia, Beraterin Misereor, Gruppe Friedensentwicklung/Misereor c/o BMZ, Bonn
Steiger, Dominik, Berlin
Thamm, Folker, Pastor i.R., Stiftung EIRENE Internationaler Christlicher Friedensdienst, Hannover
Thonak, Dr. Sylvia, Tübingen
Trittmann, Uwe, Evangelische Akademie Villigst Institut für Kirche und Gesellschaft, Schwerte
Voss, Dr. jur. Karl-Ulrich, Burscheid
Wilke, Margot, Aus- und Fortbilgung für Interkulturelle Arbeit, Coppenbrügge
Woitschach, Bentje, Tagungsassistentin, Evangelische Akademie Loccum, Rehburg-Loccum
Wulf, Prof., Dr. Herbert, Pinneberg

Evangelische Akademie ⋇ Loccum

Loccumer Protokolle

Ausgewählte Tagungsdokumentationen der Evangelischen Akademie Loccum aus der Reihe „Loccumer Protokolle". Eine vollständige Auflistung der lieferbaren Veröffentlichungen finden Sie im Internet unter *www.loccum.de* oder wird auf Anfrage verschickt. Bestellungen bitte unter Angabe der Protokollnummer entweder im Internet oder über den Buchhandel oder direkt an:

Evangelische Akademie Loccum
Protokollstelle
Postfach 2158
31545 Rehburg-Loccum
Telefon: 05766/81-119; Telefax: 05766/81-900
E-Mail: Protokoll.eal@evlka.de

34/08 **Vernünftiger Glaube zwischen Fundamentalismus und Säkularismus. Protestanten in der globalisierten Welt**
Hrsg. v. Fritz Erich Anhelm, Rehburg-Loccum 2008,
ISBN 978-3-8172-3408-0, 96 Seiten, 9,00 EUR.

65/07 **In War as in Peace:**
Youth Violence – A Challenge for International Co-operation / Im Krieg wie im Frieden? Jugendgewalt als Herausforderung für internationale Kooperation
Hrsg. v. Corinna Hauswedell und Sabine Kurtenbach,
Rehburg-Loccum 2008, ISBN 978-3-8172-6507-7, 420 Seiten, 16,00 EUR.

23/07 **Nigeria: Too Rich for Dignity and the Law?**
Perspectives after the 2007 elections
Hrsg. v. Corinna Hauswedell, Rehburg-Loccum 2009,
ISBN 978-3-8172-2307-7, 360 Seiten, 16,00 EUR.

Loccumer Protokolle

76/06　Welche Sicherheit, für wen und mit welchen Mitteln?
　　　„Erweiterte Sicherheit" und das neue Weißbuch in der Diskussion
　　　Hrsg. v. Corinna Hauswedell, Rehburg-Loccum 2008,
　　　ISBN 978-3-8172-7606-6, 216 Seiten, 12,00 EUR.

14/05　Tun wir das, was wir tun, richtig? Tun wir das Richtige?
　　　Evaluation in der zivilen Konfliktbearbeitung
　　　Hrsg. v. Jörg Calließ, Rehburg-Loccum 2006,
　　　ISBN 978-3-8172-1405-1, 204 Seiten, 12,00 EUR.

66/04　„Rule of Law".
　　　Die Förderung von Rechtsstaatlichkeit und Rechtssicherheit
　　　in Entwicklungs- und Friedensprozessen
　　　Hrsg. v. Jörg Calließ, Rehburg-Loccum 2006,
　　　ISBN 978-3-8172-6604-3, 156 Seiten, 12,00 EUR.

76/03　Chancen für den Frieden.
　　　Theoretische Orientierungen für Friedenspolitik und Friedensarbeit
　　　Hrsg. v. Jörg Calließ / Christoph Weller, Rehburg-Loccum 2006,
　　　ISBN 978-3-8172-7603-5, 336 Seiten, 14,00 EUR.

55/03　Die Verflochtenheit und Verflechtung
　　　von äußerer und innerer Sicherheit
　　　Hrsg. v. Jörg Calließ, Rehburg-Loccum 2004,
　　　ISBN 978-3-8172-, 200 Seiten, 12,00 EUR.